樵邑梦录

高福生 ◎ 著

知识出版社

图书在版编目（ＣＩＰ）数据

山樵邑梦录 / 高福生著. — 北京：知识出版社，
2017.1（2020.4重印）
ISBN 978-7-5015-9394-1

Ⅰ.①山… Ⅱ.①高… Ⅲ.①社会科学—文集 Ⅳ.
①C539

中国版本图书馆CIP 数据核字 (2017) 第013600号

山樵邑梦录　　　高福生　著

出 版 人	姜钦云	
责任编辑	邢树荣 周 玄	
装帧设计	张志立	
出版发行	知识出版社	
地　　址	北京市西城区阜成门北大街 17 号	
邮　　编	100037	
电　　话	010-88390659	
印　　刷	保定市正大印刷有限公司	
开　　本	710mm×1000mm 1/16	
印　　张	20.25	
字　　数	290千字	
版　　次	2017年1月第1版	
印　　次	2020年4月第3次印刷	
书　　号	ISBN 978-7-5015-9394-1	
定　　价	49.00元	

作者在叙利亚帕尔米拉遗址

窮路書生不隱名自敲
傲骨作銅聲持經半卷唱
天下糞土官財只重情

丙申年夏月樵郎感賦笙書

作者自题诗（书法）

《山樵邑梦录》序

　　福生兄的新著《山樵邑梦录》即将刊行，嘱我作序，我乐意从命。

　　他用电子邮件给我发来书稿，我一篇一篇认真阅读，尽管有些文章以前读过，但重读起来仍觉新鲜。读完整部书稿，给人以非常突出的印象：福生是媒体人中的学者。可以肯定地说，如今的媒体人，能够写出这样的书的，不说绝无仅有，恐怕也不会太多；而专业学者，往往长篇大论，高头讲章，不如福生这样文笔生动，短小精悍，可读性强。福生兄把媒体与学问结合得天衣无缝，水乳交融，这是他的优势所在，也是本书的一大特色。

　　我与福生自大学同学以来，至今已四十余年。他大学毕业即考取汉语史专业研究生，受业于章黄弟子嫡传余心乐先生。研究生毕业后，留校任教，而我大学毕业也留校，都在中文系任教，他教古代汉语，我教古代文学。那是 20 世纪 80 年代，改革开放，拨乱反正，各行各业一派锐意进取的景象，大学校园里也是争分夺秒，学风炽盛。后来，我考取北大中文系师从袁行霈先生攻读博士学位，福生也到北师大中文系跟随许嘉璐先生做访问学者。孰料时代风云变幻，我获得博士学位后，阴差阳错进了文化部机关，而福生也离开校园，随着南下的潮流来到了深圳。本来，我们在大学传道授业，读书治学，顺理成章，却受时代裹挟而命运随之改变。

　　福生到深圳，也已 20 来年。他先是在一家画报社从事文字编辑工作，后来到深圳特区报，就再没有动窝了。从事媒体行业，虽然与大学讲坛有所不同，但语言专业出身的他与文字打交道还是派得上用场的。特别是深圳特区报的领导慧眼识才，福生先后在一些重要岗位发挥了作用，做出了贡献。因此，福生转行媒体，他的恩师许嘉璐先生既有惋惜，又有勉励，并列举梁任公、章太炎等报业巨子来激励弟子有所作为（参见本书第三辑《著述记略》之《〈片玉碎金——近代名人手书诗札释笺〉序》）。

福生兄确实没有辜负师长的期望，更没有荒废自己的学业。工作之余，笔耕不辍，不断有文章著述问世。前几年在中华书局出版的《片玉碎金——近代名人手书诗札释笺》，涉及近现代历史与文化的诸多问题，仅仅这些名人手书墨迹的辨识就很见功力。而本书则是福生近年著述的汇编，以其专长即文字、音韵、训诂为主，旁及艺文、哲学、历史等，大都是千字文，深入浅出，语言流畅，熔知识性、趣味性、学术性于一炉。读者一册在手，开卷有益，必有得于心，何劳我在此多言。

是为序。

王能宪
丙申（2016）立秋前三天于京城什刹海之忘机斋

自　序

2016 丙申猴年，是我的本命年，也是我退休归老的年龄。春节时，我自拟了一副门联："驹隙不停欣卸甲，猴心再发乐游原。"在这样一个人生的节点，确实应该给自己一份礼物，于是就想到把某一段时间发表的文字结集成一本书来——像我一介书生，有一份职业糊口，馀暇的乐趣就是读书、思考、写作、讲述；如果这读思写述的成果还有一些价值，也是给社会贡献的一点绵力。而把这一个个思想片断衰集成册，作为纪念，这就是一件最好的礼物啊！

首先想到要有一个书名。

由于工作关系，我几乎每天都要上网，当然也有自己的网名，叫"梦邑樵郎"。是因为当时有一本薄薄的翻译小说《廊桥遗梦》，很有名，我把它掉了个头，再根据谐音做了点修改，就成了"梦邑樵郎"，有时候又省作"樵郎"。这也符合我从六七岁开始就放牛砍柴的身份。

19 岁那一年，我第一次到省城来读大学，接着读研究生，毕业后留校任教，从此就离开了山乡农村，结婚生子成为城里人了。又过了一个 19 年，我离开大学教职，南下深圳。虽然工作有了变化，但也还是要与文字书本打交道，本质上也还是一个读书人。又过了 20 多年，当今天要为一本略有些总结意义的书取个名字的时候，我不由得想起"山樵邑梦"这样一个词组来——"山樵邑梦"，不仅与我"梦邑樵郎"的网名草蛇灰线有某种联系，而且，它也可以是"在书山采薪、在城邑做梦"的意思，这不正是我的人生状态吗？！我把此书定名为"山樵邑梦录"，它实际上也就是我某一段人生轨迹的记录。

接下来是选编文章的时间和范围。

我在大学近 20 年，主要是教学和研究，学术文章多是长篇大论。离开学校后，曾经出过一个文集，名曰《语言文字论稿》，所以那一段时期的东西，原则上不再选了；除非是当时漏选，或者是更符合本书的选编范围，这只是极少数的个例。

　　来深圳以后，我工作的机构是媒体，而且时间比在学校还要长一点，文字发表的机会和数量，自然就会更多一些。但这更多的数量中，其实有两类不同性质的东西：一类是职业、职务行为，一类是个人兴趣。前者当然也有价值，但作为个人真实读、思、写、述的生命记录，后者无疑是最纯净的。因为是"个人兴趣"，才可以避免被安排、布置、指令等被动的无奈；才有可能保证即使不能完全是真话，但却可以绝对无假话——对于一个诚实的读书人，说假话是很难受、很痛苦的事情。

　　收入《山樵邑梦录》的文章，一共是 100 篇。我把它分为四辑：

　　"学山识小"，本来是我在报纸"国学堂"上的一个专栏名，而且文章集中发表于 2014 年至 2015 年。这些文章可以归为"学术小品"一类，都上过网，为国内各类网站所广泛传播。《文明与文化》还被中央党校《党政干部参考》所转载，《寺院与庙宇》也受到研究佛教建筑艺术史的学者所关注。可见，小文章也能讨论大问题，千字文也有它的学术价值。

　　"艺文谈片"里的文章要杂一些，跨越的时间也长得多。其中有书评、艺评、文化时评，也有一些知识趣谈。《"正月"说"正"》和《〈称物体为'东西'的来由〉辩正》，和第一辑的文章其实并无差别，但因为不是在"学山识小"那个专栏里发表的，所以就收在此处了。

　　"著述记略"中，有这一段时期我为自己出版书籍写的"前言"，或主持编辑书刊写的"说明"；有学术刊物发表的论文，以及报纸约写的几篇学术专稿，还有一篇在大学的国学讲演稿。《佩特拉，失落的玫瑰城》和《帕尔米拉，废墟中耸立着文化》，是我 2008 年春节在中东旅游考察回来后写的文字，涉及那片土地的历史与文化，不同于我的其他一些游记，因而也收入本书中。

"师友忆碎"主要是记人和事的一些零碎文字。所记的人，或为师长，或为同学，或为校友；或是时通闻问的知识文化界名人，或是只有一面之交的学术泰斗。我从这些人那里，或者得到知识的启牖，或者观照自己的人生。他们于我的重要性，不言而喻。

　　前几天，我写了一首小诗，名曰"六十周岁抒怀并寄同年诸友"：

　　花甲重开又一轮，山樵邑梦岂昏屯？

　　星明月朗须红日，既问苍生亦问神。

　　书生馀年，读、思、写、述仍是不变的乐趣。以后若再编此类文字，可以接着叫"山樵邑梦续录""山樵邑梦三录"……百年以后，门生弟子汇而成为"山樵邑梦总录"，大家以为如何？

　　——樵郎，可要加油啊！（哈哈）

　　是为序。

高福生

丙申年夏至后一日于深圳

目录

第二辑　艺文谈片

第三辑　著述记略

第四辑　师友忆碎

第一辑　学山识小

"班马"及其他

　　李白有一首《送友人》："青山横北郭，白水绕东城。此地一为别，孤蓬万里征。浮云游子意，落日故人情。挥手自兹去，萧萧班马鸣。"此诗语言晓畅，情意缠绵；境界宏阔，寄慨遥深。一般选本都会收录，甚至在某省中学课文中也能见到。

　　这样一首几乎可以不出一注的诗，真就那么容易理解？老师讲课时，可以不假思索而说清道明吗？

　　且看最后一句，"挥手自兹去，萧萧班马鸣"。上海辞书出版社出版的《唐诗鉴赏辞典》（1983年版）是这样说的："这一句出自《诗经·车攻》'萧萧马鸣'。班马，离群的马。诗人和友人马上挥手告别，频频致意。那两匹马仿佛懂得主人心情，也不愿脱离同伴，临别时禁不住萧萧长鸣，似有无限深情。马犹如此，人何以堪！"此说经网络转述，影响极大。但将"班马"解释为"离群的马"，

1

既无理据，也不合诗意。二人二马，何群之有？

在古籍中出现"班马"一词，较早见于《左传·襄公十八年》记叙有名的"平阴之战"。这一年，素怀异志的齐国趁晋君初立之机，背弃中原联盟，出兵攻打鲁、卫、曹等联盟国，以图代晋称霸。晋平公亲率中原诸国联军，与齐军战于平阴（今属山东）。为迷惑齐军，联军在平阴南面山泽险要之处，虚张旗帜为阵；并用战车拖柴扬尘，貌似大军驰骋之势。"齐侯见之，畏其众也，乃脱归（不张旗帜而逃回）。""丙寅晦，齐师夜遁。……邢伯告中行伯曰：'有班马之声，齐师其遁？'"

"班马之声"，西晋大学者杜预注曰："夜遁，马不相见，故鸣。班，别也。"杜预注"班"为"别"是有根据的。《说文解字》："班，分瑞玉也。从珏，从刀。"瑞玉，古代用作凭证的玉，类似符信，中分为二，各执其一。《尚书·舜典》："班瑞于群后（君）。"即指此。

又，《说文解字》："分，别也。从八，从刀，刀以分别物也。"如此，"班马"就是"分别之马"。友人远行，诗人相送；人各一马，并辔齐驱。纵千里送君，必终有一别——在交通和通讯极不方便的古代，不知何时还能相见，或许今世再难重逢。此时诗人心中况味，岂可以言词道出；只好借"萧萧班马"，曲述其衷而已！这样的有声画面，能不催人落泪么？

附带说明，从语言学的角度看，"班"之与"分"，古代音近义通，属"同源字"。作动词用，"班""分"可以互训（互相解释）。即使在现代汉语中，我们说一班、二班、三班……，或一分队、二分队、三分队……，仍可看成是"分"出来的结果。只是在现代汉语中，"班"作名词用，读音未变；而作名词用的"分"（成分、水分、知识分子等），要读去声了。

（原载《深圳特区报》2014.4.17 国学堂）

"尔""汝"之称，实属不敬

两千四百多年前。孔子的学生、魏文侯的老师子夏的儿子不幸死了。白发人送黑发人，子夏十分悲恸，把眼睛都哭瞎了。同学曾子去安慰他说："我听人讲，朋友失明就该为他哭泣。"于是曾子便哭得天昏地暗。子夏也忍不住跟着哭，还边哭边说："天啦，我到底造了什么孽呢，让我老年丧子呀？"此时曾子突然停住哭声发脾气说："卜商，你这家伙，你怎么说你没造孽呢？我和你在洙水、泗水边一起侍奉老师，老师去世后你去了魏国，后来退休居住在西河一带，让那里的人觉得好像你的德行堪比我们老师，这就是你的第一条罪状；你父母过世的时候，你不发丧让亲朋好友来吊祭，这是你第二条罪状；可你儿子死，你哭瞎了眼睛，却让天下人都知道，应该是你的第三条罪状吧！你能说你没什么罪孽吗？"子夏一听，连忙扔掉手杖，纳头拜谢："我错了，我错了，我离开圈子一个人待得太久了，以致麻木不仁不晓得世界上的事情了！"

上面这个故事，主要来源于《礼记》的记载。《礼记·檀弓》中有关曾子的话，很值得我们注意——曾子怒曰："商，汝何无罪也？吾与汝事夫子于洙泗之间，退而老于西河之上，使西河之民疑汝于夫子，尔罪一也；丧尔亲，使民未有闻焉，尔罪二也；丧尔子，丧尔明，尔罪三也。而曰汝何无罪欤？"（最后一句，当是"而曰汝无罪，汝何无罪欤"，因语急而省。）

古人平辈之间，称名不称字，是很不礼貌的。曾子对他的同学，不叫他子夏（字）而叫他卜商（名），是因为子夏竟然不知自己有错，使曾子怒不可遏，以致像连珠炮一样列三大罪状，这就不啻是声讨了！此时的曾子之于子夏，还有什么礼貌可言？所以，在后面的那一长串话语中，曾子对子夏不用第二人称的礼貌式"子""君"之类，而用极不客气的"尔""汝"来称呼他。（此处"尔""汝"二字交替使用，可见上古汉语中有些人称代词是有"格"的区别的。如这段话中"尔"用于领格，"汝"用于主格和宾格。）

《孟子·尽心下》："人能充无受尔汝之实，无所往而不为义也。"现代学者杨伯峻的注释是："'尔''汝'为古代尊长对卑幼的对称代词。如果平辈用之，便表示对他的轻视、贱视。孟子之意，若要不受别人的轻贱，自己便先应有不受轻贱的言语行为，这便是'无受尔汝之实'。"《孟子》里的话，概括描述了当时的语言实际；杨伯峻的解读，也是十分准确的。

后世语言的使用中，仍保持了"尔""汝"用作不敬、轻蔑的传统。如唐杜甫《戏为六绝句》（其二）："王杨卢骆当时体，轻薄为文哂未休。尔曹身与名俱灭，不废江河万古流。"对于"尔曹"的正确解释应该是："你们这一班家伙"，或"你们这些不是东西的东西"……这样一些带有情感色彩的词句。

（原载《深圳特区报》2014.4.24 国学堂）

《说文》中为何没有"劉"篆

　　"劉"（汉字简化作"刘"）是中国的大姓。据新华社2013年4月15日电，中国刘姓人口有近7000万，在"百家姓"中位列第四，居于其前的只有王、李、张三姓。

　　然而，在中国最早的一部字典，即成书于东汉安帝建光元年（公元121年）的《说文解字》中，却没有关于"劉"字的说解。因此有人遽下结论，说《说文》中没有"劉"字。当然这是不准确的。

　　据学者研究，《说文解字》一书，具有分析字形、考究字源、说解字义、辨识读音四方面的功能。《说文》分析字形以篆书（一般是小篆，偶有大篆或古文）为依据，共分析了9353个篆文字形；在这9353个篆文中，确实没有"劉"字。而同时，《说文》附列了1163个重文别体，这其中有的是古文，有的是籀文（也称大篆）；在这1163个重文中，也没有"劉"字。所以我们说，《说文》中没有篆体"劉"字。

但是，我们能说《说文》中没有"劉"字吗？不能。

在《说文》的说解中，曾有两处出现过"劉"字，一次是在《说文·水部》："瀏，流清皃（貌）。从水，劉声。《诗》曰：'瀏其清矣。'"（瀏，今简化作浏。）另一次在《说文·竹部》有个"从竹，劉声"的字，意思指竹子"瀏然声清"（徐锴语）。和指水"瀏然清貌"的"瀏"意思差不多，所以"竹字头"的这个字后来废弃不用了。

"劉"字在《说文》中，既然可以用来说解其他的字，而其本身为什么不可以作为"字头"被说解呢？这确实有些蹊跷。

《说文解字》是许慎一部体大思精的文字学著作，实际上他在东汉和帝永元十二年（100）正月已经完成初稿，并写好"后叙"；此后二十多年不断补充、修改、订正。写成定稿后，许慎让儿子许冲奏呈安帝，并获得皇上"赐布四十匹"的奖励，所以不可能是疏忽遗漏。

我们今天所能看到的《说文解字》，是宋代雍熙三年（986）右散骑常侍徐铉等奉诏校定本，学界称"大徐本"。在"大徐本"的《说文·金部》有个"鎦"字是这样解释的："鎦，杀也。徐锴曰：'《说文》无劉字，偏旁有之；此字又史传所不见，疑此即劉字也。从金从卯，刀字屈曲，传写误作田尔。'"

徐锴是徐铉的弟弟，著有《说文解字系传》，世称"小徐本"。"小徐本"对"鎦"字的解释是："鎦，杀也。从金，留声。臣锴按：《春秋左传》'虔劉我边陲'，本此字。"可见"鎦"字尽管于"史传所不见"，但徐锴已经承认它是作为"劉"的别体而存在的，而不认为是传写有误。

某日偶翻闲书，见明人闵齐伋辑、清人毕弘述篆订的《订正六书通》（一名《篆字汇》），于"鎦"篆后有一段文字曰："劉为国姓，而有杀义，叔重（许慎字叔重）特制此字以易之，可谓巧于用忠矣。"读到此处，我禁不住击节称奇：徐楚金（徐锴字）的判断或为得矣，只是没有明说罢了。联想到《说文·禾部》对"秀"字的说解："秀，上讳。"

意思即这是已故汉光武刘秀的名讳,不能置一词的,没法解释。那么皇上的"劉"姓,怎么能以"杀"字来为之说解?许慎真是用心细密,怪不得受到奖赏。当然,若非如此,生活在那个时代的许慎,恐怕会有杀身之虞!

十来天前,媒体报道四川某地有一位记者,因在见报稿件中写错了某个省级领导的名字,被认定为采编"事故"而受到批评,并处罚款500元整。碰巧就在当天晚上,这位记者自杀身亡。虽然后来有种种回应,说记者的死与此"事故"无关,好像还有记者的遗书以为佐证;但在网络上还是免不了议论纷纷。中国人这种心有余悸,真是渊源有自啊!

(原载《深圳特区报》2014.7.17 国学堂)

爱如友，护有手

前不久，很多人都从网上或手机短信中看到过这样一个段子："有位台湾朋友说，汉字简化后：亲不见，爱无心；产不生，厂空空；面无麦，运无车；导无道，儿无首；飞单翼，云无雨；开关无门，乡里无郎；圣不能听也不能说，买成钩刀下人头；轮右人下现匕首，进不是越来越佳而往井里走。可魔还是魔，鬼还是鬼；偷还是偷，骗还是骗；贪还是贪，毒还是毒；黑还是黑，赌还是赌。"

这段似乎假托所谓"台湾朋友"之名的"顺口溜"，从表面上看，好像是说中国大陆实行的汉字简化政策，割断了中华几千年的文化传统；实质上更可能是对当前中国社会现象的不满。如果真的把其理解成是学术批评，那么，我们只能说这位编"顺口溜"的人很不专业，十分不专业！

稍有一些文字学常识的人都知道，在更古老的汉字系统中，"云"是象形字；风云雨雪的"云"，本来就没有"雨"

字头。而"导""买"则分别是草书"導"与"買"的楷化，故其虽形有变而神还在。

在这段"顺口溜"中，最有蛊惑性的、也最容易让人所记住的，可能是"爱无心"。因为在一般人看来，中国人说"爱情""爱护""热爱"等，就必须用"愛"；其本字、正字就应该是"愛"。持这种观点的理论依据是，爱是心理行为，所以不能没有"心"。

然而，"爱护"的本字一定就是"愛"吗？我们不妨看看老祖宗是怎么说的。

《说文解字》："愛，行貌。"行貌：行走的样子。并指出，这个字的意符是下半截的"夊"（读 suī），此字象为人行走时两腿相交拖曳之形；而上半截则是其声符，表示"愛"的读音。"愛"的这个意思，古籍中有无其例呢？有。《诗经·邶风·静女》："静女其姝，俟我于城隅；爱而不见，搔首踟蹰。"爱，就是"走开了""躲起来了"，所以美女没看到，以致抓耳挠腮干着急。

《说文解字》中另外有一个字——上下结构，上面是"旡"，下面是"心"；解释说："惠也。"邵瑛《说文群经正字》："今作'愛'。"而且，这个字正是"愛"的上半截（篆文隶变后看不出来了）；"愛"以此字为声符，说明两字读音相同。

原来，古人表达"仁惠"的意思，亦即我们今天所说的"爱情""爱护"的"爱"，其本字并不是"愛"，却是这个上"旡"下"心"的字——而"愛"只是一个假借字罢了！汉字简化，只是在这个本字的基础上，将"心"换成了"友"；友爱友爱，如友般爱，应该也符合"仁惠"的意思吧，何必非得要有"心"呢？

为了照应文章的题目，附带提一下"爱护"的"护"字。《说文解字》："護，救、视也。从言，蒦声。"这个"護"，就是"护"原来的本字（有人用"正字"的说法，是不规范的）。现在简化作"护"，从手，户声。从方便学习和理解的角度看，也是有一定的道理的。

当然，作为一个具有一定学术背景的人，我并不完全赞同汉字的简化；但事实上，在汉字的历史演进过程中，不断繁化与简化，又正是其本身的内在逻辑所决定的。撰此小文，我只是想强调，学术批评，不能掺入个人的心理情绪；反过来说，如果谁对社会现象有看法，不应该拿学术说事。而且，真正的学术活动，必须与现实政治保持一定的距离。除非你与学术无关。

（原载《深圳特区报》2014.5.15 国学堂）

"避讳"与地名

前几年，有一条十分"雷"人的政府旅游宣传广告语红遍全国："宜春，一座叫春的城市。"据报道，这条"雷语"在当年还被评为首届中国休闲旅游创新奖。其实，这句话还有可修改的余地。一是它不具有唯一性，比如长春、伊春等也可以这样说；二是前后"春"字重复，而且中间有停顿，气不通贯，词不精练。如果让我改，我会改成无须停顿的一句话："一座最宜叫春的城市。"这样，即便长春、伊春等心里不服气，嘴上也没法说出来，因为地名是祖先定的。

但是在历史上，确实有让宜春"不能叫春"的时候。有关资料显示，晋太康元年（280），晋武帝司马炎灭吴，以宜春之名犯宣穆张皇后（春华，司马懿妻）名讳，改宜春为宜阳。然史学大师陈垣据唐人杜佑《通典》，考得东晋元帝司马睿妃郑氏（简文帝母）名阿春，"故凡春字地名，悉以阳字易之，如富春曰富阳，宜春曰宜阳之类是也。"

这就是中国历史上著名的"避讳"。

陈垣先生在他的名著《史讳举例》"序"里说:"民国以前,凡文字上不得直书当代君主或所尊之名,必须用其他方法以避之,是之谓避讳。避讳为中国特有之风俗,其俗起于周,成于秦,盛于唐宋,其历史垂二千年。"

现在深圳的东邻惠州,考其沿革,曾有过循州、祯州等不同的名称。隋开皇十年(590),设循州总管府,辖粤东循、潮二州,建于"木山之阜"的总管府,就是今天惠州市中山公园所在地。南汉乾亨元年(917),改置祯州,管辖归善、博罗、河源、海丰四县(归善,民国二年改名为惠阳;今深圳梧桐山以东的盐田、龙岗二区,即当年归善县辖地),祯州治所亦在归善。北宋真宗天禧四年(1020),祯州改称惠州,就是为了避太子赵祯(即后来的仁宗)名讳的结果。现在惠州也有一句宣传用语:"美丽惠州,惠民之州。"但好像没有"宜春,一座叫春的城市"那样为世人所知晓。

因避讳而改地名的,所避之名也并不全是"当代君主或所尊之名"。陈垣先生的《史讳举例》中就有一条:"避讳有出于恶意者,唐肃宗恶安禄山,凡郡县名有安字者多易之。"唐肃宗仅仅因为对安禄山的厌恶,在至德元年和二年(756、757)两年之内,就更改了30多处地名中有"安"字的郡县名称。比如安定郡改保定,安化郡改顺化,安静县改保静(至德元年改3处);安邑县改虞邑,安康郡改汉阴,同安县改桐城,宝安县改东莞,安南县改镇南,齐安县改恩平,安乐郡改常乐,始安郡改建陵,安海县改宁海等等(至德二年改名的就超过了30处)。

实用文字的避讳,是封建社会产生的文化糟粕;它扰乱了书面语言的正常表达,甚至破坏了汉字的书写系统(相关理论和事实,容另文详述)。因避讳而更改地名,尤其是专制政治结出的果实;它不可避免地要耗费社会的有限资源,一些改来改去的地名还会给记录和辨识带来麻烦甚至困难。这是我们对待这项历史文化应有的认识,也是我们在借鉴中国传统文化时必须保持相当警惕的原因。

(原载《深圳特区报》2014.11.27 国学堂)

避讳：从礼俗到恶俗

我在《避讳与地名》一文中提到，实用文字的避讳，是封建社会产生的文化糟粕；因避讳而更改地名，尤其是专制政治结出的果实。这个判断，是从避讳在整个历史观照下的流弊中得出来的。如果单从发生学的角度看，避讳却是来源于中国古代敬长尊亲的礼俗文化，并非起根发脉就一无是处。

《左传·桓公六年》："周人以讳事神。名，终将讳之。"晋杜预注："君父之名固非臣子所斥。"唐孔颖达疏："君父之名固非臣子所斥，谓君、父生存之时，臣、子不得指斥其名也。"

根据《礼记·曲礼》记载，操作层面还有一些具体的仪规，如："卒哭乃讳。礼——不讳嫌名；二名不偏讳。逮事父母，则讳王父母；不逮事父母，则不讳王父母。君所无私讳；大夫之所有公讳。诗书不讳；临文不讳；庙中不讳。夫人之讳，虽质君之前，臣不讳也——妇讳不出门。大功、小功不讳。"

周代制订的礼仪，对待国君、父母的名字，其在生时臣、子不能直呼其名，死后也要避免提到。真正的所谓"避讳"，是从行过"卒哭之祭"而后开始的。但根据礼的规定，与君、父之名同音的字（嫌名）可以不避；如果君、父之名是两个字的，只要避用其中一字（不遍讳）。如果父母生时犹及奉事，就要避用祖父母的名字；倘若生时不及奉事，则祖父母的名字可以不避讳。国君所在的场合，没有家讳的禁忌；而大夫所在的场合，仍须遵守一国之讳。读书时可以不避讳，为文时可以不避讳，庙中行祭告之礼，当然也可以不避讳。至于国君夫人的名字，即使国君就在面前，做臣子的也可以不避讳，因为妇人的名讳，只限于自己家门之内。避讳是敬长尊亲的礼俗，古代人的亲疏关系，依斩、齐、大功、小功、缌五等丧服而定，大功以后逐渐疏远，也就不必再避讳了。

周代以敬长尊亲为特征的避讳制度，和中国古代文化人名、字分称的习惯一样，都是中国传统礼俗文化的一部分，在操作上也具有人性的一面，是有一些积极意义的。

周康王姬钊，死后其子姬瑕继位，谥为昭王。昭与钊同音，这是周代"不讳嫌名"的例。清代学者王鸣盛认为："若隋文帝父名忠，而官名有'中'字者皆改为'内'，则嫌名之讳始于隋，至唐益重。"（《十七史商榷》）

王鸣盛说嫌名之讳"至唐益重"，唐代这种事情确实不少。最出名的一例是：李贺的父亲名晋肃，他就不能参加进士考试。其实这不仅突破了周代"不讳嫌名"的制度，同时也突破了"二名不偏讳"的规矩。韩愈为此专门写了一篇文章叫《讳辩》，觉得李贺应该去应进士试，但是不管用，因为李贺一旦中了进士，他就犯了家讳。气得韩愈无奈感叹："父名晋肃，子不得举进士；若父名仁，子不得为人乎？"

更为可恶的是，这种做法在唐代竟然还于法有据。《唐律·职制篇》："诸府号、官称，犯祖父名，而冒荣居之者，徒一年。"疏义云："府有正号，官有名称。府号者，假若父名卫，不得于诸卫任官；或祖名安，不得任长安县职之类。官称者，或父名军，不得作将军；或祖名卿，不得居卿任之类。皆须自言，不得辄受。"

又，周代的国讳，只限于君。"夫人之讳，虽质君之前，臣不讳也。"可是，自汉以来，"後代诡谀，古礼尽废，始而为君讳，後则为后讳，为太子讳，为内戚讳，且为执政者讳矣。"（清人雷学淇语）如汉高祖吕后名雉，故《汉书·杜邺传》改"雉"为"野鸡"；东晋简文帝司马昱的母亲郑氏名阿春，不仅凡春字地名悉以阳字易之，如富春曰富阳，宜春曰宜阳，而且把书名《春秋》也改成了《阳秋》（后有书名曰《晋阳秋》，有语辞曰"皮里阳秋"者，其因概出于此）——淆乱文籍，莫此为甚。

如果读者从以上简单的分析中，能看出"避讳"是怎样由礼俗变为恶俗的，则此文不虚作矣！

（原载《深圳特区报》2014.12.4 国学堂）

避讳与委婉

　　我们讲避讳，有必要把避讳和修辞学上的"委婉"区别开来。中国古代文献中的避讳，是在礼俗仪规基础上形成的制度条例，而修辞学的"委婉"，则是士子为文时个人选择的表达方式。

　　作为一种"修辞格"，"委婉"还有"婉曲""曲指"等其他别的叫法。意思都是不直言其事，而利用修辞手段把话说得含蓄、婉转一些。如《史记·樊郦滕灌列传》中，说樊哙的庶子有病"不能为人"，实际是指他有性功能障碍，不能像一个正常男人一样从事交媾行为。所以，"为人"就是两性关系这种粗俗言辞的委婉表达。又如，广东南海人廖廷相《切韵考外篇·跋》："越数月，而先生亦捐馆。""捐馆"，也可以说成"捐馆舍""归道山""仙逝"等，即曲指过了几个月，《切韵考》的作者亦即廖廷相的老师陈澧（清广东番禺人）就死了。"死"是不吉利的词语，所以要换一种说法。这也是委婉。

但《礼记·曲礼》："天子死曰崩，诸侯死曰薨，大夫死曰卒，士曰不禄，庶人曰死。"同样是死，不同等级的人有不同的用字，而且不能随便更改，这就不是选择而是规制；尽管它也有"曲指"的特征，而实际上应该算是避讳。

有一本讲版本学的书上说："在古代文献载体中，为避免直接提到君、父或其他尊者之名，而将文字用某些方法加以改变或回避，以表示尊敬，称为避讳。"（程千帆等《校雠广义·版本编》）这个定义是不够周延的，尊敬固然是避讳的一个重要方面，但它不是古代文献中有关避讳的全部。

我在《避讳与地名》一文中提到，唐肃宗仅仅因为对安禄山的厌恶，在至德元年和二年（756、757）两年之内，就更改了30多处地名中有"安"字的郡县名称。这就不是因为尊敬却是因为厌恶而避讳的典型例证。

陈垣先生的《史讳举例》中，还提供了清代初期书籍中避"胡、虏、夷、狄"等字的间接文例。雍正十一年四月己卯谕内阁："朕览本朝人刊写书籍，凡遇胡虏夷狄等字，每作空白，又或改易形声。如以'夷'为'彝'，以'虏'为'卤'之类，殊不可解。揣其意盖为本朝忌讳，避之以明其敬慎，不知此固背理犯义不敬之甚者也。"

雍正的这段话，应该这样来理解：清初书籍中，有遇到胡虏夷狄等字的地方，或者空格，或者用"彝"来代替"夷"、用"卤"来代替"虏"等；他觉得这是文人本想表示敬慎，而实际效果恰恰相反。可是雍正没有这样去想："胡虏夷狄"这些字，其实包含着古代汉人对少数民族的轻蔑，所以一旦满人取得天下后，"胡虏夷狄"等就成了敏感词。写书、编书的人（一般都是汉人）心有恐惧，哪里还敢随便乱用，只好空缺或用别的同音字来替代——这才是文人真实的心理状态。我不明白像雍正那么聪明的人，为什么还"殊不可解"？或者是雍正太会"装"了！——所以，我把这种避讳，归类为因恐惧而产生的避讳。

　　因尊敬、因厌恶、因恐惧都可以通向避讳，可见封建专制政治在古代文献所呈现的社会生活中影响有多大！而这一点，正是一种"委婉"的修辞手法不能解释的地方。

（原载《深圳特区报》2014.12.11 国学堂）

茶引哲思归

关于茶、酒，我曾拟有一联，曰："酒催诗兴发，茶引哲思归。"自信能别二者之大较，而颇为得意。

有句俗语说："开门七件事，柴米油盐酱醋茶。"故以"茶"为中华"国饮"，信其然也。

一般认为，国人饮茶，起于汉而盛于唐。然而，吾国唐以前古籍中并不见"茶"字，这又是怎么一回事呢？

《说文解字·艸部》："荼，苦菜也。从艸，余声。"南唐旧臣，降宋后官至右散骑常侍的大学者徐铉，主持校定《说文解字》时，为"荼"字注音"同都切"（读如"涂"），同时指出："此即今之茶字。"

其实，徐铉所谓"今之茶字"，根据顾炎武的考证，在唐代就已经出现了。顾氏音韵学名著《唐韵正》（卷四）载："愚游泰山岱岳唐碑题名，见大历十四年刻'茶药'字，贞元十四年刻'茶宴'字，皆作'茶'。又李邕娑罗树碑、徐浩不空和尚碑、吴通微楚金禅师碑 '荼毗' 字，崔琪灵运禅师碑 '荼碗' 字，亦作 '荼'。其时字体未变。至会昌元年，柳公权书玄秘塔碑铭、大中九年裴休书圭峰禅师碑 '荼毗' 字，俱减此一画，则此字变于中唐以下也。"

"荼毗" 即 "荼毗"，译自巴利语 Jhā peta，意为焚烧；指佛教僧人死后将遗体火化。而这个巴利语的 Jhā，和今天我们读 "茶" 的音是相近的。

所以，顾炎武说："荼荈之荼（今作茶），与荼苦之荼，本是一字。古时未分麻韵，荼荈字亦只读为徒。汉魏以下乃音宅加反，而 '加' 字音居何反，犹在歌戈韵，梁以下始有今音。" 按顾氏的意思，"茶" 或者 "荼"，古时候都读如 "徒"；我们今天读 "茶" 的这个音，是佛教盛行的梁朝以后才发生的。

"徒" 和 "茶" 原来还有语音演变关系？这对于一个没有音韵学知识的人，确实不太好理解。但我若告诉你，"涂脂抹粉" 的 "涂"，和 "搽胭脂" 的 "搽"，原来就是一个词。你仔细琢磨一下，是不是一样的道理？

收入《说文解字》的 "荼"，在古籍中有多个义项。清代学者徐灏，在其《说文解字注笺》里做了一个梳理："《尔雅》'荼' 有三物。其一，《释艸》：'荼，苦菜。' 即《诗》之 '谁谓荼苦'，'堇荼如饴' 也。其一，'薫、芺，荼。' 茅秀也。《诗》'有女如荼'，《吴语》'吴王白常（裳）白旗白羽之矰，望之如荼' 是也。其一，《释木》：'槚，苦荼。' 即今之茗荈也。俗作 '茶'。" 徐灏告诉我们，在古代的类义词典《尔雅》中，"荼" 字一名三指：一指有苦味的蔬菜，这在《诗经》中屡见。二指茅草白色的花穗，《国语·吴语》的 "如火如荼" 就是这种东西。三才是指我们今天的 "国饮"——茶。

徐氏似乎认为，只有在第三个意思上的 "荼"，有一个俗体写作 "茶"。或者倒过来说，后世指 "苦菜" 的 "荼"，是不能写作 "茶" 的；"如火如荼" 也不能写成 "如火如茶"。

徐灏的说明是有根据的。北宋大中祥符元年（1008），陈彭年、丘雍等奉旨修成《广韵》。《广韵》的"麻韵"里收了一个左边加上木字旁的"茶"字，解释是"春藏叶，可以为饮"。这个字的后面就是"茶"，释文"俗"，表明是前一字的俗体；而其小韵正是今天读"茶"（chá）的宅加切。这是迄今我所看到的"茶"之而专为饮品"茶"字的最早文献著录。徐灏立论的根据或许也在这里。

（原载《深圳特区报》2014.5.22 国学堂）

陈寅恪的"俗谛"

王国维投水自沉，作为王的忘年至交，陈寅恪先生当日即撰七律一首及一联挽之；然意犹未尽，不久又作长篇辞赋以申哀恸。两年以后，王氏的弟子们"尤思有以永其念"，议曰"宜铭之贞珉，以昭示于无竟，因以刻石之词命寅恪"，于是便有了那篇著名的《清华大学王观堂先生纪念碑铭》和那段著名的议论："士之读书治学，盖将以脱心志于俗谛之桎梏，真理因得以发扬。思想而不自由，毋宁死耳。斯古今仁圣所同殉之精义，夫岂庸鄙之敢望。"

关于这段议论，陈寅恪自己有个解释，见于1953年12月1日上午他对科学院的口头答复，而由他的学生汪篯忠实记录如下："俗谛"在当时即指三民主义而言。必须脱掉"俗谛之桎梏"，真理才能发挥；受"俗谛之桎梏"，没有自由思想，没有独立精神，即不能发扬真理，即不能研究学术。

然而，以写作了 35 部武侠小说而名满神州的梁羽生却别有心得。他认为，"俗谛"恐怕亦不只限于三民主义或什么主义。俗谛是佛家语。大乘佛法可分胜义谛（真谛）与世俗谛（俗谛）。"谛"，乃梵文 Satya 的意译，指真实无谬的道理。依二谛中道的义理，价值判断、道德进路等等，均属"世俗谛"。佛教把主张"有常恒不变之事物"的见解叫作"常见"，把主张"现象灭了就不再生起"的见解叫作"断见"，二者都是错误的。对任何有关价值判断的任何答案，都容易使人误入歧途。依此理念，三民主义之类固然是俗谛，孔孟之道亦是俗谛。一切足以造成思想桎梏的无不是俗谛。故梁羽生判断说："陈氏精通佛学，我想他说的俗谛，当是指大乘佛教所言的'世俗谛'。陈氏之所以特别提出三民主义和某某主义，只系针对'时弊'而已（详见梁著论文《金应熙的博学与迷惘》）。"

梁羽生曾不无幽默地说，他是金应熙"教外别传"的弟子。熟悉他们交情的人或许知道，金、梁二人的关系实在师友之间。周一良《纪念陈寅恪先生》文后有一条"补记"："陈先生及门众多，影响深远。我认为脑力学力俱臻上乘，堪传衣钵，推想先生亦必目为得意弟子者，厥有三人：徐高阮、汪篯、金应熙。"梁羽生说，金应熙通梵文，且曾身受其另一业师许地山之熏染，有志于在宗教史上有所建树，是故对于谈禅说偈自是优为。

梁氏于佛学也十分着迷，并与金应熙多有研讨切磋。而金应熙引导梁氏接触义宁之学，又正是从六祖传法偈（菩提本无树，明镜亦非台；本来无一物，何处惹尘埃）开始的——"金师问：'此偈如何？'我说：'古今传诵，绝妙好辞，尚有何可议？'金师说：'就是还有可议。'介绍我读陈寅恪写的一篇文章《禅宗六祖传法偈之分析》。"

以我本人之陋见，梁羽生和乃师金应熙一样，也是一位深具博学卓识，极聪明极有灵气的人，只是他的学术才华，被其武侠小说家的名气所淹没，而罕为世人了解。

佛家语的"俗谛"，包括我们今天说的具有先入为主的价值判断、伦理规范等特征的"观念形态""意识形态",同时也包括那些蕴含功利性、实用性的思想宣传。学术研究以探求真理为职志,就不能存先入之见,就不能求急功近利,就不能有俗谛之桎梏。只有保持独立的精神、自由的思想,才会有学术的生命与价值。就这一点而论,梁羽生亦堪称陈氏之解人。

（原载《深圳特区报》2015.4.9 国学堂）

痴人放言解"性情"

每闻坊间物议，说某属阴鸷之辈，某为性情中人。前者可怖，不言而喻；后者可亲，也只是觉得这种人古道直肠，不必提防。但若问何谓"性情"，则难为详说。

《说文解字》："性，人之阳气性善者也。从心，生声。""情，人之阴气有欲者也。从心，青声。"段玉裁《说文解字注》引《礼记》："何谓人情？喜、怒、哀、惧、爱、恶、欲七者，不学而能。"桂馥《说文解字义证》："《钩命决》曰：阳气者仁，阴气者贪。故情有利欲，性有仁也。"

自汉至清，中国学者对儒家主流学派的"人性本善"浸润太深，以这种意识形态说字，再附以阴阳学说，故常不能得其真谛，反而会把人弄得云里雾里，摸不到头脑。——造字又不是你儒家专利，做学问当以求真为本，岂可贩卖私货？

道家的《庄子·庚桑楚》："性者，生之质也。"早期新儒家的《荀子·正名》："性之好恶喜怒哀乐谓之情。"据此，痴人仿《说文》体例，为"性情"另作说解，以补许慎之陋。曰："性，生也。从心，从生，生亦声。""情，青也。从心，从青，青亦声。"

或谓痴人的说解过于简古，那我以现代汉语翻译说明如下：

性，是人天生俱来的本质。比如属男属女的性别，温良或暴烈的性格，聪慧和鲁钝的性质等等；而食、色之欲求，则是人类作为动物的本"性"。人的先天之"性"，无所谓善，也无所谓恶，这是告子的态度。孟子以为性善，荀子以为性恶，形成了儒家主流与非主流的分野。从语言学的角度看，生、性、姓，属同源词。

情，是人动于衷而形于外的情绪表征。古书中的青，多指现代所谓的蓝色，有时也指黑色和绿色。而作为修辞学的借代，"青"也可以涵括一切色彩。现在我们说的"颜色"，古籍中指人眉宇间的气色（《说文》"颜，眉间也"）。人之有喜怒哀乐，而形之于颜色，即为"表情"。我们说某人"颜面都青了"，或可见其怒之甚矣。吾人一旦心里有了大的触动，眼睛便会发红、发绿、发黑或发蓝，所以俗语有"眼睛是人类心灵的窗口"之说。现代汉语词汇中有"情形""情景""情态""情状"等词语，都说明"情"是能眼见可感的东西。

如果说"性格"是人的隐性存在，那么"情绪"就是人的显性表达。一个人哀则戚戚，乐则嘻嘻，怒可头发上指，喜便笑逐颜开……其人"情"之与"性"，若合符节；谓之为"性情中人"，其谁曰不然？

近日网上传有一事，说某位人物儿子车祸殒命，此公一是秘不发丧，二是若无其事，照常出入各种场合，嬉笑自如。这种人"性""情"如此乖悖，阴鸷可怕，确实令人背脊发冷！

或曰，人生在世，要有一些城府，不能太过率直。因为在现实生活中，性情中人多有龃龉，并不能畅行无碍。或许，明哲保身，正是中国传统文化中需要革除的弊端；而人的性格，是没有办法改变的。

（原载《深圳特区报》2014.7.3 国学堂）

春秋史笔和"以史制君"

中国史学界，在讨论中国古代史官制度时，有一个"以史制君"的基本判断。认为史官为了对历史负责，因而在记录史实的职业行为中，有独立判断的权力，"不虚美，不隐恶"；这样，就在皇权专制的政治框架中，形成一种制衡的力量。

如果说"以史制君"的"君"，除了指国君，也可指位高权重的重臣，那么在一部《左传》里，最能支持以上观点的故事有两个：

一个是《宣公二年》的"晋赵穿弑灵公"。晋灵公残暴不仁，晋国正卿赵盾（宣子）屡谏不听，不得已流亡他国。不久，赵盾的族弟"赵穿攻灵公于桃园"，把晋灵公给杀了。赵盾得到消息后，"未出山而复"。晋国大史董狐书曰："赵盾弑其君。"赵盾觉得很冤枉，董狐说："子为正卿，亡不越竟（境），反（返）不讨贼，非子而谁？"若干年后，孔子对此大为赞赏，说："董狐，古之良史也，书法不隐。赵宣子，古之良大夫也，为法受恶。惜也，越竟乃免。"

另一个是《襄公二十五年》的"齐崔杼弑庄公"。崔杼是齐国大夫，当国秉政二三十年，骄横异常，炙手可热。太子吕光便是因崔杼立为国君，即为庄公。后庄公与崔杼的妻子棠姜有私，崔杼伏甲士设套将庄公杀之。"大史书曰：'崔杼弑其君。'崔子杀之。其弟嗣书而死者二人。其弟又书，乃舍之。南史氏闻大史尽死，执简以往。闻既书矣，乃还。"

第二个故事，更是悲壮地展现了古代史官的坚忍——为了维护职业尊严，齐大史兄弟前仆后继，在已有三人死于非命的情况下，其"弟又书"，以致崔杼不得不放下屠刀。

台湾著名学者龚鹏程教授，对"以史制君"的史官制度有一种同情的理解。他说："王者虽横行于一世，但历史的评价仍是他所在意的。偏偏史家记录，因要为后世提供足以借鉴的材料，所以格外强调'不隐恶，不虚美'，对君王自然会有更大的心理制衡力量。"又说："近人每轻视这种制衡力量，以为民主制度的民意制衡才有作用，殊不知上帝裁判、阎罗王审判，都是诉诸死后的，均是另一种形式的历史制衡，你说它有没有用呢？假如一位暴君，连阎王上帝都不怕，你以为他会怕民意？"

可惜的是，中国的这种肇始且成熟于周朝的史官制度，在唐朝便现衰微渐绝之象。因为史实告诉我们，李唐以前，史官只要谨遵"史法"记言述事，根本可以不必恭呈皇览；而唐后此举已无可能了！于是有人推测这或与"玄武门之变"有关——当有人害怕并掩盖真相时，必有其心虚或不可告人的东西在。

（原载《深圳特区报》2014.4.3 国学堂）

从造字看"仁"的词义内涵

　　"仁"是中国古代思想史中的一个重要概念；孔孟之徒更是把"仁"作为儒家的核心价值观而置于"五常"（仁、义、礼、智、信）之首。

　　由于中国传统学问似乎不太习惯对概念进行必要的逻辑定义，而喜欢用或描绘事物特征，或叙述行为状态，乃至用溯源其得名之由的种种修辞、训诂的方法，来解释概念的内涵和边际，这就给后人在理解和把握上造成似是而非的情况。

　　对"仁"的解释也不例外。如《礼记·经解》："上下相亲谓之仁。"《论语·雍也》："夫仁者，己欲立而立人，己欲达而达人。"《礼记·中庸》："仁者，人也。"《论语·颜渊》："樊迟问仁。子曰：'爱人'。"又《论语·卫灵公》："子曰：志士仁人，无求生以害仁，有杀身以成仁。"等等，等等。看了这些解释，感觉得其仿佛；但真要把"仁"

字说清楚，却不容易。

本文作者根据多年来对文字学的体悟，试着从汉字构造的角度，对"仁"的词义内涵做出一种解释，以就教于方家。

《说文解字》："从，相听也。从二人。"又"比，密也。二人为从，反从为比。"又："北，乖也。从二人相背。"由上述三例可见，以二"人"组合成的字，或"相从"，或"朋比"，或"相背"，好像穷尽了"二人"组合的各种可能性。然而，《说文解字》："仁，亲也。从人从二。"也是二"人"！所不同的是，"仁"字的另一个"人"，用"二"来代替。因而我觉得，这个"二"，更像是两横等长的"重复符号"。

《论语·颜渊》：齐景公问政于孔子。孔子对曰："君君、臣臣、父父、子子。"从这句话里，我豁然省悟到："仁"的"从人从二"的二"人"关系，实际上和"君君、臣臣、父父、子子"的关系一样，即为"人人"——构成一种"谓宾"结构。这是"二人"组合的另一种可能性。

"君君、臣臣、父父、子子"，可以是"以君为君""以臣为臣""以父为父""以子为子"。同理，以"人人"构成的"仁"，其词义内涵就是"以人为人"。（"君君、臣臣、父父、子子"的另一种解释是君要像君、臣要像臣、父要像父、子要像子，那么"人人"则是人要像人。这种解释是"主谓"关系，孔子的意思即指此。但，二名相连也可以是"谓宾"关系，本文据此立论。）

"以人为人"，换成现代的话，就是把人当人看。把他人当人看，是"尊人"；把自己当人看，是"自尊"。"尊人"者就会"上下相亲"，就会"己欲立而立人，己欲达而达人"；"自尊"者就能"杀身以成仁"，而不会"求生以害仁"。

"义"者宜也；"礼"者履也；"智"者知也；"信"者诚也。遵循"以人为人"的人伦道德准则的人，一定是举止得宜、行事合礼、识大体明去就、诚实守信的志士仁人。"仁"为"五常"之首，其宜也乎哉！

（原载《深圳特区报》2014.4.10 国学堂）

端午节的文化解读

　　文化是人类后天习得的结果。而对这个习得过程的回溯，有可能是文化解读的一种方便法门。

　　我的家乡在历史上是属于"吴头楚尾"的赣西北丘陵山区。有关"端午节"的民俗，地方志上有这样的记载：亦称"端阳节"。从五月初一日起，家家户户门插菖蒲、艾枝以除祟，洒雄黄酒于地以制"五毒"（蜈蚣、蝎、壁虎、蛇、蜘蛛），室内燃长香驱杀蚊、蝇。小孩挂"香囊"（用红绿丝线编织，内装樟脑等药物），头上搽雄黄。亲朋间互以粽子、包子、蚕豆、茶蛋、糕点等相赠。全县多地盛行龙舟竞渡活动。

　　而于我这种放过牛的孩子，还有一个更为深刻的"端午节印象"，即五月初五日当天，在曙色熹微之前，我们就要把牛赶往山上去吃"神仙草"；据说牛吃了这天露水未晞的青草，终年不易生病。当然，我们也能比平时提前回家享受端午节"大餐"——在物质匮乏的20世纪六七十年代,"吃"也是我们很重要的节日记忆。

我们那地方古称"艾",在汉高祖六年(公元前201年)即已置县,也可算得上是王化所被之地。但我年及弱冠才离开老家,并未曾听闻端午节与诗人屈原有什么关系。或许正如闻一多先生所考证的,端午节本是吴越民族举行图腾祭祀的节日,而赛龙舟则是祭仪中半宗教、半娱乐性节目;端午节的起源是吴越民族对龙的崇拜,远在屈原沉江以前就已经存在了。而吾乡的端午节民俗,传承的可能是吴风流韵。

一个走出大山的放牛孩子,后来阅历渐广,对端午节的理解又多了一些。清代尤以历史考据称誉于世的赵翼,在他的读书札记《陔馀丛考》中说:"古时端午,亦用五月内第一午日。《后汉书·郎𫖳传》:以五月丙午遣太尉(服干戚);又《论衡》曰:五月丙午日,日中之时铸阳燧。是午节宜用午日或丙日。后世专用五日,亦误。按《周官》'壶壶氏午贯象齿'。郑注:午,故书为五。然则午、五本通用。唐明皇八月五日生,宋璟表亦云:月惟仲秋,日在端午。犹以午为五也。后世以五月五日为午节,盖午、五相通之误。"赵翼的意思是,端午节本来指五月的第一个"午"日,后世专指五月五日是错误的。但为什么会错呢?是古书中午、五两个字可以通用。正是由于这么一"通",就把它们给搞混了!

还有一个问题是,端午节为什么是五月?这和"午"也有关系吗?这又涉及古代文化中一个"月建"的观念。所谓"月建",就是把子丑寅卯等十二支和一年的十二个月份相配,比如夏历以建寅之月为岁首(即后世所谓阴历正月),而殷历以建丑之月为岁首(即夏历十二月),周历以建子之月为岁首(即夏历十一月)。也就是殷历的正月比夏历早一个月,周历比夏历早两个月。(都往前赶,正所谓"后来者居上"。待到秦始皇统一中国后,更是改以建亥之月,比夏历早了三个月!直到汉武帝元封七年才改回到建寅之月。)

夏历的岁首(正月)是寅,那么二月是卯,三月是辰,四月是巳,五月就是"午"。殷历、周历也可以据此类推,但他们的五月就不可能是"午"了。

夏历比较契合农事季节，所以也叫"农历"，而从汉武帝时一直沿用至今。

端午节正是夏历的节日。因为它是"午"月"午"日，在宋朝便有了一个"重午"的别号，常会在文人的诗文中出现。

（原载《深圳特区报》2014.5.29 国学堂）

福、富之辨

在日常生活中，"福"和"富"，都是使用频率非常高的字词。大年春节，门上贴"福"；友朋相逢，互道祝"福"。改革开放，让一部分人先"富"起来；领导做报告，号召要致"富"思源、"富"而思进……这俩字，看起来形有些相同，读起来音有些相近。它们在用法上有怎样的差别，在意义上又有何联系，"百姓或日用而不察"。兹试以辨之。

《说文解字》："福，祐也。从示，畐声。"祐，就是神明降福保佑。现在通常说的"求福"，即祈求神明的帮助。《说文》："富，备也。一曰厚也。从宀，畐声。""一曰厚也"，是说"富"另有一个义项是"厚"。

清代《说文》学大家段玉裁不同意"福，祐也"的解释。他根据《礼记·祭统》："贤者之祭也必受其福，非世所谓福也。福者备也，备者百顺之名也，无所不顺者谓之备，言内尽于己，而外顺于道也。……上则顺于鬼神，外则顺于君长，内则以孝于亲，如此之谓备。"段氏因而认为，所谓"福，祐也"，乃"世所谓福也"，是宋代徐铉校订《说文》时搞错了。于是，他在其《说文解字注》中毫不犹豫地改为："福，备也。"并加按语："福、备古音皆在第一部，叠韵也。"

段氏这样一改，"福，备也"，"富，备也"，"福""富"不就一样了么？那它们还有什么区别呢？

20世纪初，著名语言文字学家、国学大师章太炎先生"违难居东"，在日本讲授《说文解字》。今根据朱希祖、钱玄同两位先生的记录，可以看到章氏论述"福""富"的相同和区别。大意是：《祭统》"福者，备也"。因古无轻唇音，读"福"（入声）如仆，故与"备"（去声）为声训。"福"从畐，"富"亦从畐；"畐"训"满"，"满"则"备"矣。古"福""富"谊（义）近："富"乃人为之福，"福"则天授之福。"富"为质言（直白、鄙俗），"福"为文言（文饰、婉曲）；不言"求富"而言"求福"者，讳言耳。

用"天授"与"人为"、"文言"与"质言"来区别"福"与"富"的意义，确实有很周延的解释力量。即使在今天，有人"仇富"，但不会有人"仇福"；"炫富"遭人反感，"炫福"却可能让人喜欢。

而用"备"来解释"福"字，于文献语言的释读也颇有概括力。20多年前，我在大学讲授曹操诗《龟虽寿》，其中"盈缩之期，不但在天；养怡之福，可得永年"，那个"福"字一般不出注释，以为常语。但若真要问一下，"福"字到底怎么解释，恐怕很多人都不得要领。此处即"福者备也"——只要养身怡性的东西都完全、齐备了——饿了有饭吃，冷了有衣穿；老了有人养，病了有医治；子孝妻贤，家和国乐；心情舒畅，百无不顺。这样的人，才会有长寿的可能。除非你先天不足，或有基因遗传缺陷，那又另当别论——因为诗的前一句是，"盈缩之期，不但在天"，说明"天"还是有决定性作用的。

我上述此例，也意在说明，所谓"天授之福"，不能理解为天上掉馅饼，坐享其成，无须人为。而是强调人的一切行为（当然包括对财富的追求），都要契合天理人情，万不可有丝毫悖逆。这也就是《礼记·祭统》的"无所不顺者谓之备，言内尽于己，而外顺于道也"。"内尽于己而外顺于道"，表述的正是主客观的统一，这才是我们要自求其"福"的核心。

近一段时间，有一位曾经因"炫富"而声闻遐迩的名人，再一次引起舆论的关注。她受某种力量的安排，在媒体上自述其"人为之福"中藏纳的不光彩行为，那些行为"为富不仁"，背离了天道情理。这件事，催发了我写作此文的灵机。

（原载《深圳特区报》2014.8.14 国学堂）

古人的"名"与"字"

我们今天说"名字",这是一个词,普通话"字"读轻声。过去问一个人的"名字",则有可能是问他的"名"和"字","字"读去声。在中国大陆的 1949 年以前,一个有文化有教养的人,常常是既有"名"又有"字"的。而在台港澳地区,这种情况至今犹然。

"名"之与"字",在中国古代,不单纯是社会生活中人与人互相区别的指称符号,其中蕴含着丰富的礼俗内容,是中国传统文化的重要组成部分。对于今天我们这个全面走向现代化的国家,鄙以为仍然具有继承、借鉴的意义和价值。

《说文解字·口部》:"名,自命也。从口,从夕。夕者,冥也。冥不相见,故以口自名。"所谓"自命""自名",意即自称其名。在这个意义上,命、名、鸣是同源词。"冥不相见,故以口自名",描述的这种场景,犹如我们打电话,对方看不见你，拿起电话，必须自报家门："您好，我是张三。"所以，根据《说文》的解释，"名"之谓也，主要是用来区别自己与他人的指称符号。

"名"虽是自称符号，而古代人的命名，却是父亲（若祖父在世，亦可以是祖父）的专利。《仪礼·丧服传》："子生三月，则父名之。"为什么一定要到出生三个月后才命名呢？《白虎通义·姓名》解释说："三月名之何？天道一时，物有其变。人生三月，目煦亦能孩笑，与人相更答，故因其始有知而名之。"因为三个月以后的孩子，眼睛已有和煦的光亮，也能发出"嘿嘿"的笑声（孩笑即咳笑），开始具有与人交流的知觉了。父母呼唤其名，孩子才会有反应。由此也可见，"名"之用也，最早是家中父母、长辈对于孩子的呼唤。

中国人"名"外有"字"的历史，可以追溯到周代。而且，"名字"之"字"，"字"是由"名"孳乳繁衍的结果；就像"文字"之"字"，"字"是由"文"孳乳繁衍的结果一样，其中有着各种各样的逻辑关系（笔者将于另文阐述）。《说文解字·子部》："字，乳也。从子在宀下，子亦声。"这里的"乳"，就是孳乳。"字"是"名"的儿子，有"名"而后有"字"。人可一"名"一"字"，亦可一"名"而多"字"。

古人什么时候才能有"字"？《礼记·檀弓》："幼名，冠字。"又《曲礼》："男子二十，冠而字"；"女子许嫁，笄而字。"冠（男二十）、笄（女十五）之年的男女，已然成人。男的要参加社会活动，女的要出嫁了，这时候就要在"名"外加"字"，以便让家中长辈之外者用来指称。唐人孔颖达《礼记正义》为"幼名，冠字"作注："生若无名，不可分别，故始生三月而加名，故云幼名也。冠字者，人年二十，有为人父之道，朋友等类不可复呼其名，故冠而加字。"

上述引语中，骡括了两个礼俗名词：一是"名讳"，二是"待字"。男人二十，即可为人之父，故除家亲长辈外，朋友晚辈不可直呼其名，必加避讳，是之谓"名讳"。女子十五，笄在闺中，当嫁而未嫁，是之谓"待字"。考索词源，盖与此均颇有牵涉。

《仪礼·士冠礼》："冠而字之，敬其名也。"古人有"名"有"字"，"名以正体，字以表德。"（《颜氏家训·风操》）"名"用于自称和长者呼唤，"字"则方便社会交际中的朋类指谓。生活在现代的中国人，如果赓续这种"名""字"分用的方式，一方面，可以在一定程度上摆脱汉人同姓名者多的困扰（同姓同名不一定同字），另一方面，也可以使人际称谓多一些古雅和情味。不知读者诸君以为然否？

（原载《深圳特区报》2014.9.11 国学堂）

古者衣裘以毛为表

刘向，是西汉时期的大学问家。他写过一部书名叫《新序》，其中有这样一个故事：

魏文侯出游，见路人反裘而负刍。文侯曰："胡为反裘而负刍?"对曰："臣爱其毛。"文侯曰："若不知其里尽，而毛无所恃耶?"明年，东阳上计钱布十倍，大夫毕贺。文侯曰："此非所以贺我也。譬无异夫路人反裘而负刍也，将爱其毛，不知其里尽，毛无所恃也。今吾田地不加广，士民不加众，而钱布十倍，必取之士大夫也。吾闻之，下不安者，上不可居也，此非所以贺我也!"

这真是一个可入"资治通鉴"的好故事，今之为政者也应该仔细一读。然而，理解这段文字有一关键问题要解决，那就是何谓"反裘而负刍"。因为，这其中已涉及古代汉人的衣饰文化。

《说文解字·衣部》："表，上衣也。从衣，从毛。

古者衣裘，以毛为表。""上衣"，穿在最上一层的衣服，我们现在叫"外套"。原来古代汉人穿皮外套，毛是露在外面的——今天在电视中，我们看到唱着信天游放羊的陕北老汉，穿的羊毛背心，毛也露在外面，那是古风之孑遗；而那些面敷脂粉、珠光宝气的女士们，穿着唯恐别人不知的露毛貂皮大衣，恐怕是外洋舶来的非汉人之俗。

那么，魏文侯看到的这位"负刍"（背负柴草）的路人，却不按时俗"反"穿"裘"衣，即将有毛的一面穿在里面，因而引起文侯的好奇和不解，问他为什么要与众不同。这位老兄说他怕柴草在身上磨来磨去，他舍不得毛被磨掉，所以才"反"（翻）过来穿的。在魏文侯看来，这种逻辑实在是太滑稽了，"你就不知道裘衣的里面（皮）磨光了，毛就没有了附丽的所在吗？"

说到这里，读者一定会想起"皮之不存，毛将焉附"的成语来。"反裘负刍"确实与"皮之不存，毛将焉附"有相同的理趣，但后者的典故则是出自于《左传·僖公十四年》："冬，秦饥，使乞籴于晋，晋人弗与。庆郑曰：'背施无亲，幸灾不仁，贪爱不祥，怒邻不义。四德皆失，何以守国？'虢射曰：'皮之不存，毛将安傅？'"可见，《左传》中的"皮之不存，毛将安傅"，用的是延伸出来的比喻义。

"反裘负刍"也有延伸义。我们再往下看魏文侯的这则故事：

第二年，魏国有个叫东阳的地方，给文侯呈上贡礼，钱物之数，十倍于去年！魏国的那些官员们，贺声一片。文侯说，你们这哪是贺我呀，是骂我吧！若要打个比方，这和那个"反裘负刍"的路人有什么两样？我们魏国土地既没有扩大，人口也不曾增多，而贡礼却上涨了十倍，一定是克扣老百姓的结果嘛。老百姓犹如裘衣的皮，统治者则是皮上的毛，下面的皮破败了，上面的毛就不可附着，这种事情值得你们祝贺吗？

这魏文侯到底是孔子的再传弟子（子夏做过文侯的老师），还知道一些恤民固位的逻辑联系。所以说，"下不安者，上不可居"，不啻是"皮之不存，毛将焉附"的一条注脚；同时，我想这也是肉食者必须明白的一个道理。

（原载《深圳特区报》2014.6.12 国学堂）

国学与小学

清季光绪初年，时任四川学政的张之洞，假手学者缪荃孙编了一本目录学书《书目答问》。书成之后，"翻印重雕，不下数十馀次，承学之士，视为津筏，几于家置一编。"（近人范希曾语。）这本书的后面，附录了张之洞的《国朝著述诸家姓名略》。张氏在文章的最后一段强调："由小学入经学者，其经学可信；由经学入史学者，其史学可信；由经学、史学入理学者，其理学可信；以经学、史学兼词章者，其词章有用；以经学、史学兼经济者，其经济成就远大。"

光绪初年还没有"国学"的说法。梁启超、章太炎、黄节、邓实等从日本引进"国学"一词，已经是光绪末年的事了。张岱年说："近代以来，西学东渐，为了区别于西学，于是称中国本有的学术为国学。清代学者论学术，将学分为三类：一为义理之学，二为考据之学，三为词章之学。义理之学即哲学，考据之学即史学，词章之学即文学。……

详言之，词章之学包括文艺学、文字学、修辞学等。义理、考据、词章之外，尚有经世之学，即政治经济学说，以及军事学、农学、治水之学等。"（中华书局"国学入门丛书"序，2002 年 12 月。）

张岱年把"文字学"归入词章之学，我不知道他是笔误，还是有什么别的考虑。因为在中国传统的经、史、子、集"四部"学术分类中，"文字学"又名"小学"，而"小学"都是隶属于"经学"中的。即使经学中也涵括了《诗经》，但在重"诗教"的儒家的眼里，连《诗经》都只不过是政治教材而非文学读本，更何况以讲字形、字义和字音为指归的"文字学"，怎么能阑入"词章"中去呢？张岱年先生腹笥充盈、学养深厚，所以我相信这可能是他的笔误。

除了上述我的怀疑，张岱年先生对"国学"的概述，可称简明精练，确实也有助于我们对张之洞那段话的理解。

三年前，我在一篇悼念朱季海先生的文章里曾提到："国学"的研究，在章黄学派的学术理念中，不仅指中国传统文献的内容范畴，如经、史、子、集中所包含的政治、经济、思想、文化等；而且也指中国传统文献的研究方法。这是因为，中国传统文献作为内容的载体，它在历史的流变中，会有无法抗拒的"失真"；所以，研究者必须先要还原文本，使它回到彼时彼地实际记录的"本真"，只有这样，内容的研究才有意义。否则，就是向壁虚构，就是"六经注我"，而不是历史的本来面目。

中国传统文献还原文本的研究方法，章黄学派最看重乾嘉以来总结完善的考据学（朴学）。其理论结晶，就是文字学、音韵学、训诂学，古人称之为"小学"——一种最基本的学术训练。比如段玉裁说："小学，有形、有音、有义。三者互相求，举一可得其二。有古形有今形，有古音有今音，有古义有今义。六者互相求，举一可得其五。"（《广雅疏证·序》）这里隐含的道理就是，要研究古人的思想，先得认识古人写的字、读出它的音、弄明白它的意思——那是古人的书面语言。就像你不能听懂人家的话，你怎么知道人家说了什么。

虽然这是我多年的绩学心得，但在道理上和张之洞的那段话并无不同，所以不能算是我的发明。

有的书上说，"国学"的概念有广、狭两种意思。广义的国学对应了经、史、子、集的全部内容，狭义的国学即指"小学"，也就是传统意义上的"文字学"（含音韵学、训诂学）。尽管过去我们常从一些老先生口中，听到说某人国学功底好，实际上是说某人"小学"功底扎实；但我还是认为，"小学"之于"国学"，犹如数学之于理化天文等其他学科，是基础，是根柢——它们都在理学的范围内。

至于说为什么"小学"就是"文字学"？《汉书·艺文志》："古者八岁入小学，故周官保氏掌养国子，教之六书，谓象形、象事、象意、象声、转注、假借，造字之本也。""六书"是研究文字的学问，这就是其"小学"的由来。

（原载《深圳特区报》2014.9.25 国学堂）

汉字六书和"即""既"之辨

　　研究汉字的人都会讲到"六书"。汉字"六书"的名称有三个出处:一是《周礼》郑注(郑玄引郑众注)的"象形、会意、转注、处事、假借、谐声";二是班固《汉书·艺文志》的"象形、象事、象意、象声、转注、假借";三是许慎《说文解字叙》的"指事、象形、会意、形声、转注、假借"。其实郑众、班固、许慎可以说是同时代的人(东汉),其中许慎年龄略小一些。由于郑玄只是随文出注,所以后世讲"六书",一般只用许慎的名称而取班固的顺序,比如时下大学教材即是如此。

　　许慎的名称好在哪里?其中有一个原因是它没有一个重复的字。但就"指事"和"象事"来比较,我个人觉得有时用"象事"会比用"指事"好。因为宇宙世界,大千万相,林林总总,非物即事。物有其形,事有其状;摹其形即见其物,绘其状则知其事。前者谓之曰"象",后者何必要异之为"指"？如果这样说还有些抽象，不妨举两个例子来说明之。

这两个例子就是"即"与"既"字。

《说文解字》："卽，即食也。从皀，卪声。"而甲骨文、金文与《说文》小篆稍有不同。林义光《文源》："卪即人字；即，就也。"林氏认为，小篆"皀"，实际上是甲骨文装食物的圆形餐具（今字作"簋"）之讹变。所以，甲骨文的"即"，"象人就食之形"。人靠近餐具以就食，此乃事之状也。"即"字之所制，非"象"其"事"而何？

与"即"相反的是"既"。《说文解字》："既，小食也。从皀，旡声。《论语》曰：'不使胜食既。'"《说文》的"小食"很不好理解，而引的《论语》书证更是与"小食"无涉（今本《论语·乡党》此句作"肉虽多，不使胜食氣。"）。而在甲骨文和金文中，"既"的左边和"即"完全一样，而右边则是一个掉头而去的人。罗振玉《增订殷虚书契考释》："既，象人食既。许君训既为'小食'，谊（义）与形为不协矣。"李孝定《甲骨文字集释》："契文象人食已，顾左右而将去之也。引申之义为尽。"

"食既""食已"，即吃完了。"顾左右而将去之"，李孝定的这句话太有画面感了——记得20多年前刚来深圳时，经常看到的有人趿着拖鞋、剔着牙、打着饱嗝、施施然离开酒店的景象，马上就会浮现在眼前——真的是太"象"那么一回"事"了！

作为一个研究古音韵的人，我想补充一点：周秦时期的"既"，与我们今天用的打饱嗝的"嗝"，确实有语源学和字源学上的关系：二者是声母相同的音近字；而从语义上说，现在的"嗝"，古代写的就是"既"。相反，"既"之与"即"，古音差别却较大，声母不同，韵也不同；不像现代汉语普通话，声母、韵母完全一样，只是声调有平、去之别（搞得为文者常有用混）。说粤语者应有明显的体会。

有人会说，在《说文》小篆中，"即"与"既"都是形声字，按上述甲骨文解释，也应该是会意字呀，怎么会和指事（或曰象事）牵扯在一起呢？ 古文字学家唐兰先生说过："'六书'只是秦汉间人对于文字构造的一种看法，那时所看见的古文字材料，最早只是春秋以后。现在所看见的商周文字，却要早上一千年。"（《中国文字学》）于是，他根据所研究的包括甲骨文、金文在内的新材料，重新建立了汉字构造"三书说"的新系统。在唐兰的"三书"系统中，指事、会意合而为一。在这个意义上，我是赞同唐兰的。

（原载《深圳特区报》2014.7.24 国学堂）

汉字中的生命画卷

古人云："死生亦大矣。"凿破蒙昧的中国先贤，极为重视人的生命存在。在汉字中，有一些字，如毓（育）、乳、老等，就是构成人的生命轨迹的生动画卷。

《说文解字》："育，养子使作善也。……《虞书》曰：'教育子。'毓，育或从每。"在《说文》中，毓是育的另一种写法，意思是教育孩子使之为善。这样看来，育（或者毓）和今天的意思没有多大差别。

但在甲骨文中的这个"毓"字，左边的"每"是个"女"；右边上面是个倒写的"子"（正写的头在上，倒写的头在下），下面有几个小点。"每"可视为头戴文饰的"母"，故在造字上与"女"同意。因此，这个"毓"字所描绘的：一个女人下面，一个刚露出脑袋的孩子，一些点点滴滴的羊水……这不就是一幅十分逼真的"分娩图"么？

可见，毓（或育。育从倒子，从肉）的本义是"生育"，而"教育"只是后来的引申义。《说文》的作者许慎以引申义来解释，是不妥当的。

再看"乳"。《说文解字》："乳，人及鸟生子曰乳，兽曰产。从孚，从乙。乙者，玄鸟也。"许慎的这个解释，把胎生动物的人和卵生动物的鸟归为一类，而把同是胎生动物的兽却归为另一类。似乎他自己也觉得不踏实，于是又引古书作为旁证："《明堂月令》：'玄鸟至之日，祠于高禖，以请子。'故乳从乙。请（求）子必以乙至之日者，乙，春分来，秋分去，开生之候鸟，帝少昊司分之官也。"这样一来，就越说越玄了！

甲骨文中有一字，像母张开双臂环抱一子就乳之形，子嘴之张与母乳之凸赫然可见——学者以为"乳"之初文。由此，我们完全可以想象，篆文的"乳"则是母亲的手（爪）托住婴儿（子）柔软的头颅以就其鼓胀的乳房（乙。不是指玄鸟的"乙"，而是乳房凸显微垂的弧线）。如果说甲骨文的"乳"，是一幅要素齐全一看便知的"哺乳图"，那么篆文的"乳"，则是一幅用笔省洁而意蕴显豁的简笔画。一个情景两种表现罢了。

日本著名汉学家白川静先生是这样解释"乳"字的："会意。'爪'与'孔'组合之形。'爪'形示手。'孔'形示后脑勺部分头发被剃去的孩子。'乳'形示用手抱住幼儿，其姿态与喂奶之姿相似。"（《白川静常用字解》）虽然他的结论与我一样，但我不知道"爪"和"孔"组合之形，是怎么"会"出"其姿态与喂奶之姿相似"之"意"来的。

《说文解字》解释"老"字："老，考也。七十曰老。从人毛匕，言须发变白也。""匕"，今字作"化"。须发由黑变白，人就"老"了。应该说篆文"老"字是一个典型的"会意"字，很好理解。

然而，甲骨文"老"却是一个"象形"字，像长发人拄杖之形，颤颤巍巍、龙钟老态可掬。付之丹青，必是一幅神情毕现的"拄杖图"了。只是撑拄的那根拐杖，演变到金文中成了与"匕"接近的形状，而后就有了许慎"人毛匕"的篆文说解。

　　不过，人之老也，不像出生和哺乳那样只是一个时间节点，而是一个人生渐变的时间过程。因此我认为，"人毛匕"也是"老"的一种不错的表述，故许氏说解也可存而不废。不知读者诸君以为然否？

（原载《深圳特区报》2014.7.10 国学堂）

经今古文与不同的孔子

　　中国人讲的所谓"国学"，现实中是以经学为主流的。这跟晚清时期的保皇派张之洞"保种必先保教，保教必先保国"（《劝学篇上·同心》）的思想如出一辙。而当年的革命党人，也是"国学"的实际创义者和倡导者黄节、邓实、章太炎等人的"国学"观，与此似凿枘不合。龚鹏程教授说："经学是儒家一家之学，且是汉代帝王独尊儒术后才形成了那么崇高的地位。革命党人要推翻君主专制，自亦不再宗经；其所欲取法者，乃是秦汉专制王权尚未建立以前，九流十家争鸣的那种学问。""九流十家"，亦即俗常所谓诸子百家之学，儒家只是诸子学其中一支，在革命党那里当然没有主次之分。

　　然而，两千多年以来，经学在中国传统文化的主流地位，确实没有大的变化，也是一个不争的事实。但经学内部与儒家本身，却是有一些歧异和嬗变的。比如肇端于西汉末年的经今古文学之争，不仅一直延续到东汉末年，竟达二百多年之久，而且在晚清再次死灰复燃，就是中国学术史上的一大公案。经学的今古文之争，在今天来看，它已经逸出了一般的学术范畴，并能于某种程度上映射出中国文化的斑斓色彩。因此，我们若真要学习"国学"，就不能不对经今古文学有一个常识性的了解。

东汉许慎在《说文解字叙》中说，秦始皇统一天下后，"烧灭经书，涤除旧典，大发隶卒，兴役戍，官狱职务繁，初有隶书，以趣约易，而古文由此绝矣。"秦始皇听了李斯的话，焚书坑儒，烧掉了儒家的经典，统一文字为小篆；但因官狱事繁，小篆书写不快捷，便又使用程邈所作隶书，以趣简易，以致"古文由此绝矣"。汉兴，武帝"罢黜百家，独尊儒术"，设立《五经》博士官，他们所用的经书本子是用汉时流行的隶书所写，故谓之"今文"经。

后来，"鲁恭王坏孔子宅，而得《礼记》《尚书》《春秋》《论语》《孝经》；又，北平侯张苍献《春秋左氏传》；郡国亦往往于山川得鼎彝，其铭即前代之古文：皆自相似。"（《说文解字叙》）西汉鲁恭王刘余为了扩建自己的王府，拆除孔子家的房子时，在墙壁中发现了一些经书。张苍是秦朝的柱下御史，秦禁挟书，他私藏了《春秋左氏传》；汉惠帝解除挟书之律，张苍把它献了出来。这些经书上的文字，和全国各地山川河泽中发现的那些钟鼎彝器上铭刻的文字没什么不同，都是隶书以前的古文。所以这些经书，也就是所谓"古文"经了。

这样说，好像经今古文就是经书抄写字体的不同：用隶书抄写的是"今文"经，用隶书以前的文字抄写的是"古文"经。但事实比这复杂得多。今文经与古文经，不仅在字句、篇章、书籍名目上都有不同，而且关键是内容、意义上也有不小的差异；因而形成不同的学统和宗派，他们对经书的排序，古代典章制度的认识，乃至古代人物的评价都有极大的分歧。

比如经今文学家将"六经"的排序是：《诗》《书》《礼》《乐》《易》《春秋》；而经古文学家的排序则是：《易》《书》《诗》《礼》

《乐》《春秋》。简单地说，今文学家排序依据的是经书内容的由浅入深，而古文学家依据的是经书成书年代的从早到晚。

最有意味的是经今古文学家对孔子的不同认识和评价。

今文学家以孔子为政治家、哲学家、教育家。孔子实际上搞的是"托古改制"；他像庄子借寓言表达思想一样，不过是以历史叙述来呈现自己的哲学主张；今文学家对"六经"的排序（由浅入深），正是其对孔子教育家的认知。在今文学家眼里，孔子是"受命"的"素王"而得到崇奉。

古文学家以孔子为史学家。古文学家主张"六经皆史"，孔子修订"六经"是"信而好古，述而不作"，他是古代文化的整理者和保存者。古文学家虽然尊孔子为先师、为圣人，他们崇奉的却是周公。

中国古代的学术一直与政治绾结得比较紧，这固然可以体现出读书人"修身齐家治国平天下"的情怀，但它对学术本身的影响和伤害也是明显的。在这一点上，经今文学家较之古文学家似乎更甚一些。

（原载《深圳特区报》2015.3.12 国学堂）

谦卑自抑说"鄙""敝"

今天写这样一个题目，是因为日前在网上看到王怡先生一篇读《哈耶克文选》的读后感，其中有一句话说，哈耶克的"一切洞见，都建立在一个亘古常青的反思上，就是我们的无知如此重要"。而且，"我们的无知如此重要"，还是这篇读后感的标题。

"我们的无知如此重要"，中国的古人似乎早有这样的觉悟。谓予不信，不妨看看中国人的"第一人称"。

中国古文献中的第一人称"代词"，有予、余、我、吾等不少，这其中有的是时间的差异，有的是方言的不同。但若像《左传·桓公六年》"我张吾三军而被吾甲兵"、《孟子·公孙丑》"我善养吾浩然之气"这样同一作品而且同一句话中却用不同的"我""吾"，那则是说明古代汉语中的第一人称代词还有语法的区别。如上两例中"我"

在主格而"吾"居领格的位置。今常有人将孟子的那句名言误写成"吾善养吾浩然之气"，说明他对文言文的体认还没有到家。

然而，古人若是面晤（书信算是一种特定的、二人之间的文字"面晤"），自称往往不用予、余、我、吾等第一人称代词，否则就会有"自大""不恭"之嫌（除非你"真大"）。那么，古人如何自称？称"名"（《说文》："名，自命也。从口，从夕。夕者，冥也。冥不相见，故以口自名。"可见，"名"就是用来自称的，"字"才是方便别人叫的），称"弟"；而惯常则用谦词"鄙"或者"敝"。

"鄙"在古籍中有两个基本的义项：一个义项是古代基层行政单位。《周礼·地官·遂人》："五家为邻，五邻为里，四里为酂，五酂为鄙。"邻相当于现在的村民小组，里即自然村，酂为村民委员会，鄙就是乡镇。另一个义项是边邑，即城市郊区，有时也指郊外。《春秋·庄公十九年》："冬，齐人、宋人、陈人伐我西鄙。"西鄙就是西郊。古代城市叫"都"；而乡镇基层也好，郊区郊外也罢，概非城区。故"鄙"与"都"是对义词，合称"都鄙"。

城里人见多识广，衣着光鲜，所以"都"有"都雅""俊美"等引申义。古代有个人名叫冯俊，字子都，史料记载他"面如美妇"，据传孔子说："不识子都之美者，无目者也。"此人居然敢以"都"为字，看来确实是漂亮有风度。乡下人孤陋寡闻，远离潮流，所以"鄙"就引申出"鄙陋""鄙野"等意思来。自称"鄙人"，等于说我是"乡巴佬"；自谦"鄙见"，不亚于说我是"傻子说话不算数"。

敝，《说文》："败衣。"换成现代汉语，就是破旧的衣服。当然，一双真正破了不能穿的鞋，叫"敝屣"（如称之为"破鞋"，则好像另有所指）。用破旧的衣服来自喻，叫"敝人"（一旦知道了敝字的本义，其实有自嘲的感觉吧）；用它来指称与自己有关的事物，如"敝庐"（自己的居室）"敝乡""敝校"等等，只是自谦，并不一定确指这些地方都是破破烂烂。

比较来说，用作谦称的"鄙"与"敝"，区别是明显的："鄙"是主观评价，用的是引申义；"敝"是客观描述，用的是比喻义。"鄙"字原来是名词，"敝"字本来就是形容词。我们只要仔细体味一下"粗鄙不文"和"敝帚自珍"这两个成语，其中的不同一目了然。

（原载《深圳特区报》2014.5.8 国学堂）

人民之"民"

如果说，"公民"是一个法律学概念，那么，"人民"就是一个政治学名词。文化语言学的理论告诉我们，在一种特定的制度语境中，"人民"一词的使用频率会非常的高。这无疑是受政治因素影响的结果。

《现代汉语词典》是这样解释"人民"一词的："以劳动群众为主体的社会基本成员。"这个解释虽然不错，但由于缺乏语素分析，尤其是没有从历史源流中加以观照，因而显得笼统，不易准确把握。

《说文解字》："人，天地之性最贵者也。此籀文。象臂胫之形。""民，众萌也。从古文之象。"无论是甲骨文、金文还是籀文，人字皆"象人侧立形，有头、背、臂、胫也"（林义光《文源》语），亦即人字其形就是一个"人"的简笔素描；其义则是指天地间各种生物中最可宝贵的那个东西（性，生也）——万物之灵。这就是人。那么何谓民呢？《说文》

说形的"古文之象"难得其要领。要弄清楚民字的形源和语源，恐怕得另寻门路。

郭沫若《甲骨文字研究》："民字于卜辞未见，即从民之字亦未见。殷彝亦然。周代彝器，如康王时代之《盂鼎》已有民字，曰'遹相先王受民受疆土'……《克鼎》'惠于万民'……《齐侯壶》'人民'……均作一左目形而有刃物以刺之。古人'民''盲'每通训，如《贾子·大政下篇》'民之为言萌也，萌之为言盲也'。今观民之古文，则'民''盲'殆是一事。然其字均作左目，而以之为奴隶之总称。且周文有民字而殷文无之……疑民人之制实始于周人，周人初以敌囚为民时，乃盲其左目以为奴征。"

在生产力水平低劣的古代，人体劳动力还是很宝贵的生产力资源，故至周代有将俘虏刺盲左眼以为奴役的做法。后来"盲其左目"也就成了奴隶的标记。这种奴隶就叫"民"；"民"即是"盲"。所以，"左目被刃"是民字的形源，"盲"字则是民的语源。目盲了什么都看不清，就会茫然而无所知；《说文》说"民，众萌也"，意即"众人懵懂无知的样子"（现在网络上用的"萌"字，也包含有装疯卖傻的意思）。《说文解字》解释"氓"字时说："氓，民也。从民，亡声。读若盲。"训诂学有一条例，解释中用"读若"例时，即有追溯语源的功能。漂流无着的无业游民叫"氓"，他们和奴隶一样都是生活在社会最底层的一个群体。民、氓、盲都是同源词。这一点《说文》的作者许慎应该是明白的。

从上面的分析中，我们可以看出：人是具有自然属性的生物学名词，民是具有阶级属性的社会学指称。它们是有着明显区别的两个概念。中国人讲到西方很早就有的人本主义时，总喜欢用孟子的民本思想来做比对。而前者是人人平等的价值理念，后者不过是稳固封建统治、维护王权利益的治理策略。"民为贵，社稷次之，君为轻。"（《孟子·尽心》）诚能如此，客观上会使社会弱势群体的生存空间稍有舒缓或拓展，但它主要关注的不是人和人性，不是在平等基础上人的尊严、人的价值和人的才能的发挥。所以，民本思想与人本主义的区别也是显而易见的。

在这篇短文要结束的时候，我们还是回到现代汉语的"人民"中来。用专业术语来说，这是一个有种属关系的偏正式词语——人是种概念，民是属概念，人中之民，以民为正。所以，《现代汉语词典》的解释是"以劳动群众为主体的社会基本成员"，从中你能隐约看出它的阶级属性来么？

（原载《深圳特区报》2014.12.25 国学堂）

闰月告朔，王居门中

按中国农历，今年有个闰九月。《说文解字》对"闰"字是这样解释的："馀分之月，五岁再闰。告朔之礼，天子居宗庙，闰月居门中。《周礼》曰：'闰月，王居门中，终月也。'"如此详细的解释，在《说文》一书中是不多见的。然而，如果我们不了解中国古代历法的制法原则和古代王室的政治制度，对这段话还是难以明白。

先说历法。古人最易观察到的天象，是太阳的出没和月亮的盈亏。以月相的圆缺周期为一月（现代叫作"朔望月"），一年就是 354 天或 355 天；以地球绕太阳公转一周期的时间算（现代叫作"太阳年"），一年则是 365 天或 366 天。以"朔望月"为单位的历法是阴历，以"太阳年"为单位的历法叫阳历。古代中国是个非常重视农业的国度，中国人用以表示时间单位的"年"字，《说文》解释是："谷孰（熟）也。从禾，千声。"即指禾谷成熟的一个周期。

这个周期与寒来暑往的地球绕太阳公转的周期是一致的，当然与农事息息相关的四时节气也是一致的。所以，中国的"农历"其实不是纯阴历，而是"阴阳合历"，即在制订历法的时候是考虑到了"太阳年"的。因为"阴历"与"阳历"每年有约 11 天的时间差，古人就用置"闰"的办法来解决：先是三年一闰，后来"五岁再闰"，最后精确到十九年七闰。《尚书·尧典》"以闰月定四时成岁"，说的就是这个意思。

周秦古籍中的闰月，一般放在年终，故有叫作"十三月"的。汉初在九月之后置闰，称为"后九月"，这是因为当时汉承秦制，以十月为岁首，以九月为年终的缘故。

再说政制。一般来讲，听朔、告朔，是古代帝王、诸侯于每月初一（朔）听朝治事所行之礼，"谓听治一月之政，自此日告朔后始之"。（告朔的另一义，即指每年冬末，天子把来年的历书颁发给诸侯者与此不同。）这种礼仪，在明堂（也有路寝、太庙等叫法，异名同实）举行。（按王国维《明堂庙寝通考》，明堂的规制见文后《明堂图》。）据《礼记·月令》，孟春之月，天子居青阳左个；仲春之月，天子居青阳太庙；季春之月，天子居青阳右个。夏月居明堂，秋月居总章，冬月居玄堂，各依春月例推。一年十二个月，刚好每月一室。惟时逢闰月，则天子（王）无所居，就只好居于门中了。

王国维在作《明堂庙寝通考》的时候，就用到了这个"闰"字。他说："听朔之为古制，亦可由文字上旁证之。于文，王居门中为闰。《周礼·春官·太史》'闰月，诏王居门，终月'，《玉藻》'闰月，则阖门左扉，立于其中'。先郑（即郑众）注《周礼》云，《月令》十二月，分在青阳、明堂、总章、玄堂、左右之位，惟闰月无所居，居于门，故于文'王在门中为闰'。《说文》亦云，告朔之礼，天子居宗庙，闰月居门中。闰，从王在门中。"

前文已述，中国是个农业国，古人十分重视置闰。《左传·文公六年》："闰以正时（四时），时以作事，事以厚生，生民之道于是乎在矣。"置闰是为天人和合，便于发展生产，厚生利民。所以，当闰而不闰，则为"失闰"，那是一件不小的事情。前修未密，后出转精，真正严密合理的置闰方法，不是本文所要讨论的。

闰月之"闰"，是"馀分"的产物，因而滋生出一个"多出来"的意思。我们今天说的"利润"，和"利息"（息，子息也）一样，也是增益的结果。《说文》："润，水曰润下"，是往下滋润之义。可见，"利润"之"润"，其实是与"闰"字有关系的。

（原载《深圳特区报》2014.6.19 国学堂）

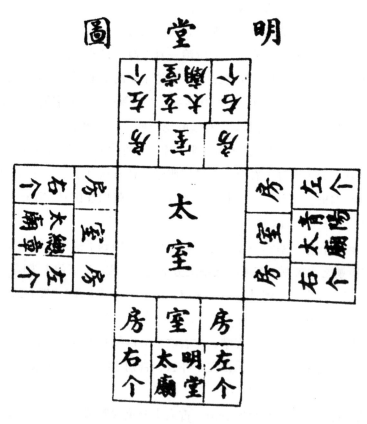

明堂图

社会人际交往中的敬语辞"台"

中国素有"礼仪之邦"的美称。

俗常所谓"礼仪"，就包含在人际交往中，有一套尊卑敬谦的程式。比如旧时中国男子，除了在出生的时候要命"名"，到满二十岁还要有"字"。等他到社会上去混了，外人就只能面称其"字"（所以，又称"表字"），而"名"只能是家里的长辈可以称之。外人或平、晚辈如果直呼其"名"，就是对他的不敬了。

和一位不熟识的人见面，就要问："请问先生台甫？"《现代汉语词典》对"台甫"的解释："敬辞，旧时用于问人的表字。"从字源学来说，"甫"就是"父"字，用于男子美称。比如孔丘字仲尼，美称尼甫；其实就是"尼父"，也即等同于现在俗称的"尼爷"。

在"台甫"中，"甫"是美称，"台"则为敬辞。

敬辞的"台"，若溯源其始，便要从文化学来说——

63

它与天上的"三台"星有关。

"三台"星又叫"天柱"星，一共有六颗。《晋书·天文志》："三台六星，两两而居，起文昌，列抵太微。一曰天柱，三公之位也。在人曰三公，在天曰三台，主开德宣符也。"就像古人把紫微星认作"帝星"一样，"三台"星与"三公"原来也是一种比喻。

"三公"在中国古时候，不同朝代所指有所不同。周朝以太师、太傅、太保为"三公"，西汉以大司马、大司徒、大司空为"三公"，东汉以太尉、司徒、司空为"三公"。后来还有一些别的名称。但不管怎么称名，他们都是皇帝的股肱之臣，是国家权力机构的支撑；其作用犹如"三台"的"天柱"。

如此说来，当我们以"台"来称呼别人，从形式上，即是比之为"三公"，其敬其尊，应该是无以复加了！——你还能称他为"帝"为"皇"吗？在帝制时代，除非你和被称者都不怕杀头哦。

"台"之用作敬辞，现代在书函往来中还不鲜见，甚至在日常生活里偶尔也会听到。如"台启"（用于信封）"台鉴""台览""台察""台照""台安""兄台"等等。

最后说一点，作为"三台"星的"台"，只有这一种写法；凡与此有关的地名也是一样，如"天台山""台州"（浙江）等。同理，由"三台"星而来的敬辞，也只能写作"台"。经常看到有人为显示古雅，在书信中把上述"台"字写成"臺"，这就求古不成反露鄙俗了。

（原载《深圳特区报》2014.3.27 国学堂）

声训·乾坤·健康

　　研究中国传统语言学的，都知道有一种字义解释的方法叫"声训"。所谓"声训"，最简单的说法就是："取声音相同或相近的字来解释字义"。比如《说文解字》："衣，依也"；"天，颠也"；"日，实也"；"月，阙也"等等。"声训"运用得好，不仅有说明事物"得名之由"的作用，还能很好地串联起"同源字"来。这对我们学习中国古代文献，有理论意义，也有实践价值。

　　东汉末年刘熙的《释名》，是一本有关"声训"的专业性著作。比如该书对"日""月"的解释："日，实也，光明盛实也。""月，阙也，满则阙也。"可见它在《说文》的基础上做了进一步的说明。又如《释名》解释"贪"字："贪，探也，探取入他分也。"大凡"贪"者，始则"试探"，继则"探取"；而所"探取"者，皆非自己"本分"的东西。目下媒体披露的那些"贪"吏，不就是这样一种作为么。

本师许嘉璐先生曾指出，"声训"产生得很早，例如《周易·说卦》中就有"乾，健也；坤，顺也"等"声训"现象，这些是从乾、坤等卦的《象辞》"天行健""顺承天坤……柔顺利贞"等语中概括出来的。（详见《〈说文解字〉释义方式研究》。）

《周易》确实是一部有大用的了不起的著作，它为语言学提供先秦语料，为思想界贡献哲学滋养，为投资者运筹股票涨跌，为算命卜卦的预测人生祸福……正所谓天乾地坤，上道下器，无所不包，靡一遗漏。

然则，今予小子，却于乾坤大道中，悟到了人生"健康"之理：乾健、坤康，均为"声训"；天动、地静，蕴含的正是人类的生命法则。人们俗常谓之"身心健康"，实则说的是"身健心康"。兹于下文演畅其说：

《周易·乾卦》："象曰：天行健，君子以自强不息。"《说文》："健，伉也。从人，建声。"（《集韵·梗韵》："伉，健力也。"）"健"的解释即强壮有力。此乃"天行"之象。"健"字从建得声，其实声中有义——金文"建"字从辵（俗谓"走之底"），可见"建"与行动、运动、动作有关——身之"强健"，必有赖于运动锻炼。又，"健"的同源字"腱"，《说文》"筋之本也"（筋的根部，即强劲有力处），与此同意。

《周易·坤卦》："象曰：地势坤，君子以厚德载物。"前文引许先生说，"坤，顺也"为"声训"，两字同韵。但从声母看，"坤，康也"也是"声训"。"康"即是"空"。在《说文》中，"康"与"穅"（今作"糠"）是同一个字，指中空无米的"谷皮"。又，"康"字上面加宀（读 kāng），指屋宇的空阔；"康"字右边加欠（也读 kāng），指腹中饥饿的空虚。这些都与"康"是同源字。"地势坤"，即指山峦沃野、江河湖海、辽阔空旷、广袤无垠的"地势"之象。

天之刚劲，故可永动不息；地之虚静，才能承载万物。人须与天地和合，道法自然，身动心静，方可冀望健康和乐的生活境界。否则，终日疲惫慵懒，萎靡不振，心事重重，忧郁寡欢，必然与健康无缘。

鉴于时下论养生惜命求长寿者多，网上纸媒连篇累牍、鱼龙混杂、良莠不齐；不妨我也来凑个热闹，效野人献芹以为好事者谈资。嘿嘿！

（原载《深圳特区报》2014.7.31 国学堂）

士卒与士大夫

　　阅读古代文献，务必要了解古今词义的变化。而这种词义的变化，往往以历史文化的嬗变为理路。比如我们现在说士兵、士卒的"士"，指的是国家武装组织中最基层的战斗人员。但如果放在两千多年前的周代，"士"却是贵族之末、四民之首。而且，士兵、士卒之"士"，与士大夫、士君子之"士"，指的是同一种人。

　　《说文解字》："士，事也。数始于一，终于十。从一，从十。孔子曰：'推十合一为士'。"从这个解释来看，士就是会办事、能办事的人；"推十合一为士"，就是说，士能由博返约、厚积薄发。总之，士是有知识的人，即现代意义上的知识分子。

　　我们再扩大一些眼界，比如看古代的《仪礼》中有士冠礼、士婚礼、士丧礼、士相见礼等等，我们就会知道，古代的士还是有教养的贵族。古代汉语中"君子"是一种特指，指有知识、有道德的人；"君子"的对义词是"小人"。所以，士君子就是知识丰富、道德高尚的贵族。

在周秦以上，只有贵族才能做官，士一入朝，便为士大夫。——陈胜、吴广对此愤愤不平，因而才有"王侯将相宁有种乎"的诘问。古代的士是有"执干戈以卫社稷"的义务和责任的，而拿起武器的士则可称之为武士、兵士或者士卒、士兵了（《说文》："兵，械也。从廾持斤。"兵，即兵器也）。

顾颉刚先生说："吾国古代之士，皆武士也。士为低级之贵族，居于国中（即都城中），有统驭平民之权利，亦有执干戈以卫社稷之义务，故谓之国士，以示其地位之高。"（《武士与文士之蜕化》，下同）从上文可以看得出来，我是不太同意顾氏"古代之士皆武士"的说法的。士是贵族，就有可能接受礼、乐、射、御、书、数"六艺"的教育和训练。和现代比附一下：书、数是知识文化课学习，礼、乐是思想伦理课修养，射、御就是军事体育课锻炼。有了这种教养和锻炼的贵族，就有了出将入相的潜质，文不借笔，武不借刀，就是文武兼备的全才了。岂可仅以一"武士"而目之乎！

不过，顾颉刚先生强调原来士有武的特质，是为了说明后世士子文弱的由来。他认为："自孔子殁，门弟子辗转相传，渐倾向于内心之修养而不以习武事为急，寖假而羞言戎兵，寖假而唯尚外表。"这种观点也是顾氏主观唯心主义的揣测，不如雷海宗先生从中国古代的兵役制度的分析切实可信。

雷海宗在《中国的兵》一书中提到："春秋各国上由首相，下至一般士族子弟都踊跃入伍。当兵不是下贱的事，乃是社会上层阶级的荣誉职务。战术或者仍很幼稚，但军心的盛旺是无问题的。一般地说来，当时的人毫无畏死的心理；在整部的《左传》中，我们找不到一个因胆怯而临阵脱逃的人。当时的人可说没有文武的区别。"这段话说明，春秋时期士人以上的贵族是有情怀、有担当、有血性的。

雷先生又说，春秋时代是上等社会全体当兵，战国时代除了少数以三寸舌为生的文人外，是全体人民当兵；可西汉以后上等社会不服军役而将全部卫国的责任移到贫民甚至无赖流民的肩上。我认为，这种上等社会文武的分离，才是后世士子文弱的开始。

《中国的兵》这本书的最后一条注语中有这样一段话："一般地说来，文武兼备的人有比较坦白光明的人格，兼文武的社会也是坦白光明的社会。这是武德的特征。中国二千年来社会上下各方面的卑鄙黑暗恐怕都是畸形发展的文德的产物。偏重文德使人文弱，文弱的个人与文弱的社会难以有坦白光明的风度，只知使用心计；虚伪、欺诈、不彻底的空气支配一切，使一切都无办法。"

雷先生把自己的一段无奈藏在书注里，而这条书注却是一面镜子，它不仅可以照见中国二千年的社会现实，同时也可照见出今天的一些所谓知识分子和古代"士"的差距来。

（原载《深圳特区报》2015.1.8 国学堂）

书生的自省与自警

1989 年，武汉大学教授唐长孺病重入院。周一良教授是唐先生的好友，此时正在治装赴美，担心唐先生将有不测，行前找来田余庆教授预为准备挽联。周、田二位分别是北京大学历史系中古史研究的两代旗手，而唐先生也是这一方面的著名学者。因此他们想到挽联不仅要表达哀悼之情，而且对唐先生的学术地位要有一个认定。这也是周先生不便以个人名义，而要与田先生一同商量斟酌的主要原因。这样，挽联就不只是代表周先生自己，而且还代表北大历史系同仁。甚至以北大的地位，挽联对唐先生的学术认定，也可以认为是中国历史学界的一种评价。我想周先生应该有这种自信，或者他心里就是这样想的。

据田余庆教授说，挽联正是周先生拟辞，曰："论魏晋隋唐，义宁而后，我公当仁居祭酒；想音容笑貌，珞珈在远，侪辈挥泪痛伤神。"1994 年，唐长孺先生以 83 岁高龄逝世，田余庆先生将这副 5 年前就准备好了的挽联从北京发出，"论魏晋隋唐，义宁而后，我公当仁居祭酒"，也就真成了对唐先生的"盖棺定论"，一时影响很大。

按师门传承来说，周一良先生倒是陈寅恪及门弟子，在研究方法和学术方向上，都深得义宁真传。曾经也师从陈寅恪的杨联陞，在美国哈佛大学和周一良又是同学，他于 1970 年写的《陈寅恪先生隋唐史第一讲笔记》中，语及周一良时有一条括注："当时青年学人中最有希望传先生衣钵者。"而陈先生也确实对周一良寄予过厚望。我们看当年陈先生《对科学院的答复》，第一个提到的学生就是周一良。

周一良先生出身世族，曾祖父周馥官至两广总督，祖父周学海举进士后无意仕途，而把精力用于研究医学以及撰著和校刻医书上，父亲周叔弢是实业家也是藏书家。周先生小时候受到过极好的中国传统文化的教育。他 8 岁入家塾，9 岁那年，父亲写的《一良日课》的课程项目是：

读生书《礼记》《左传》。温熟书《孝经》《诗经》《论语》《孟子》。讲书《仪礼》（每星期二次）。看书《资治通鉴》（每星期二四六点十页）、《朱子小学》（每星期一三五点五页），同用红笔点句读，如有不懂解处可问先生。写字《汉碑额》十字（每日写）、《说文》五十字（每星期一三五），须请先生略为讲音训；《黄庭经》（每星期二四六），先用油纸景写二月。

及长，周先生燕京大学毕业，先入中央研究院一年，后来又留学哈佛，精通日语、英语，熟悉梵文，确实是学贯中西。他与陈寅恪的家世和学习背景，有很高的相似性。在看重门阀的陈寅恪眼里，周一良应该是最理想的衣钵传承人。

周一良先生逝世后，著名学者汪荣祖写了一篇悼念文章，题目是"长使书生泪满襟"。在议论到有关魏晋南北朝史研究一节时，他说："以今观之，陈门诸公之中也只有他（指周一良）最有潜力继承义宁衣钵。他的两本魏晋南北朝论文集以及札记，绝非仅仅为乾嘉殿军，实是与唐长孺先生并称为义宁之后的祭酒。"但汪先生写到这里又笔锋一转："当然我们不免要想象与感叹：如果周先生研究魏晋南北朝史不曾中断30年，则此一学术园地的耕耘，必定会有更多惊人的大收获。"可见汪荣祖对周一良的评价留有相当的空间，虽然他的用语很委婉、很蕴藉，但细心的人是能读出来的。

而对于魏晋南北朝史，陈寅恪先生很看重唐长孺的研究成果。在陈寅恪《书信集》中，收有一通"致唐长孺"的书信——"长孺先生左右：今日奉到来示并大著。寅恪于时贤论史之文多不敢苟同，独诵尊作辄为心折。"此信写于1955年9月19日，据考书信中的"大著"，即指三联书店1955年7月出版的唐长孺的著作《魏晋南北朝史论丛》。就是此书让陈先生为之"心折"。

读过陆键东《陈寅恪的最后20年》的人都知道，20世纪50年代以后，在国内就没有陈寅恪满意的学生，这一点周一良先生心里很清楚。所以，论魏晋隋唐，义宁而后，居祭酒之位者就只能是唐长孺一人而已。这正是周先生的自省与自警，他怎么敢去和唐先生平起平坐呢？！

（原载《深圳特区报》2015.4.2 国学堂）

说"丑""恶"

"丑"之与"恶",原来是两个意义相关的字。后来组成一个词,喻指社会和日常生活中,一些负能量的事物和现象,这就是我们通常所说的"丑恶"。如果社会严重失范,"丑恶"就会屡见不鲜。这显然是社会语言学的范畴,此处按下不表。

本文只论"丑""恶"的造字学意义,并附带说说与之有牵连的字与词的关系。

明末清初安徽学者黄生,在他的训诂学著作《字诂》中有一段话说:

丑,《说文》训"可恶也"。按:鬼貌丑恶,故从鬼。凡事物难过目者,俱可借此称。故人貌陋者为丑,男女所讳处亦谓之丑,兼羞、恶二义。貌陋则可恶,此本义也。男女所讳处则羞于言,此可羞义也。《礼·内则》:"鳖去丑。"当古人有此语,偶然以之命物。若丑类之丑,其义即俦,古音近而借用耳。

归纳黄生的话，"醜"有三个义项：一，相貌难看，面目狰狞，像鬼一样，令人厌恶（可恶，恶当读 w ù。这是"醜"的本义。二，难看，就不轻易给人看，而当遮之掩之；男女之性器，乃羞于示人者，亦必遮之掩之，故"男女所讳处亦谓之醜"。这是"醜"的引申义，但引申的是"可羞"，而不是"可恶"。男女性器"谓之醜"的书证不好找，于是找了个《礼记·内则》中"鳖去醜"（郑玄注：醜谓鳖窍也）的"物证"。现代一些编字典的，也多用此例，因而把"醜"的这个义项界定为"（动物的）肛门"，与黄氏稍有不同。三，"醜"还有"类"的意思，比如北魏贾思勰《齐民要术·竹》："竹之醜有四，有青苦者、白苦者、紫苦者、黄苦者。"黄氏认为，这是以"醜"为"俦"，是假借义。因为"俦"才有"类"的意思。

《说文·心部》："恶，过也。从心，亚声。"这个"恶"是罪过的意思。清人段玉裁注："人有过曰恶，有过而人憎之亦曰恶。"意思是，表示罪过的"恶"读 è "人憎之亦曰恶"的"恶"读 w ù 本是一字，读音不同是后来的区别。

我们更要注意的是"恶"所从得声的"亚"。《说文·亚部》："亞，醜也。象人局背之形。"清人王筠《说文释例》对"亞"形的解释是："非惟驼背，抑且鸡匈（胸）。"段玉裁注："此亚之本义。亚与恶音义皆同。"《说文》中"醜"训"可恶"，"亚"训"醜"，两字可以互训，都是相貌醜陋。可见，"醜恶"本当作"醜亚"，"恶"是"亚"的后起字。形声字"声"中有"义"，也是汉字构形的一条通则。

根据我国有关法规，"醜"现已简化为"丑"。不过，这种简化用的是同音替代法（此指现代汉语语音。中古两字声母有别，并非同音）。"丑"字则另有所指，本来与"醜"是完全无关的两个字。

"丑"的主要义项，一是地支第二位的专用字，不用解释。二是戏剧中敷粉墨、插科打诨的滑稽角色。这种角色叫"丑角"，俗称小花脸、小丑等。

据说丑角更古的名称是"爨",后来因其书写太繁,而用了音近又笔画少的"丑"字。

"爨"的本义是烧火做饭。但在我国宋杂剧和金院本中,用作某些简短表演的名称,如《讲百花爨》《文房四宝爨》;甚至还可直接用以指演戏这种行为,如"夫优伶爨演,实始有唐《目连救母》时起。"由此让我想起小时候在家,常常看到从厨房出来的祖母满脸的锅灰烟垢——"爨"之与"丑"的联系,就活灵活现如在眼前了。而用作简短表演名称的"爨",如翻译成现代汉语,不就是"小品"么!

然则,明代徐渭在其研究南戏的著作《南词叙录》中,对丑角之"丑"却是另外一种解释:"以墨粉塗面,其形甚醜。今省文作丑。"我则以为,丑角"墨粉塗面"的扮相,主要是因其滑稽而令人"可笑",不会是让人"可恶"的醜陋。而且,如果真像徐渭解释的那样,在文献中应该能找到"丑角"写作"醜"的记录。——可是没有。

(原载《深圳特区报》2014.6.5 国学堂)

寺院与庙宇

国庆长假，去了一次不丹。不丹蓝天白云，风光旖旎，是一个宁静庄敬的佛教国家。在不丹旅游，几乎每天都要进寺庙，寺庙的藏文拉丁字母转写是"lha khang"或者"dgon pa"，汉字可以写作"拉康"和"贡巴"。我手头有一本《藏汉对照拉萨口语词典》，其中前者（拉康）的解释是"佛堂，经堂，神龛，仙祠，庙"；后者（贡巴）则为"寺，庙宇，寺庙，寺院，伽蓝"。

我十年前去西藏，就接触到了"拉康"这个词，但没有去深究它的构词理据。这次在不丹，因我们的导游旺杰懂一点汉语（但不认识汉字），而我三十年前学过几天藏文。我便请教他："拉康"和其他表示寺庙的词，在藏文中本质区别是什么？他回答我说："拉康"除了有寺庙的意思外，还有一个"佛堂"的意思；其他的那些词都只是寺庙的意思。他这一说，我马上就悟到了，"拉康"的"拉"（lha）和

"拉萨"的"拉"原来是一个词,意思是"神",也可以指"神像"和"佛";而"康"(khang)的意思是"房子"——藏文的"房子""屋子"拉丁字母转写就是"khang pa"(康巴)。所以,供神、供佛的房子就叫"拉康"。

由此,我又想起汉语中"寺庙"这个词的来源。

一讲到"寺庙",人们的第一反应就是从事宗教活动的建筑场所。这没有错。但将"寺""庙"一分开来,事情就不是这么简单了。

《现代汉语词典》解释"寺",第一个义项是:"古代官署名"。举例有"大理寺"(中央司法审判机构)"太常寺"(职掌宗庙礼仪的部门)。《说文解字》:"寺,廷也。有法度者也。从寸,之声。"意思是:寺,指的是官府、朝廷,有法制的地方。汉承秦制,设"三公九卿",三公的官署名"府",九卿的官署称"寺"。

"寺"字是什么时候开始成为宗教建筑名称的呢?有一种说法是:东汉永平年间,天竺僧人以白马驮经东来,最初居住在洛阳的鸿胪寺(掌管外宾礼仪的官署)。后来鸿胪寺改建,取名白马寺,于是"寺"就作为僧人住所的通称而与宗教建筑发生了关系。白马寺则成了佛教传入中国后兴建的第一座寺院。

《说文解字》:"廟,尊先祖貌也。从广,朝声。"《释名》:"廟,貌也。先祖形貌所在也。"《说文》段玉裁注:"宗廟者,先祖之尊貌也。古者廟以祀先祖,凡神不为廟也。为神立廟者,始三代以后。"总起来说,在中国古代,庙(廟)是存放先祖牌位的地方,是先祖的形貌所在,所以名之曰庙(古音庙、貌近似)。三代以前,中国人只有祖庙,没有神庙;为神立庙,那是三代以后的事。

而对于僧人来说,佛乃其先祖,所以一般寺院建制,都会有佛殿(佛堂),亦即僧人之"祖庙"。我国宋代的佛教建筑,曾盛行"伽蓝七堂"的制度,"七堂"即包括:佛殿、法堂、僧房、库房、山门、西静、浴堂。明、清以后的寺院,几乎都有"大雄宝殿",这里是供奉"大雄"——佛祖释迦牟尼的地方。所以说,凡"寺"必有其"庙","庙"也就可作为"寺"的代称了。

　　明乎如上分析，我们可以下个结论："庙"是藏文"拉康"（lha khang）最准确的对译，而"寺"只是一个差强人意的翻译。这也是我此次不丹旅游的一大收获，写下来与各位分享。

（原载《深圳特区报》2014.10.16 国学堂）

岁月不居又中秋

岁月不居，时节如流；甲午中秋，忽焉而至。

对古文学有一些爱好的人，或许已看出来了：上面这几个四字句，有抄袭孔融《与曹公论盛孝章书》的开头之嫌。我只是把孔文的"五十之年"，换成了"甲午中秋"。但我这篇短文，要说的不是"中秋"，而是"岁月不居"的"岁"。当然，二者之间并非没有关系。

细读《论盛孝章书》，感觉孔融写"岁月不居"，还是把"岁月"当时间名词来用的。然而，我们知道，"日月星辰"的"月"，同时也是天象名词。其实，和"月"一样，"岁"是星名——即木星——原本也是天象名词。

分析"歲"（岁）字构形，其中蕴含着丰富的天文学知识，凝聚了汉人先贤造字的智慧，很有意思。

《说文解字·步部》："歲，木星也。越历二十八宿，宣遍阴阳，十二月一次。从步，戌声。"要读懂这条解释，需要掌握如下这些文献文化常识：

一、水、金、火、木、土五星，在汉文献中，最初分别名之为辰星、太白、荧惑、岁星、填（镇）星。

二、中国古人为了说明日、月、五星的运行和节气的变换，把黄道附近一周天，按照由西向东的方向，分为星纪、玄枵等十二个等分，叫作十二次；每次都以二十八宿中的某些星宿作为标志（因十二次是等分的，而二十八宿的广狭不一，所以有些星宿会跨属相邻两次），如 1.星纪（斗牛女）、2.玄枵（女虚危）、3.娵訾（危室壁奎）、4.降娄（奎娄胃）、5.大梁（胃昴毕）、6.实沈（毕觜参井）、7.鹑首（井鬼柳）、8.鹑火（柳星张）、9.鹑尾（张翼轸）、10.寿星（轸角亢氐）、11.大火（氐房心尾）、12.析木（尾箕斗）。

三、古人又有所谓十二辰的概念，即把黄道附近一周天的十二等分，由东向西配以子丑寅卯等十二支；其安排的方向和顺序，和上述十二次正好相反。十二支中，子至巳为阳，午至亥为阴。

四、古人认为岁星由西向东每十二年绕天一周，每十二个月行经一个星次。如某年岁星运行至"星纪"范围，这一年就记为"岁在星纪"；第二年运行到"玄枵"范围，就记为"岁在玄枵"。余类推。（而实际上，岁星绕天一周，需时 11.8622 年，每年移动的范围比一个星次稍多一点。积 86 年，便多行一个星次，古人名之为"超辰"。）

有了这些知识储备，我们就能明白"歲"星（即木星）的所谓"越历二十八宿，宣遍阴阳，十二月一次"的意思了。而"歲"字的构形，"从步，戌声"；戌者，悉也，声中有义。故此亦可视为"造字的通假"——从步，从戌（悉），会合的正是"越历""宣遍"的语义。从这一角度来认识"岁月不居"，岁、月都是星象，恐怕更能得其真谛。

郭沫若《甲骨文字研究》："岁星之运行约十有二岁而周天，古人即于黄道附近设十二标准点以观察之，由子至亥之十二辰是也。岁徙一辰而成岁，故岁星之岁孳乳为年岁之岁。"此即《尔雅·释天》"夏曰岁，商曰祀，周曰年，唐虞曰载"的"岁"，天象名词变成了时间名词。

　　本文需要补充一点的是，还有一个时间名词也与"岁"有关系，这就是"如何四纪为天子，不及卢家有莫愁"（李商隐《马嵬》）中的"纪"。古代人称十二年为一"纪"，这正是"岁"星绕天一周的时间。

（原载《深圳特区报》2014.9.4 国学堂）

谈"天"说"地"话敬畏

我在《声训·乾坤·健康》一文中，以训诂学的方式，对"天乾""地坤"做了推衍阐释。然意犹未尽。此文则从文字学的角度，对"天""地"二字进行分析。间或参酌前贤的研究成果，谈一点自己的看法。若能于好学深思者有些启悟，是所愿也。

《说文解字》："天，颠也。至高无上。从一大。""颠"，是人的头顶。用"颠"来释"天"，此属"声训"。但许慎的意思是"天"即头顶吗？不是。他是说"天"乃人头顶上"至高无上"的那片苍天。老子《道德经》"天大，地大，人亦大"，故许慎分析"天"字为"从一大"——看来他也认为"天"是居首位的。

但是，甲骨文的"天"，正是一位直立的人（大）上面画了一个小圈，指的就是人的"头"；金文更是实形人头状。《山海经·海外西经》："刑天与帝至此争神，帝断其首，葬之常羊之山。乃以乳为目，以脐为口，操干戚以舞。"这位不屈不挠的英雄，是因为"帝断（刑）其首（天）"，犹"操干戚以舞"，后人才名之为"刑天"的。所以，"天"的本义是人头、人的"颠""顶"；苍天之"天"，只是"颠""顶"的引申义。

《说文解字》："地，元气初分，轻清阳为天，重浊阴为地。万物所陈列也。从土，也声。"形声字多声中有义，这是为近世以来不少文字学、训诂学专家证明了的一条定律。"地"字从"也"得声，即在"声中有义"的范畴之内。

《说文解字》："也，女阴也。象形。"杨树达《积微居小学述林》："也训女阴，宋元以来学者疑之，盖以其猥亵，此腐儒拘墟不达之见也。吾先民于男女之事，并不讳言。《易·系辞传》曰：'男女构精，万物化生。'又曰：'夫乾，其静也专，其动也直；夫坤，其静也翕，其动也辟。'此所谓乾坤者，非指男女生殖器官言之邪？……自宋人喜为矫揉造作、不切实际、不近人情之说，寡妇改嫁，程伊川竟谓饿死事小、失节事大。疑许之说始于宋人，非无故也。"

所以章太炎著《文始》曰："天，本是颠；地，本是也。人身莫高于顶，莫下于阴，故以此题号乾坤。"杨树达谓"其说精凿不磨，为许君筑一铜墙铁壁之防线矣"。明乎此，我们就能体会到，当诗人吟咏"大地母亲"的时候，其之取譬，诚乃精确无伦了！

段玉裁说："颠者，人之顶也，以为凡高之称……然则天亦可为凡颠之称：臣于君，子于父，妻于夫，民于食，皆曰天是也。"少时乡居，村人有丈夫过世，其妻披麻号啕："天啦，天啦！丈夫天啦……"呼天抢地，哀恸可悯，而却甚是不解。直至读段氏之书，才恍然大悟。《史记·郦食其列传》："王者以民人为天，而民人以食为天。"此谓民人之于王者，食粮之于百姓，都是生存必须仰赖的"至高无上"之需求，所以并可称之为"天"。

《荀子·天论》："天行有常，不为尧存，不为桀亡。应之以治则吉，应之以乱则凶。"就是说，天的运行遵循自然规律，不以人的意志为转移，看你如何把握。因此，所谓"天性"，亦即"自然属性"；所谓"天道"，就是"自然法则"。《论语·季氏》："孔子曰：'君子有三畏：畏天命，畏大人，畏圣人之言。'"这里的"天命"，如果把它理解为"自然规律""自然法则"，那就真应该存几分敬畏之心了。

（原载《深圳特区报》2014.8.7 国学堂）

文明与文化

何谓文明？何谓文化？时人在理解和使用上多有缠夹纠结，字典辞书似亦不得要领。鄙也读书多年，悱愤莫得其释泄；故转而谋用训诂一法以解之，则好像脑洞大开，恍然若有光。"庶几因此得以渐近事理之真相，傥更承博识通人之训诲，尤所欣幸也。"——这引语是陈寅恪先生在《李唐武周先世事迹杂》中的一句话，置此却很符合我现在的心情。

我的结论包括这样几个要点：

一、文明是人类为了适应生存环境、协调人际关系、完善与丰盈自我的一切创造和发明；文化是文明成果的形态固化和精神内化。

二、从发生学的角度讲，文明是人与动物的区隔；文化有此族群与彼族群的差异。

三、文明似灯，有晦暗就要点亮；文化如酒，放久了才能醇清。所以，文明是需要"苟日新，日日新，又日新"（汤盘铭语，见载于《礼记·大学》）的物事；文化则是渐积累加、积久而成的结果。

训诂派主张论必于古有稽，于文有据，语不虚设，无一字无来历。下面容我以朴学家法，从文明与文化的字词构成来申论之：

据《甲骨文字典》（徐中舒主编，下同），"文"字"象正立之人形，胸部有刻画之纹饰，故从文身之纹为文"。《说文》："文，错（交错）画也，象交文。"甲骨文所从之"×""∪""一"等形，即像人胸前之交错画。或省错画而径作"文"（《说文》如此）。现在用的"文饰"之文（纹），就是造字时的本义。

甲骨文"明"字从月从囧，"囧为窗之象形，以夜间月光射入室内会意为明；或从日，则以月未落而日已出会意。"《说文》："明，照也。从月从囧。"明指光明烛照，引申有"彰明"之义。

《甲骨文字典》解释"化"："象人一正一倒之形，所会意不明。"《说文·匕（读 huà）部》："化，教行也。从匕人，匕亦声。"清人段玉裁注："教行于上，则化成于下。"又说："上匕之而下从匕谓之化。化篆不入人部而入匕部者，不主谓匕于人者，主谓匕人者也。今以化为变匕字矣。"意思是这个"化"就是教化的化，所谓"教化"就是"教行于上，则化成于下"的一个时间过程；而变化的化本来应该是"匕"，现在把"化"用成"匕"了。

然则，"文明"者，"文饰彰明"之谓也，也就是人类创造行为的显现。这种创造包括衣食住行、制度规范、宗教哲学，等等一切。而"文化"者，"以文明成果化成"之物也。而此之为物，或可由目见之者，是之谓形态固化；或仅能以意会之者，是之谓精神内化者也。

试以中国汉字加以说明。文字无疑是人类最伟大的发明。《淮南子·本经训》："昔者，仓颉作字，而天雨粟，鬼夜哭。"汉字的创制，使中国人自此从无史的蒙昧走向了有史的文明。几千年来，汉字作为记录汉语的符号，虽然在其早期，系统还在不断地完善，乃至字体也有不断的嬗变，但从古至今，汉字形音义合而为一的形式，和超语符的记录功能却没有大的更改，方块形也仍然是人们尤其外域人士对汉字的基本认知。这就是形态固化。而汉字因应汉语的综合性把握和趋偶性使用，对汉人的思维方式和认知模式更是有深刻的影响。这就是精神内化。从符号系统的角度看，形态的改变是可能的，而要改变人类既成的精神，却不太容易。这就是文化的力量。

如果说文化是酒，那文明就是酿酒的各种要素而不仅仅是酵母而已。文化的差异是时空分割的产物，也是文明起点的不同。山民住茅屋，水居以舟行；菜蔬以箸，肉食以刀。地缘悬隔，久不通问，各是其是，各非其非，就难免文化冲突。而亨廷顿著作（汉译）易"文化"二字为"文明"，以起点代终点，对为文者来说亦无不可。

今天的世界，科学昌明，交通发达，通讯便捷。在全球一体化的格局中，人类需要共同面对的问题依然不少，因而各方各面都在不断地有发明创造。然而，居今之日，虽文明日新，可未来"化而成之"的新文化想要丰富多彩恐怕就是一个难题。

所以，对人类目前已经存在的多样性文化，我们似乎应该加倍地珍惜才是吧！

（原载《深圳特区报》2015.4.22 国学堂）

文"字"和名"字"

在一般常人的认知世界里，"字"是记录语言的书写符号。比如"汉字"，就是记录汉语的书写符号。一个汉字记录一个音节，表达一定的意义，所以，汉字是形、音、义的结合体。但在中国传统文化里，"字"的意义比上述理解要丰富得多，复杂得多，也有趣得多。

《易·屯卦》："女子贞不字。"虞翻注："字，妊娠也。""字"是怀孕。《山海经·中山经》："苦山有木，服之不字。"郭璞注："字，生也。""字"是生子。《说文解字·子部》："字，乳也。"段玉裁注："人及鸟生子曰乳。"然则，"字"的古义，不外乎孳乳、生息。所以，语言学研究的结果，"字"与子、孳、滋、牸、崽等，都是同源字，而其字根就是"子"。甚至于，《正字通》："囝，闽音读若宰。"其实也是"崽"。只不过是《现代汉语词典》，根据别的地方方言，将它读同"茧"了。

《说文解字叙》："仓颉之初作书，盖依类象形，故谓之'文'；其后形、声相益，即谓之'字'。'文'者，物象之本；'字'者，言孳乳而浸多也。"仓颉造字的时候，先是依照事物的形状来描画，所以叫"文"；后来用造好的"文"，有的做形符，有的做声符，互相配合，就形（生）成了新的"字"。"文"，是事物本来的样子；"字"，是孳乳繁衍的结果。

有学者总结说，独体为"文"，合体为"字"。在"六书"中，象形字、指事字都是独体的，会意字、形声字都是合体的。根据清人朱骏声的统计，《说文解字》共收被释字 9353 个，其中象形字 364 个，指事字 125 个，而会意字有 1167 个，形声字更是多到 7697 个！也就是不到 500 个"父母"（文），繁衍出近 9000 个"儿女"（字），此诚所谓"孳乳而浸多"也。

由此我们也就好理解，为什么许慎会将他研究汉字的著作，名之为《说文解字》。因为只有"字"是合体的，才可以"解"释，而"文"就只能"说"明而已了。

文"字"如此，名"字"也是这样。古人"幼名，冠字"（《礼记·檀弓》），"字"因"名"生。父"名"子"字"之间，如果要做"基因鉴定"，便有种种脉络可循。包括：同义相协，反义相对，类义相连，体用相涉，典文相及，等等。

孔子的弟子宰予字子我，欧阳修字永叔：我、予，永、修，是同义相协。其中子、叔为缀字——有的缀字表示美称，如子、甫（父）等；有的缀字表示行第长幼，如伯、仲、叔、季等；有的缀字有完足音节或其他的作用，如之、如等文言虚词。下不解释。

端木赐字子贡，韩愈字退之：贡与赐、退与愈（逾），是反义相对。孟轲字子舆，郑樵字渔仲：舆和轲、渔和樵，是连类而及。冉耕字伯牛，苏轼字子瞻：牛可用之于耕，轼能凭之而瞻，是体用相涉。

所谓"典文相及"，就是利用经典上的文字，来绾结"字"和"名"的关系。这种情况先秦罕见，至汉后渐盛。如曹操，字孟德，即用《荀子》"夫是之谓德操"。柳宗元，字子厚，则与《易经》有关——《易·坤卦》："至哉坤元，万物资生……坤厚载物，德合无疆。"

　　古人名、字之间的语义关系，当然用的是古义。有时候我们不能解释其对应类型，一是因为古籍不熟，不知出典；二是因为古义不明，无从判断。

　　例如，宋人魏了翁，字华父：《玉篇·了部》："了，慧也。"义为聪慧、明白，《世说新语·言语》"小时了了，大未必佳"，即此。在这个意义上，"了"又通"瞭"。《玉篇·目部》："瞭，目明也。"而"华"，即今"花"字，有眼力昏花不明之意。《五灯会元·卷三七》："僧问：'拨灯见佛时如何？'师曰：'莫眼华'。"故华之与了，是反义相对。这是我们要注意的。

（原载《深圳特区报》2014.9.18 国学堂）

小子堂皇说"冠冕"

第 20 届世界杯赛正在巴西如火如荼地进行，这几天我老是想起"冠冕"这两个字来。汉语中有个成语叫"冠冕堂皇"，某本成语辞典是这样解释的："冠冕：古代帝王或官员戴的礼帽。堂皇：很有气派的样子。形容表面庄严体面、光明正大，实际上并非如此。"这条解释不能说是十分准确，但"冠冕"确实不是一般人戴的帽子。

"冠"和"冕"要分开来讲。

《说文解字》："冠，絭也。所以絭发，弁、冕之总名也。从冖，从元，元亦声；冠有法制，从寸。"

"絭"，在这里和"卷"字音义相同，即指"冠"是用来"卷束"头发的饰物。古代"冠""絭"语音也很相近（今南方话亦然），用"絭"来解释"冠"，在训诂学上叫"声训"，它有说明事物得名之由的意义。

说"冠"是"弁、冕之总名"，清人段玉裁认为："析言之，冕、弁、冠三者异制，浑言之，则冕、弁亦冠也。""析言之"，就是分开来说、准确地说，"冠"和"冕""弁"不是同一个东西；"浑言之"，就是笼统地说、含混地说，"冕"和"弁"都是头上戴的，都可以叫"冠"。

《说文》对字形的分析："从冖，从元。""冖"今俗作"幂"，是覆盖的意思；"元"就是人头。那为什么还要"从寸"呢？许慎（《说文》作者）说"冠有法制"——做事要有"分寸"，戴什么帽子要讲规矩。比如清代桂馥《说文解字义证》引《尉缭子》："天子玄冠玄缨，诸侯素冠素缨，大夫以下练冠练缨（练：白绢）。"这就是规矩，不可逾越。

近代闽人林义光，研究古文籀书颇有成绩，著有《文源》一书，其中对"冠"字的分析是这样说的："从寸之字，古多从又，象手持冖（此指帽子）加元之上；元，首也。""象手持冖加元之上"，正是一幅"戴帽子"的图画，栩栩如生若在眼前。看来许慎以"冠有法制"来解释"从寸"，确实显得有些迂阔，容易把人搞糊涂。不如林义光来得直白简捷，让人一看就懂，一听就明白。

有了上面的分析做基础，我们就好说明在中国古代，"冠"到底是怎么一回事了。

20多年前，我作为访问学者从北京完成学业回赣，业师赠我一册他主编的《中国古代礼俗辞典》，里面提到了"冠"。大意是：

"冠"作名词（读平声），古代指贵族男子戴的帽子，形制和后代的帽子有所不同。它用一个冠圈套住发髻，冠圈上有一根冠梁，从前往后覆于头顶，把头发卷束使之不散；冠圈两侧有丝绳叫缨，用于在额下打结，以之把冠固定在头顶；打结剩余的部分垂于颌下，其名曰緌。

"冠"作动词（读去声），即"戴帽子"这个动作行为。但在古代还有一种特指——行冠礼。《礼记·曲礼》："男子二十，冠而字。"古代贵族男子到了二十岁，就要行加冠礼，戴"冠"（平声）这种形制的帽子，而且开始命以"表字"以便别人称呼。

为什么要强调"贵族"和"冠"的形制？因为一般平民不能戴"冠"，

也不必行冠礼，而贵族男子不到二十岁也不戴"冠"；但不是说平民和贵族男孩都不戴帽子。

"冠"字说清楚了，"冕"字也就好理解了。

《说文解字》："冕，大夫以上冠也。邃延、垂瑬、紞纩。从冃，免声。古者黄帝初作冕。""万国衣冠拜冕旒"，原来"冕"比"冠"更加高级，它在古代是下到大夫、上到天子各类官员戴的礼帽。在形制上"冕"有长长的覆板（邃延）、下垂的玉串（瑬，与旒通），还悬挂着用以充耳的瑱玉。清代另一位《说文》学大家朱骏声说："（冕）有俛伏之形，故谓之冕。"据说，"冕"的发明人还是黄帝呢！

总而言之，"冠""冕"不仅是人的颠顶之物，而且还必须要具有身份的人才配得上用它。这样"堂皇"的东西，延展出诸如"冠军""加冕"等派生意义，都是"牛"得很、"盖了帽儿"的事了。

今次世界杯赛，卫冕的西班牙已经连败两局该打道回府了，"天下第一"的"冠军"会是谁呢？我们拭目以待。

（原载《深圳特区报》2014.6.26 国学堂）

有一种官名叫"御史"

在进入主题前，先普及一项知识：造字时有通假。

这个观点是著名语言文字学家杨树达先生提出来的。他最为有力的证据，就是许慎的《说文解字》。比如《说文·口部》："咸，皆也；悉也。从口，从戌。戌，悉也。"杨先生指出："咸为会意字，然从口从戌，会意之旨不明，故许君又云'戌，悉'以明之。此非训戌为悉，谓假戌为悉也。"

"造字时有通假"，与"形声字声中有义"的理论相辅相成，对于我们正确理解汉字形、声、义三者之间的关系非常重要，下面分析"御"字时会用到，所以要先加以说明。

据有关资料，我国古代中央的监察官，可以追溯到战国时期的"御史"。那个时候的"御史"，主要是记事之官而兼有纠察之职。秦、汉称"侍御史"。秦以御史大夫为"侍御史"之长，实际上是皇帝的秘书长兼管监察。西汉御史大夫为副丞相，由其助手御史中丞具体负责监察弹劾之事。东汉光武帝改西汉"御史府"为"御史台"，又名"兰台寺"，以御史中丞为事实上的首长。"御史台"又称"宪台"；唐代一度改称"肃政台"（旋复旧称），因而在古代有把监察官称为"台官"的习惯。明、清中央监察机构称为都察院，首长即左、右都御史。历代掌管监察的属官除侍御史外，尚有治书侍御史、殿中侍御史、监察御史等。

"御史"之"御"，当然是"振长策而御宇内，吞二周而亡诸侯"（贾谊《过秦论》语）中的那个"御"——"御宇内"就是"统治天下"，做名词用即指"统治天下"的皇帝——体用可以同称，正是汉语的一大特色。不过在《说文》中，这个可以用来指称皇帝的"御"字，其造字之意却是"驱使（车）马"的动作。《说文·彳部》："御，使马也。从彳，从卸。驭，古文御从又，从马。"原来"御"和"驭"还是同一个字呢。

"使马"的"御"是国家的最高领导，这个代称奇怪吗？《说文·攴部》："牧，养牛人也。从攴，从牛。"西汉成帝时，改全国十三部（州）刺史为州牧。后废置不常。到东汉灵帝时，为镇压农民起义，再设州牧，居郡守之上，掌一州之军政。如汉末刘表为荆州牧，袁绍为冀州牧等。在封建专制的时代，统治者不要说视被统治的草民如牛似马，可以随意鞭扑驱使，就是下级官吏在上级领导面前，也是不会有一个人的尊严可言的。

"御"是国君、是皇帝，"御史"就是国君、皇帝的"史"臣。秦、汉时称"侍御史"，"御"前加了一个"侍"字，这种襄赞皇上、侍奉主子的意思就更显豁，与"丞相府"的"丞"（翼辅）如出一辙。

"御史"之"御"，本为"使马"。在这种用法上，能引申出"监察""纠察"的意思出来吗？近代国学大师章太炎，对"御"字的字形分析与许慎有点不同，他认为"御"字从彳（行），从止，从卩（节制），午声。午，啎也。御马者即节制马的行止。止马不行，有啎之之意。（详参《章太炎说文解字授课笔记》"䩾"字注）即御马者要保证马在正确的道路上行走，就要时时防着它、控制它尥蹶子、走歪道，不能随便顺着它的"马脾气"来。而"午，啎也"，即属于造字的通假。看来治吏和御马，确实也有相通之处。

最后说说"御史"之"史"。徐中舒主编《甲骨文字典》：史，实为事之初文，后世复分化孳乳为史、吏、使等字。《说文》"史，记事者"；"吏，治人者"，治人亦是治事；"使，令也"，谓以事任人也。故事、史、吏、使等字应为同源之字。

所以，不管是记事、治事还是任事，总之一句话：封建时代的吏治，都是皇帝自家的事，而让"御史"代劳了。

（原载《深圳特区报》2014.8.28 国学堂）

中国古代的元首

　　我们现在习惯于称呼外国而尤其是西方国家的最高领导人为元首，让人感觉元首好像是一个翻译词。其实在古文《尚书》的《益稷》中，最后部分记录了舜和皋陶等君臣欢歌，其词曰："股肱喜哉！元首起哉！百工熙哉！""元首明哉！股肱良哉！庶事康哉！""元首丛脞哉！股肱惰哉！万事堕哉！"

　　这几句歌词很有意思，放在任何时候都有资鉴作用，因为它综合起来就是说：君主（元首）若是圣哲英明、振作奋发，大臣们（股肱）竭诚尽忠、乐于用命，一切事情都能兴旺发达；否则，君主处事琐碎抓不住要领，大臣们或者懒惰懈怠或者无所适从，那就什么也做不成。

　　《说文解字》："股，髀也。从肉，殳声。""厷，臂上也。……肱，厷或从肉。"股是大腿，肱是胳膊。胳膊、大腿，当然不可能是官名，而是人体中有力量的重要部分。

以"股肱"来指称大臣，用的是比喻。同理，以"元首"指称君主，无疑也是比喻。"首"是人的头，"元"呢？也是人的头！人头，于人体中肯定是最重要的部分。

《左传·僖公三十三年》讲述了一件事：晋国卿大夫、中国历史上第一位拥有元帅头衔和元帅战绩的军事统帅先轸，为人忠诚耿直。秦晋崤之战后，晋襄公听了他嫡母（文嬴，晋文公妻，秦女）的话而释放了秦国三名战俘，遭到先轸怒斥。此后在狄人伐晋的"箕之战"中，先轸觉得"匹夫逞志于君而无讨，敢不自讨乎？"，意即我不给襄公面子却没有受到惩罚，那么我就自己来惩罚自己吧！于是"免胄入狄师，死焉。狄人归其元，面如生。"先轸弃盔卸甲，独身杀入狄人军阵，以一死来向襄公谢其不敬之罪。狄人将先轸的首级归还晋国时，先轸的面目像活人一样。这里的"元"，就是人头。

《孟子·滕文公下》："志士不忘在沟壑，勇士不忘丧其元。"勇士不怕掉脑袋（不忘：忘通亡，不逃避），这个"元"也是人头。可见在先秦语境中，元为人头乃是常义。《说文解字·一部》："元，始也。从一，从兀。"元祖，就是始祖，第一位祖先。元配，就是第一次娶的第一位妻子（古人可以有多妻）。元辅，即宰相，他在所有辅佐君主的臣子中位居第一，故以名；然而，他亦可称之为首辅、首相。由此，也可以看出，元和首本来就是同义的：元，始也；首也有第一、首先的意思。

如上所述，"元首"指称君主只是比喻，那么，下文我们就要简略说说中国古代元首的本称了。

如果排除传说和后人的追认，比如所谓"三皇五帝"之类，中国古代的元首，其实际称号就只有两个：一是王，二是帝。根据可考的资料，一般来说，秦嬴政以前，国家最高领导人称王；嬴政以后，改称为帝。

《说文解字》："王，天下所归往也。董仲舒曰'古之造文者，三画而连其中谓之王。三者，天、地、人也，而参通之者王也。'孔子曰：'一贯三为王。'"王者往也，这是训诂学上的声训。通俗地说，就是有那么一个人，能察天地之变，能持人伦之常，以仁治天下，以致大家用脚来投票，都"往"他那儿去，愿为其臣为其民。此之所谓"王道"。行此王道的人，当然也就可以称之为"王"了。当其时也，还是中国本来意义上的"封建"时期，臣民还会有些选择的空间。比如孔子，"道不行"，还可"乘桴浮于海"呢！（《论语·公冶长》）

秦王政统一中国后，结束了周朝"封土地建诸侯"的封建制度，实行中央集权的帝制。《说文解字》："帝，谛也。王天下之号也。从上（古文字中，上横短下横长的两横即上字），朿声。"帝者谛也，这也是声训。谛，审谛，就是考虑事情细致周密，没有半点纰漏。《毛诗故训传》说"审谛如帝"，放在现代等于说，谁能谋事可以丝毫无爽，那只有神、只有上帝才能做到。秦王政认为他就是这样的神，这样的"帝"，故而他称自己为"秦始皇帝"。"始"是第一个，以往没有过；"皇"是大的意思，所以也可称他为"嬴政大帝"。（至于后来单称"皇"也兼有"皇帝"之意，那是语言中词汇意义"让渡"的结果。兹不赘述。）

在中国的历史中，所有皇帝似乎都认为自己能"审谛如帝"、谋事如神，你们都不用考虑了，一切听"朕"的。中国人这么一听，就听了两千多年！

（原载《深圳特区报》2015.1.22 国学堂）

第二辑 艺文谈片

"覆缶"之书，不写也罢

　　某日，一出版社送来近出新书六本，名曰"××丛书"——纸质高档，印刷精美，内容却空泛无物。近来此类事儿颇多，故生感慨。

　　笔者认为，书是传播知识、积累文化的载体，否则徒劳人力，浪费资财，甚而至于灾梨祸枣，不过一堆垃圾而已。

　　著书立说，在古人视为"三立"中的大事，虽然"立言"位列"立德、立功"之后，然而其临事也十分慎重。古者孔子删繁就简，议定六经，于己则述而不作；一部《论语》，乃是弟子编次而成，为千秋后世垂典范。其事尚矣，姑不论。

　　近人黄季刚，四十岁以前即遍览唐以上重要典籍，年轻时亦曾留学东瀛；博通古今，淹贯中西，真正是才高八斗，学富五车的一代名儒。然其五十岁之前不轻言著书。直到五十岁寿日，乃师章太炎赠联"韦编三绝今知命，黄绢初裁好著书"以促之。惜乎此公天不假年，寿庆过后不久遽归道山。我们今天读到的《黄批十三经注疏》《黄季刚小学笔记》等等，乃其门人弟子所转述，也算是柴薪尽而爝火传，让我们后辈在慨叹其过分矜慎之余稍感安慰。

诚然，倘若真是在科学上有发现，思想上有所得，不仅可以，而且必须著之于书帛。因为只有如此，才可传之于异地，留之于异时，让天下后世共享之。职是之故，"视学术为公器"，既是一种襟怀，也是一种美德。相反，如果秘而不宣，私诸一己，于公不能用其智，于私不能留其名，也是为士林所不齿的。

人类文明，正是在层积累加中显示其光辉灿烂与丰富多彩，所以孔孟庄荀、马恩列斯等等，也就因了他们永载史册的思想而彪炳千古。故而，我们对于那些思想深邃而又勤于著述的人是肃然起敬的。

问题在于，是书不一定都记录了思想。有的空言无物，有的现饭重炒，读者既不能得其利，著者便只会污其名。史载某君新著一书，一君看过以后说："直可覆缶耳！"在密封要求越来越高的现代，这种连盖酸菜坛子都用不上的书，我以为不写也罢。

（原载《深圳特区报》1995.8.29 文化）

"照着讲"和"接着讲"

——读孙枫《无形无限》札记

孙枫先生的《无形无限》最近由海天出版社出版,由于某种原因我能在此前先睹为快。对于孙先生我了解不多,只知道他是一金融企业的头儿。但他的积学有素、沉潜好思,是能够从其书中读出来的。

《无形无限》是一本有关企业管理内容的随笔集。作者将其颇为丰富的实践经验通过其深厚的学养发酵,再以并无拘束的话语形式表而出之——或风樯阵马淋漓畅快,或一唱三叹摇曳多姿——确实比那些正襟危坐、耳提面命式的高头讲章要亲近得多、痛快得多。要不然,像我这种于企业管理基本上为外行的人,是不可能拿起来读它的,更不要说是"每有会意,便怡然自乐"了。

《无形无限》收文 30 篇,作者说是去年"年初开篇,岁末搁笔",涉及企业运作、企业文化、人的价值、管理团队等方方面面。其中关于"人"的内容予我印象最深,在篇幅上也几占全书之半。如"能够扩展资源的唯一资源是人力，人力资源是唯一能够增长和发展的资源。"（P97）"作为企业主管把问题想透了必然明了一个道理，做企业实质上是在经营人"。（P121）"培养人超过自己甚至取代自己，这其实是优秀企业和平庸企业之间最根本的区别……在GE这样的企业帝国里，企业领导人的主要工作就是寻找培养那些可以取代自己的人。"（P115）"把一半的工作时间用于人力资源的培训，不断地训练，努力把B类人员变成A类人才，不断地筛选把识别后的C类人员淘汰出局。"（P130）"压制人才是一种罪恶的行径，埋没人才是企业的大忌。能否敢于并善于启用超越自己的人才，是企业各级主管面临的最大挑战。发现人才，提携后生，在某种意义上来讲，经理人是自己砸自己的饭碗。"（P120）诸如此类的话，触目即是，不下一二十处。这里有的是人尽皆知的大道理，也有的确实是作者的心得之言，甚至是作者胸怀气度的展示。

说到"人"，总会有不少的话题，尤其是在我们这个十分强调人际关系的国度。人人都知道优秀人才对于企业的生长发展乃至起死回生的决定性作用；但一个企业、企业的领导到底怎样选人、用人，尽管目前西方MBA教材中有关人力资源开发和管理的理论不少，但哪些可以"照着讲"，而哪些只能"接着讲"（"照着讲"和"接着讲"是借用冯友兰西方哲学对中国影响以后中国哲学如何研究的提法），恐怕就只有依凭具体操作者的"运用之妙，存乎一心"了。

某企业新提拔一部门主管，初衷也是为了追求企业利益的最大化考虑之使然。可企业领导对此刚履新的主管说，本来大家要提拔的是别人，后来因为我的坚持还是提了你。言下之意要记他一份情。假如此君与他的头儿关系不属亲近者之列，他就会觉得自己并没有捡到什么便宜货，更不要说身在其位也是要付出聪明才智的，为什么我要领你的情呢？假如这位上任新官确实与头儿关系不一般，即使头儿什么都不说他也会心知肚明。可这回就该轮到旁人犯嘀咕了：企业里面藏龙卧虎，而这小子何德何能，提拔他还不是因为他与某人的关系等等。有了这些疙瘩，对于选用人者初衷的实现都会多少打些折扣。还有"外举不避仇，内举不避亲"也都不太容易做得到，要不然春秋时期的祁黄羊之举也就成不了佳话而流传千古了。

《史记》中记载了一个故事很有些意思。刘邦取得天下之后大封功臣二十多人，没有受到封赏的争而不决。有一天刘邦从洛阳南宫的走廊上往下看时，有不少人在议论纷纷。张良告诉刘邦说是这些人想谋反，并说明其原因是："陛下起布衣，以此属取天下。今陛下为天子，而所封皆萧、曹故人所亲爱，而所诛者皆生平所仇怨。今军吏计功，以天下不足遍封，此属畏陛下不能尽封，恐又见疑平生过失及诛，故即相聚谋反耳。"刘邦听了一筹莫展。张良问他平生最憎恨而又为大家所知道的人是谁，如果你封了这个人的官，其他人就不会有什么顾虑了。于是刘邦将他最讨厌、最憎恨，当然功劳也是不小的雍齿封为"什邡侯"。此后群臣皆喜曰："雍齿尚为侯，我属无患矣。"这个故事是否对于今天的企业领导也会有另外一层启迪呢？

像上述那些讲"理"之外还要讲"情"，有时甚至是"理""情"同重的做法，也算是中华民族的文化特色吧。凡事涉"人"的问题就必然绕不开文化这个民族结。所以对人力资源的开发光有西方那一套还不够，对于资本主义国家那些人力资源管理上的成熟理论除了"照着讲"更要"接着讲"。

孙枫先生的《无形无限》对于这个问题很多是"接着讲"的，书中"从心中开始沟通""交融协和的趣事""几分忧苦""另类感觉"等篇章就很是精彩。

（原载《深圳特区报》2002.4.27 阅读）

"正月"说"正"

　　今年的正月来得早，早到的公历元月份还没有过完，农历的正月就来了。由于农耕文明的长期浸染和因袭，国人对农历的节令多一份特别的情愫。这种情愫已经渗透到主流文化乃至政府法令中去了。不管满世界的人如何喜滋滋屁颠颠隆重庆贺世纪交替，2001年的元旦也没有因此而多放一天假。但是，农历春节的三天休息，则是每个中华人民共和国公民都可以享受的权利，受到国家法律的保护。

　　中国人重视农历，因此农历的一些月份便有另外的名称。比如三月又称"蚕月"，是因其正值采桑养蚕的时节；九月秋霜侵凌，万物凋敝，一片肃杀之气，故别称"玄月"；十一月又叫"冬月"，乃为"冬至"节气之所在；十二月别名"腊月"，则是由于每到年终岁末，按例要腊祭百神，以祈祷来年风调雨顺、五谷丰登，故而得其名也。

　　至于一月因何而称"正月"，可以说聚讼纷纭，疑莫能决。

一种意见认为，在我国古代，天子于每年一月，都要召集文武朝臣，商议一年政务大事。因而，一月即为"议政之月"，简而称之，则为"政月"。后来，因了一个暴君秦始皇，他姓"嬴"名"政"，"政月"之称，就犯了他的名讳。于是，朝廷敕令，一是改字，"政"易作"正"；再是改音，"正"读作"征"——"政月"就成为"正（音征）月"了。

清人黄生不同意这种说法。他在《字诂》一书中辩之曰："世传秦始皇讳政，故民间呼正月之正作征音。此说非也。始皇本名政，今政字何以反不讳而作去声乎？盖正月之正本平声，后人不详其义，故驾言于祖龙耳。"根据他的考证，"正之为字本训射的，文从一、从止……古者因斗柄所指之方，以其月为岁首，盖准此以为标的，故曰正，犹言斗柄所指之月耳。"黄生以为因避秦始皇名讳而读"正（去声）月"为"正（平声）月"是无稽之谈，似有一定道理。但他所考定的"正月"得名之由，也只能说是一家之言，很难使大家信从，因为照他的说法，无法解释古代的所谓"三正"说（见下文）。

还有一种意见认为，春秋战国时代，有所谓夏历、殷历和周历，三者之区别，即在于岁首的月建不同。夏历以建寅之月（即后世通行的农历一月）为岁首；殷历以建丑之月（即夏历十二月）为岁首；周历则以通常冬至所在的建子之月（即夏历十一月）为岁首。每个朝代改"正"一次月份次序，于是便将更改后的第一个月叫"正月"。"正"是"改正"的意思。所以夏历、殷历、周历又叫"三正"。在春秋时代，"三正"可以互用，甚至在同一篇文章中还可以并用。如《诗经·豳风·七月》中凡言"七月"等处是夏历，"一之日"等处是周历。直到汉武帝时才正式确定夏历（即今农历）一月为"正月"而沿用至今。

"改正"之"正"当然读去声。而"正月"之"正"读平声，如仍要回到避秦始皇名讳之说的话，则还是逃脱不了清人黄生的诘难啊。

（原载《深圳特区报》2001.1.26 罗湖桥）

《称物体为"东西"的来由》辩正

　　《深圳特区报》4月3日B4版《发现》专刊中,有一篇《称物体为"东西"的来由》的知识性文章,看过之后不敢苟同。理由容申述如次,以就正于原作者和广大读者。

　　比如文中说"甲骨文的'东'字是会意字,意指太阳从草木顶端露出来的地方"。而事实是在甲骨文中,"东"是象形字,"象橐中实物以绳约括两端之形,为橐之初文。甲骨文、金文俱借为东方之东,后世更作橐以为囊橐之专字。"(见徐中舒主编《甲骨文字典》。)当然,依《说文》的说法:"东,动也。从木……从日在木中。"《说文》盖以后起之篆文字形为说,是不确切的。

　　又比如作者说,"'西'字在甲骨文也是会意字,把口与上下两排牙齿画出来,隐示从齿间挤出'西'声(引者按——依作者的描述,'西'当是指事字。可见作者并不懂中国传统的'六书'理论)。甲骨文的'西'字也是音、形、义的绝妙揭示。"

如果说对"东"的分析表明作者还有一点《说文》的底子，那对"西"字的分析恐怕就是据楷化后的汉字而为说的了，完全缺乏字源学的意义（这对作者的立说至关重要）！因为，《说文》："西，鸟在巢上也。象形。日在西方而鸟栖，故因以为东西之西。栖，西或从木妻。"按《说文》的解释，"西"是"栖"的古体字。甲骨文中"西"也是象形字，王国维释为"象鸟巢形"。（《观堂集林·卷六·释西》）罗振玉谓："日既西落，鸟已入巢，故不复如篆文于巢上更作鸟形矣。"（《增订殷虚书契考释·中》）

尽管就总体而言，对于甲骨文的辨识，学界有很多不同的意见；但就"东""西"二字来说，中外汉文字学者并无异议。作者对这些已有定论的问题不知就里，妄论什么"称物体为'东西'的来由"，只能是无稽之谈了。

至于说到"西"的古读音，周秦至汉，"西"字都在文部（一说元部）。如《礼记·祭义》："日出于东，月生于西；阴阳长短，终始相巡。""西""巡"为韵。又如班固《西都赋》："带以洪河，泾渭之川；众流之隈，汧涌其西。""川""西"互押。可见"西"的发音也不是像作者所描述的仅仅"从齿间挤出""传播距离最小"的细音，相反它的主元音还比较洪亮，而且还带有鼻音韵尾呢。

这样的错误在作者的文中还有不少，读者可以对照该文一一覆案。不赘述。

关于称物体为"东西"的由来，有两说可供参考。

一、"物产四方，约言东西"说。《辞源》：

物产于四方，约言之曰东西，犹记四季而约言春秋。《南齐书·豫章王嶷传》："上曰：'百年复何可得，止得东西一百，于事亦济。'"唐大中二年正月制："所在逃户见在桑田屋宇等，多是暂时东西，便被邻人与所由等计会推去代纳税钱，悉将斫伐折毁。"（《文献通考·十·户口》一引）皆指产业而言。后来泛指物件为东西。

按，《辞源》的《南齐书·豫章王嶷传》这条书证有些问题。因为这段引文的前面是："嶷谓上曰：'古来言愿陛下寿偕南山，或称万岁，此殆近貌言。如臣所怀，实愿陛下极寿百年亦足矣。'"而后才有"上曰"云云。

据周一良氏考证："东晋南朝时钱陌不足，以西钱七十、东钱八十为百，故齐武帝以为百岁难期，遂借东西钱短陌之数为喻，犹言寿如东钱之八十、西钱之七十于事亦济。"（参阅《魏晋南北朝史论集·读书杂识》）可见这条书证里的"东西"是七十、八十岁的代称。第二条书证里的"东西"才是指产业。

二、"东方木，西方金"说。这来自一段有趣的故事：

相传宋朝时，有一次理学家朱熹在途中偶遇朋友盛温和。正巧这位精通天文地理的好友提篮上街说是去买"东西"。于是朱熹便问他："为何不是买南北？"诙谐幽默的盛温和狡黠一笑，反问朱熹："博学如你，难道也不知道与'五行'金木水火土相配的是什么？不就是东西南北中吗？东方属木，西方属金，凡属金类、木类的我这个篮子就装得；南方属火，北方属水，火类、水类我这个篮子如何装得？所以只能买东西，不能买南北嘛。"朱熹听罢才恍然大悟。据说"东西"一词指称物件即由此而来。

应该指出的是，第一种说法中《文献通考》的那段引文也见于宋朝王溥的《唐会要·逃户》里，说明以"东西"称物件在宋朝时已经流行开，恐怕不一定只是盛温和一个人的发明吧。

（原载《深圳特区报》2003.4.10 文化）

《明日歌》和它的作者

　　《明日歌》作为一首劝诫人们珍惜时日的俚曲乡谣，其影响是很大的。凡是拜过孔夫子的老先生莫不念过《明日歌》。因为旧时《明日歌》是被当成教材载在课本上的。新中国成立后进学堂的后生，教材中没有了《明日歌》，大概是因为听父祖辈哼过的原因吧，"明日复明日，明日何其多"这两句还是念得来的。直到今天，一些有兴趣的编者，还要把《明日歌》编入小学普及读物，好叫我们后生的后生不要忘记了它。比如科学普及出版社广州分社 1982 年 5 月出版的《少年读写之友》就是一例。可见《明日歌》的影响之深、之广、之久远！

　　这样一首影响极大的《明日歌》，它的作者是谁？回答起来似乎颇感困难。近来某些报纸杂志所载，作者逞其臆说，以为见"庐山面目"；实则大谬不然。①我在这里略考其源，以正视听。力或不逮，尚祈博雅君子有以教我。

清人钱泳《履园丛话·七·臆论》"不会做"条载：

后生家……做一事，辄曰："且待明日。"此亦大谬也。凡事要做则做，若一味因循，大误终身。家鹤滩先生有《明日歌》最妙，附记于此：

明日复明日，明日何其多！

我生待明日，万事成蹉跎。

世人若被明日累，春去秋来老将至。

朝看水东流，暮看日西坠。

百年明日能几何？请君听我《明日歌》。

这就是古今传诵的《明日歌》。它的作者是钱泳的本家钱鹤滩。无论是旧时的教材，还是今日的科普读物，都是这样记载的。

但是，《四库全书》收的《文氏五家集》，其中有文嘉的《和州诗》一卷。内载《明日》诗一首云：

明日复明日，明日何其多！

日日待明日，万事成蹉跎。

世人皆被明日累，明日无穷老将至。

晨昏滚滚水东流，今古悠悠日西坠。

百年明日能几何？请君听我《明日歌》。

这首《明日》诗，和上引的那首比较，除掉下面加线的五处不同外，其他如形式、语气，直至内容都差不多。当然，从这不同的五处来看，下面一首的文句确实要逊于上引那首一等，这大概正是这首《明日》诗未能流传的原因吧。但是，我们无论如何看得出来，这两首《明日歌》或诗同出一个蓝本是无疑的！如果排除有第三作者的情况，那么我们可以说：《明日歌》要么是钱鹤滩作的，文嘉有所改动，因为改得不好，而未能流传；要么是文嘉作的，钱鹤滩有所改动，因为改得好，而得以流传。成则王侯败则寇，账记在流传下来的头上，这是自古以来不成文的原则。

然而，作为蓝本的《明日歌》的作者究竟是谁？这只好稽查一下钱氏和文氏两人各自的"基本情况"。下面的材料是可供参考的。

钱鹤滩，名福，字与谦，明代松江华亭（今上海市松江区）人。所居近鹤滩，因以自号。孝宗弘治三年（1490）状元及第，授翰林院修撰。又由于他诗文藻丽敏妙，一时名声大噪，远近以笺版请求他题诗为文的无虚日。奇怪的是这样一位煊赫的人物，明史却无记载，故其生卒年不详。我们只知道他弘治末前后在世（弘治始自公元1488年，终于1505年）。一生所著有《鹤滩集》，收入《四库本书》集部。②

文嘉乃明代书画家文徵明的二公子，字休承，号文水，江苏吴县人。生于弘治十四年（1501），卒于神宗万历十一年（1583）。③曾官和州学正，能诗善书，画工山水。明史附文徵明传内，但字数寥寥，不可详考。

从上面提到的几处时间看，钱鹤滩较文嘉为长辈，且年龄起码大文徵明30岁以上，而钱鹤滩死的时候，恐怕文嘉还没有出世呢。如果这个推测不错，那么《明日歌》的作者就只能姓钱而不姓文了。退一步讲，鹤滩与文嘉曾经一日共戴皇天，我想一位久负盛名的老头大概也不会去剽窃一个尚不算省事的小孩的诗作来钓誉吧。

注：

①《北京日报》1980年9月21日吴晓玲《明日何其多，今日何其少》云："这首《明日歌》不是钱泳的本家前辈鹤滩先生的作品，它的真正作者是明代的文嘉……"吴氏对钱鹤滩生活的年代未加深考，遽以钱鹤滩为钱泳同时人，因此得出文嘉早钱鹤滩两个世纪的错误结论，成为"钱鹤滩《明日歌》抄自文嘉"说的始作俑者。此后北京景山学校等编写的《中学生必读》、《集萃》（1982年第1期）、《江西日报》（1983年11月5日）《答读者问》、《文史知识》（1983年第12期）、万联众《〈明日歌〉非钱鹤滩所作》等持论正同，皆滥觞于吴晓玲文。

②据《四库全书总目》《明诗纪事》《明清进士题名碑录索引》(下)、《中国人名大字典》等。

③吴晓玲文认为文嘉生于1499年，卒于1582年。与此差别不大。

（原载《语文教学》1984年第6期）

才子、学者、哲人

　　唐代刘知几是中国历史上著名的史学家。有一次礼部尚书郑惟忠问他，为什么自古以来吟诗作赋的文士多，而著书立说的史家少呢？他回答说，因为史家需要才、学、识三种素质，而世上同时具备这三种素质的人少，所以成就一个史家不容易。他进一步说，如果有学无才，就像是一个人有很多钱但不会经营，这些钱就不能增值；而有才无学呢，就像是一个能工巧匠却没有材料和工具，他能做得成房子吗？

　　对于才、学、识这三种素质，我们可以有另外一些表达和体认的形式。比如"颖悟敏捷，倚马可待"，是对"才"的形容；又比如"博洽淹通，腹笥充盈"，是对"学"的描述；再比如"见微知著，入木三分"，是对"识"的夸张。大凡一个人，在这三者中或仅得其一，或兼有其二。如果三者具备，那也不是像刘知几说的每一个史家都能享有这种天赐之福的。不过，谁只要在某一方面表现突出一些，就有可能用或"才子"或"学者"或"哲人"以名之。

中国历史上，宋人苏东坡、清人纪晓岚，在世人眼里是"才子"的典型；明末清初的顾炎武、乾嘉时代的段玉裁，无疑是名载史册的大"学者"；而能戴上"哲人"这种桂冠的，恐怕只有老、庄、孔、墨之类了。

"才子"率性放达，不忌"想当然耳"的虚构，有时也许是为了抒发情感的不得不然。"学者"无征不信，追求"无一字无来历"的谨慎，肚子里的东西多了，挤压得胆子自然也就小了。"哲人"谈言微中，以少胜多，那都是人情世故经过深思熟虑反复发酵的结晶。可不是，一部《道德经》五千来字，只是"才子"们不要一天的工作量——然而思想含量岂可同日而语？！

而在中国的近现代，却出现了一位才、学、识三者具备的人，这就是鲁迅。说鲁迅是伟大的思想家、伟大的文学家，同时也是名副其实的大学教授，这些名号于他都当之无愧。鲁迅是不可并世而出的一代学人。而像王国维，可以说是思想深刻的学者；梁启超，可以说是学问渊博的才子。如有人以当代陈寅恪、钱锺书二公问于我，恕我妄言：陈与王为同类，钱则与梁差似。不知读者诸君以为然否？

（原载《深圳特区报》2003.7.18 B5）

城市如女人

　　吾生也幸，半辈子到过不少地方，也曾在一些有名的城市生活、学习、工作过相当长的时间。我有一个感觉：城市如女人。

　　比如北京，就像一位风韵蕴藉的少妇。初遇乍见，也许你对她不太留意；一经接触，便会产生作彻夜长谈的欲求。这时候，你会觉得她额头上的每一条皱纹就是一个悠长的故事，她的一声柔语、一个浅笑，更让你迷醉而不能自持。人们一谈到北京，总会赞叹故宫的皇家气度、长安街的坦荡从容、八达岭的雄奇伟岸；我在北京三年，却更喜欢她那种小胡同的深邃幽静，四合院的肃穆端庄。我爱北京，北京是我一位优雅娴淑、温柔敦厚的大姐。

　　再如苏州，就像一位血色鲜嫩的少女，她芙蓉出水般的清纯和不施粉黛的淡雅，会让你顿生怜意；她的妩媚妖娆、楚楚动人，很容易撩起你把她拥入怀中的想法。我第一次到苏州时便有这种感觉。苏州自然也有她的故事，但那些故事似乎都是给你看而不是给你听的。苏州是我梦中的恋人，我和她常常相对无言而目光却久久不能移去。

不曾想，在年近不惑的时候，我与深圳结下了白头之缘。如果也以女人比深圳，请恕我的坦言，现今的深圳我倒觉得她是一位刚刚从乡野步入都城，喜欢浓妆艳抹，偏爱珠光宝气，但又未脱淳朴和稚气的村姑。

不知别人是否也有这样的感觉，当列车快要驶入深圳，高楼新厦挟裹着现代城市的气息扑面而来，那时候我就觉得血涌情躁；入夜，徜徉在霓虹灯变幻闪烁的深圳街头，耳际飘过缠绵动情的流行歌曲，这种情景真叫人目迷心醉。深圳确实有"美艳"和"魅人"的地方。

然而，当你在此待上十天半月，如果你除了"钱"之外还有别样的追求，你就会感觉出深圳的内蕴尚嫌肤浅，文化缺乏个性，你就会觉察到她的举手投足、一笑一颦中，往往伴生着某种浮躁，你就会发现"珠宝"里少了一份灵秀，"脂粉"中多了几许俗气。作为村姑的深圳，目前似乎急需增加丰蕴与厚重。

当然，深圳毕竟是一个年轻的城市，仅此一点，我们就不能过分苛求于她。她还要有一个不断成熟、不断丰富的过程。我想，任何一个愿意与她厮守终生的"男人"，在期待她成熟、丰富的同时，都应该认真想想要为她做些什么。

（原载《深圳商报》1995.3.19 人间万象）

大家玩"家家"

　　一天，随朋友去看他的朋友。朋友的朋友送上来的名片上赫然写着"深圳××画院画家"的头衔。但看过他的"大作"之后，觉得也不过是初入门者水平而已，以"家"称之，难免有些过火，贻笑大方。联想到那些刚写几个字就称"书法家"，发表几篇文章就称"作家"，拍了几张照片就称"摄影家"之类的事，不禁生出所谓"家者，环深圳滔滔皆是也"的想法来。

　　忽然记起听启功先生的一次闲聊。

　　启功先生说，世人对他有两大误会：一是称他为"书法家"，二是称他为"红学家"。

　　启功先生很坦诚地告诉我们，他的书法生涯缘起于一次很刺激他的事情：大家知道启功先生年轻时画竹就很有功力。一次一位朋友向他要一幅墨竹，但告诉他画好后不要题款，言下之意是对他的字不太满意。启功先生当时认为这是奇耻大辱！于是立志发奋练字。启功先生说，真正可以称得上"书法家"的，应该是真、草、篆、隶各体兼擅，而我只能书写用以题款之类的行、楷字，怎么能称为"书法家"呢？

至于"红学家"，启功先生说，大概起于两个原因：一个原因是20世纪50年代人民文学出版社出版《红楼梦》，其前言是出版社约请启功先生写的。当时写了两万多字，后来出版时做了很大的删削。另一个原因是20世纪80年代启功先生在北京师范大学学报上发表了一篇研究《红楼梦》中满人起居行止的文章，除此之外，于《红楼梦》就没有其他特别有分量的东西。而据此冠以"红学家"，启功先生认为是远远不够的。

我们知道，启功先生是一位国内外公认的大学者。他在中国书法学上的贡献不但有实践而且有理论，出过专著、编过教科书。他曾经荣任过中国书法家协会主席，无疑是书法界执牛耳者。

在《红楼梦》的研究方面，启功先生有得天独厚的条件，他是满人，又是清室后裔。那篇写《红楼梦》行仪的文章，他自己就觉得是前无古人后无来者的杰作。启功先生说，了解满人传统行仪的人早就死了，没有写过此类文章；而启功先生本人虽然是1912年生人，但他从小就和爷爷生活在一起，爷爷是个守旧的人，耳濡目染，启功先生也就熟谙一些旧时的东西，因而也就有了一种亲历亲为的感受和理解，这篇文章自然也就成了研究《红楼梦》满人行仪的经典之作。

然而，启功先生竟然认为称他为"书法家""红学家"是两大误会，这除了他虚怀若谷、谦虚谨慎的美德外，从另一个角度看，是不是也说明了所谓"家"者，应该不是可以随便名之的吧！

反观深圳的这个"家"那个"家"，到底又有几个真正受之无愧、面无赧色呢？

（原载《深圳特区报》1995.8.22 文化）

黄秋园小记

　　20世纪的江西，出了三位大师级国画艺术家——陈师曾、傅抱石、黄秋园。前两位都是留日学生，生前在画界即负有盛名。陈师曾祖籍修水，出生于湖南凤凰，而艺事活动主要在北京，且英年早逝；傅抱石是新余人，新中国建立后任江苏省国画院院长、中国美术家协会副主席。

　　黄秋园，名明琦，1914年生于南昌县，中学未毕业即入裱画店当学徒，新中国成立后任银行职员直到退休。黄秋园甫七岁，即开始临摹《芥子园画谱》。读中学时课余从民间画家左莲青习画。学徒期间得以纵览古今名画，眼摹手追，心领神会。后又从其师赴庐山、三清山、武夷山写生，画艺精进，有作品先后于南昌、武汉、长沙、济南等地展售。1963年夏天，黄秋园赴井冈山，绍古人，师造化，得心源，回南昌后创作了一批尔后令艺坛叫绝的画作。

　　黄秋园是土生土长的江西人。他一生的足迹基本上都是在江西的红土地上践履和寻觅。他画的是江西的山、江西的水。然而，黄秋园生前，即使在江西，知道他的人也不多；在全国更是寂寂无闻。他的最高艺术职务是非官方的"南昌国画研究会"会长——这个研究会是 20 世纪 60 年代初，他和几位好友周文辉、杨明高等民间画家自己创立的。

黄秋园生活清平，他穷到想买一些质量好一点的宣纸和印泥，以便画作保存得长久一些，终未能如愿。黄秋园对国画艺术勤恳执着，唯美是求；但为人耿介，不肯趋于时俗，而安贫守道，自得其乐。直到 1979 年 5 月，当他知道有部门可以为他办画展，一时激动，突发脑溢血而溘然长逝。

20 世纪 80 年代中，黄秋园遗作先后在南昌、西安、北京、济南、扬州、南京、香港等地展出，从而震惊天下，好评如潮。李可染谓："黄秋园先生山水画有石溪笔墨之圆厚，石涛意境之清新，王蒙布局之茂密，含英咀华，自成家法。苍苍茫茫，烟云满纸，望之气象万千，扑人眉宇。二石、山樵在世，亦必叹服！"启功题："秋园健笔是人豪，近比张爰远石涛。首夏晴窗开卷处，海天如镜映霜毫。"台北出版的《近代十大名家书画选》，将黄秋园与吴昌硕、齐白石、黄宾虹、徐悲鸿、溥心畲、潘天寿、张大千、傅抱石、石鲁诸家并列。黄秋园的画，成为中国美术馆、中国画研究院等地方的珍贵藏品；他教学生的画稿，也成了中央美术学院的长期示范教材。

司马迁在《报任安书》中感叹："古者富贵而名摩灭，不可胜记，唯倜傥非常之人称焉。"其黄秋园之谓乎？！

（原载《深圳特区报》2003.7.11 B4）

骂赃官的拆字联

拆字联机巧有趣，形式隐晦，故其作用或为启人神智的文字游戏，或为不便明说的嘲讽讥诮。因而在历史上用来骂赃官的拆字联就比较多。

清乾隆间，直隶学政吴省钦主持乡试时收受贿赂、贪得无厌。如不能满足其私欲，你纵有不世之才，也只能名落孙山。闱战士子，恨之入骨。据说某次吴在四川主考，一蜀中寒士自知家贫无望获中，便在考场门前贴出一拆字联：

　　少目焉能评文字，（"少目"，省）

　　欠金岂可望功名。（"欠金"，钦）

　　横批：口大吞天。（隐"吴"字）

将一贪官嘴脸揭露无遗。

这位吴大人还有一次有案可稽的笑话：乾隆甲寅乡试，吴在浙江主考。他出的经义题为"《周易》'离为日'"，但误作"离为目"而不察。士子只好以《离为目》谋篇，结果名列榜首的是一位叫汤金钊的考生。对此，有好事者戏为一联：

　　少目不知文，错出经题偏有目；

　　欠金休想中，特标榜首是多金。

　　此联嘲讽吴氏不长眼，出错题；"多金"即暗寓吴曾受贿，也含指汤的名字中有两个"金"字——不过有人指出，汤列榜首凭的是真才实学，而联语于他有行贿之冤枉。

　　清末广东番禺人梁鼎芬，在做溥仪的老师之前曾在湖北为官多年，虽然他晚年以"风节"誉满天下，当时却是一个出名的赃官。他竭尽搜刮民财、敲诈勒索之能事，即使青菜小贩、医卜星相亦无一幸免。老百姓怨声载道，苦不堪言。有位姓刘的商人用拆字格拟了一联，以表达沸腾的民愤，曰：

　　一目不明，开口便成两片；（隐"鼎"字）

　　廿头割断，此身应分八刀。（隐"芬"字）

　　横批：梁上君子。

　　民国时期，江苏省党部一卞姓委员五天后要到属县阜宁视察。该县熊姓县长是个善媚之徒，有上司下顾，正是大行巴结的好机会。于是调集各方人士，组织班子，一应接待事宜，可谓安排周密。不要说衣食住行，就连时髦的陪伴女郎都物色好了。那卞委员下来之后，也不视察民情世务，终日在县衙吃、喝、玩、乐，还差人四处搜刮古玩、字画、土特产。老百姓对熊、卞二人的行径非常气愤，有人即以二人姓氏制成一副趣联：

　　熊县长能者多劳，跑断四条狗腿；

　　卞委员下不堪言，缩起一点龟头。

　　此联讽刺辛辣，知之者无不拍案叫绝而又拍手称快！

　　　　　　　　　　　　　　　　（原载《深圳特区报》2003.8.1 B5）

勉为家国写魂灵

——胡平著《千年沉重》读后

记得几年前，有一次与几位语言学界的前辈在一起讨论方言分区的标准，他们问我赣方言的特点是什么？我想来想去找不出一条"人无我有"的硬条件，便告诉他们说，赣方言似乎赣菜系，其甜腻像吴越淮扬，其辛辣如川黔湘鄂，其味重好比齐鲁胶济，其生鲜又类同闽粤潮汕。方言学家、中山大学教授黄家教先生深以为然，并进而归纳说，多特点正是赣方言的特点。

读著名作家胡平近作《千年沉重》，他在体认赣文化时不禁也生出类似的感喟："与特征相对完整和鲜明的江浙文化、荆楚文化、蜀文化、齐鲁文化等比起来，赣文化则很像一张因为聚焦出了问题而影像模糊的照片。"

方言如此，菜系如此，其形而上的文化亦如此，这种现象颇值得玩味。

以写报告文学见长，并曾以《世界大串联》《中国的眸子》等作品蜚声海内外的胡平，何以突然研究起赣文化来了呢？盖其有感于吴头楚尾、居南北要冲的江西经由中古时期的灿烂辉煌，至明清渐趋保守衰落，到现代竟积贫不振，以至于连一块初唐文人王勃专为"星分翼轸，地接衡庐"之地而写的"物华天宝，人杰地灵"的"金字招牌"也保不住，使这八个字成为任何地方都可以套用的广告语，而且别人用之堂皇不悖，原主再用反而不像那么回事……如此现象，激发作家直面现实，穿透历史，"上穷碧落下黄泉"，试图从文化基因上来为江西的问题寻找病根。

几度钩玄索隐，一番爬梳剔抉，胡平用极为文学化的语言，和盘托出了他的观点："数千年前赣地所谓的土著文化，本身就是赣巨人、'黑人'与楚越文化的混血。白云苍狗一番后，如果说赣土著文化是卵子的话，那么向其淋漓射精的就是中原文化了……"

由于中原文化的激活，在中古时期的赣地不仅发展了源远流长的儒家文化，而且也成熟了誉载史册的书院文化、理学文化、佛道文化，造就了名闻天下的欧阳修、王安石、曾巩、朱熹、陆九渊乃至汤显祖等等这样一些历史名人。

宋明两代，无疑是"赣人脸上溢满了风光的年代"。那时候的江西，如果套用今天的话来说，"虽不是经济特区，却已是文化特区"，文化之发达，令世人惊诧。16 世纪来华的意大利耶稣会传教士利玛窦，在广州待了 12 年以后来到南昌，赞叹这里"较广州更漂亮，更高尚……房舍美观，街道宽广又直……"，"它的面积以我的看法较翡冷翠（今译佛罗伦萨）大两倍，文风极盛……"（《利玛窦书信集》）

然而，中原文化的主流儒家文化，以及由此派生而愈演愈烈的理学文化，其负面则是排斥异类，鄙视工商技艺，对科学思想表现出极端的冷漠与麻木……因而，明末清初以来，江西就只有在反洋教斗争中凌厉奋迅，血脉贲张，闹腾得轰轰烈烈，而于科教工技则寂无声息。有两个显例：一个是被当代英国科技史学家李约瑟称之为"中国的狄德罗"的江西奉新人宋应星，在他的家乡默默无闻；其所撰写的皇皇巨著《天工开物》，"在任何一个朝代的地方志中，却未留下一个字的痕迹"。另一个是，"自唐至清，江西有书院 1071 所，数量居全国之首"，可在 19 世纪末，全国各类新式学堂如雨后春笋，先后设立 20 余所时，江西竟无一所。就是在新中国成立以后直至 1994 年以前，江西还是一个无重点大学、无学部委员、无博士点、无博士生导师的"四无"省份。这多么不协调啊！

胡平进而指出，明朝嘉靖万历后开始的江西及赣文化的衰落，恰恰同时伴生着江浙沿海沿江一带资本主义萌芽的兴起与实学思潮的涌动。然而，后者并没有在中国普遍成长开来，从而引起新的生产力与新的生产关系的巨变，倒是赣地成了整个中国衰落的先兆。如果以 1840 年的鸦片战争为标志，早已做了破落户子弟的江西，如春寒的山坡上点点的白花、黄花，在这之前，为其母体苦苦地做了 150 年的镜子？

啊，原来作家寄慨遥深，他是要用江西这面镜子，来照见中国的历史与现状。"在很多方面，江西只是一个缩小了的中国。"这不由得使人们想起 20 世纪 80 年代那场中国传统文化与现代化的讨论来。尽管有学者认为，儒家文化的价值系统，无论对于社会或个人都有潜移默化的积极功能。就社会而言，中国自秦汉以下，大体上便没有森严的等级制度；社会上既没有世袭的贵族阶层，也没有欧洲 18、19 世纪尚普遍存在的农奴阶级。中国的行政官员，自汉代始，即由全国各地选拔而来，并以德行和知识为绝对的标准，这是世界文化史上仅见之例。中国的"士"阶层与农、工、商同属平民，"四民"之间至少在理论上是可以互相流动的。即如科举考试这种在实践中发生过不少流弊的制度，它在比较文化和社会史上的独特意义也是无可否认的（参见余英时《钱穆与新儒家》）。但反传统一派，总是把影响中国现代化进程的原因，归结到儒家文化保守的一面。

为什么一种文化传统在某一段历史进程中，其积极的一面起主导作用，而在另一段历史进程中，其消极的一面又起主导作用呢？从江西这面镜子中，我们似乎可以看出一个传统中国、乡村中国、内陆中国与一个现代中国、城市中国、沿海中国在文化上的矛盾。江西属封闭的自然经济形态的内陆省份，而"赣文化于中原文化来说尚不是一个被辐射、被渗透的问题，两者间在很大程度上是一个承传关系"，因而江西比任何其他省份都具有典型性。

由此看来，当年有关传统文化和现代化的讨论毕竟宽泛了一些。而胡平这本研究地域文化的著作就因其实在而显得特别有意义。

我和胡平只见过一次，彼此并不熟稔。但他的尊人是我大学时的业师。虽然对他书中的有些观点我并不完全同意，比如他在序言中对"赣巨人"的分析可能就有问题，但我觉得有心于中国文化研究的人，此书非读不可。

（原载《深圳特区报》1998.10.4 读书）

潘金莲死得有点冤

——看电视剧《水浒传》有感

当电视剧《水浒传》至《狮子楼》一集，武松将潘金莲像一摊泥巴一样掼于地下，然后手起刀落，一个年轻鲜活的生命即化作几注鲜血，溅向武大灵前。这时候，观众似乎并没有多少大快人心的感觉，相反还有一些怜悯和同情。潘金莲死得有点冤，这确实是电视剧改编原著给观众带来的印象。

在小说《水浒传》中，潘金莲是淫妇、祸水；《金瓶梅词话》演畅其义甚而变本加厉，潘金莲成了色情狂、杀人狂，这完全是作者站在封建道统的立场上，对一位女性的理解和歪曲。如果从人性的角度来观照，潘金莲的沉沦自有其时代和历史的必然性。

潘金莲本为清河张大户家的一个使女，因为年方二十余岁而又颇具几分姿色，常被张大户纠缠。潘金莲不肯依从，遂告之于主人婆。那张大户记恨在心，便报复性地将她嫁与既丑陋又无能而且不解风情的武大,张大户因此还倒赔了一些妆奁。潘金莲婚姻生活的不幸是可想而知了。

偏偏在这种时候,打虎英雄披红挂彩来到潘金莲新移居的阳谷县,而这英雄恰恰又是她的亲叔子武松,潘金莲得以聆其謦欬睹其仪容,这对寂寞中的潘金莲来说不啻是干柴得遇烈火、久旱而见虹霓。兄弟两人一个是三寸丁谷树皮,一个是八尺汉伟丈夫,潘金莲对武松不由得春心勃动,死水泛波,由钦敬而起爱意,由爱意而露真情。没想到反遭恪守孝悌之道、严于男女之防的武松的呵责。但不管怎么说,潘金莲对武松的情愫符合一位年轻女子的正常心理,从电视剧中潘金莲的作为来说,也与"淫""荡"二字尚有相当的距离。

武松的出现,重新燃起了潘金莲对爱情生活的希望之火。假若在今天,潘金莲与武大的离异乃必然之势。可在潘金莲生活的时代这却有悖于社会规范!然而,我们有什么理由要让潘金莲青春的欲望永远地死去呢?

也就在这种时候,西门庆在潘金莲的生活舞台上昂然登场了。出现在潘金莲眼前的西门庆毕竟是一位衣冠华丽、言辞典雅、仪表堂堂、风流潇洒的男子汉。尤其是潘金莲在酒后被西门庆诱奸,心理和生理上都有了一种全新的感受后,她觉得人生竟然可以如此美好!从今往后她就越来越离不开西门庆了。

偷人养汉,当然不为任何社会道德所容忍,但在"一纸休书"之权利仅仅为男人所具有的封建社会里,对生活充满渴望的潘金莲还有什么路可以走呢?!

杀夫求乐,这无疑是下下之策。但在电视剧所表现出来的谋杀案中,潘金莲只是一个胁从者。她曾为踢伤的武大到处抓药治病;她也曾想过要和西门庆"断"了;她甚至痛斥西门庆害得她家破人亡;她直到死前还冷冷地"啐"了王干娘一口痰……

但是,潘金莲终究是一个沉沦者,她经受不了灵与肉的诱惑而沦为杀人犯。她是一个性格复杂的悲剧性人物，她有令人同情和惋惜的一面，她又必然招人谴责和唾骂。潘金莲的形象引人深思。从这一点来说，电视剧的改编是成功的。

（原载《深圳特区报》1998.1.27 艺海潮）

平易处见深刻

——邓志瑗教授《训诂学研究》读后赘言

邓志瑗教授的《训诂学研究》，原定由江西人民出版社出版。邓师让他的几个学生，各写一序以弁其端。下面是我交给老师的一篇习作：

恩师邓志瑗教授的《训诂学研究》交出版社出版，邓师要我在前面写点文字。我离开学界多年，学殖荒废，故踌躇旬月，不敢下笔。

邓师于文字、音韵、训诂是大师级的学者，我有幸从大学本科时就开始听邓师的课。后来读硕士研究生，拜在邓师门下，真正是亲聆謦欬，亲炙耳热！当时，我在音韵学方面有些悟性，故得邓师错爱，先后写了几篇文章，其中都有邓师的心血在里面。

现在邓师大著出版，要我写几句话，我正好借此机会，对邓师教育我的隆恩厚德，表示我内心最深切的感谢！对于邓师高深莫测的学问，我虽为及门弟子，而也难窥堂奥，故只能从一个学生的角度，谈一点最深刻的感受，这或许对读者理解邓师有些借鉴。因为本书的内容是训诂学，所以谈的话题也不好离开训诂。如果哪天邓师出版音韵学的书，我自信会谈得更好一些。不过，总的精神不会有两样。

我在邓师身边问学前后不少于五年，感觉邓师最能在看似简单的地方发现深刻，在错综复杂之处理出头绪来。比如：

唐王勃《滕王阁序》："临帝子之长洲，得仙人之旧馆。""得"，一般注本以为是常语，不做解释；如有语译，则与"临"字无别，以"来到了"译"得"字，如王力主编的《古代汉语》即是。清人吴楚材、吴调侯编选的《古文观止》："得，谓登其上也。"大概是看到了骈体文的特点，文意"得"与"临"要相对，因而做出这种评注语；但没有说出所以然来。

邓师谓"得"用如"登"，根据是《公羊传·隐公五年》："登来之也。"何休注："登，读言得来。得来之者，齐人语也。""登"古音端母蒸韵，"得"古音端母职韵，是对转通用，也是当时口语的实录，所以何休注为"齐人语"。当然，王勃反过来以"得"代"登"，应该是出于对仗的考虑，前面"临"是平声，如果再用平声的"登"就不合律，而用"得"字代之，这算是用字上的"稽古"吧。

邓师之论，可谓是深中肯綮，获古人之心啊！此非既腹笥充盈又善揣摩人意者不能办。

又，魏曹丕《典论·论文》："不以隐约而弗务，不以康乐而加思。"隐约：穷困失志。康乐：富贵安乐。加：转移，改变，通"驾"（此说实肇端于唐人吕延济）。这种解释历经千年，人无异议，似乎已是定论。

邓师则认为，"加"字通"驾"，语训转移、改变，于义似可通，于上下文意则相悖。其实，"加"在这里应该作"止"解。

"驾"字籀文从牛各声(见《说文》)；"驾"从马加声。可见"各""加"音近，"加"便可作"各"解。《诗·周颂·维天之命》："假以溢我。""假"解作"嘉"，意谓用嘉美之道来戒慎于我。"嘉"，从壴加声；"假"，从人叚声。《说文》："叚，至也。"在《方言》等书中，"叚"的或体从彳各声，训止、训至（止、至义相因）。后代作"止"作"至"皆用"格"字，乃是借"格"为"叚"。（按"各"字，甲骨文、金文并像人足自外来至门前欲入之形状，是其字之或为表"止""至"义之本字，"从彳各声"者则为后起——甲、金文已见——形声字，"格"则又为时代更晚的通假字。）故《小尔雅·广诂》："格，止也。"《史记·梁孝王世家》："太后义格。"就是说太后的主张被搁止下来了。"加""各""叚""格"音近义通，"格"训"止"，"加"也可以训"止"。"不以隐约而弗务，不以康乐而'止'思。"遂前后通贯，怡然理顺。

邓师发千年不白之覆，实不惟吕延济辈之诤友，亦魏文帝之功臣也！

以上，是我做学生时邓师授课讲的两个例子，至今还牢牢地保留在我的记忆里。

在本书中，邓师对明末清初黄生《义府》"敬寡属妇"一条评述亦精义纷披，值得一说。

《尚书·周书·梓材》："至于敬寡，至于属妇。"《伪孔传》以"敬养"之义释"敬"，以"妾"字释"属"。黄生在《义府》中引《小尔雅》："妾妇之贱者谓之属妇。"并演畅其旨曰："属，逮也。逮妇之名，言其微也。"按黄生的说法，"属"之所以有"微贱"义，是借作"逮"；但"逮"的"微贱"义，也是借为"隶"字才有的。这样，黄说于义虽得之，但论证就显得迂曲，不足为训。其实，"属"字从尾蜀声，而"蜀"古与"豖"通，都可兼指男势女阴。男势女阴在人体之下部，故有"微贱"义。所以邓师说："'属'字从蜀得声，因此'属'字不但有附着义，而且也有男势女阴的意义，其为微贱，更不待言了。"

至于"敬寡"，黄生怀疑当为"矜寡"。"矜寡，即鳏寡，古音近通用。"邓师征引古书，证上古无妻男子，不管是曾已婚或从未婚者，都可假借指矛柄的"矜"字称之。汉以后，才假借指鱼名的"鳏"字。就这个意义上说，"矜"与"鳏"是古今字。"矜"从今得声，"鳏"

从㫫得声，今、㫫古音同为见母，韵部侵、缉对转。中古音变，"矜"读巨巾切，入"真"韵；又为"哀矜"之意，读居陵切，入"蒸"韵。

邓师寓作于评述之中，条分理析，不仅把"属妇""敬寡"的意义说得清楚明白，而且交代来龙去脉，金针度人，读者能有所得也必矣！本书中类此者多，有心人一一可以覆案，用不着我来饶舌呢。

是为序。

邓师收到此文后，在原稿上批语曰："高君此《序》，不仅将我当时授课的话叙述得很周详，而且有很大的发挥，写出了水平，写出了创见。真够得上是学术性序文中的大手笔。"我知道，这是邓师对我的鼓励，实际水平曷克臻此！

后来，《训诂学研究》改由湖南师大出版社出版。为了节省印刷费用，只保留了同门蒋冀骋教授一序（蒋任湖南师大党委副书记、副校长），而且书的内文也做了较大的删减。不得已，邓师命我另写数语，题于书的扉页上。于是，我就拟了一联："训诂肇自亨苌，迄通德景纯，二百年来无此作；诗文弘于屈宋，至陈思商隐，一千载后有斯人。"

邓师去年4月9日仙逝，享寿93岁。今也墓庐已青，小子谨刊出此文，向世人介绍恩师的著作并为纪念。

（原载《深圳特区报》2009.6.1阅读）

千古一大千
——写在张大千百年诞辰之际

　　文化无论隐显，艺术不管雅俗，一个时代有一个时代的特点，一个民族有一个民族的面貌。张大千的作品，无疑是 20 世纪中国传统绘画最具代表性的产物之一。

　　张大千出生于 1899 年 5 月 19 日，他几乎是在 20 世纪的前夜踵门而入，来到这个世界上的。如今，当其百年诞辰、逝世也有十几年的时候，我们来品评其艺术的成就，或许能做到"虽不中亦不远"矣。

　　张大千完全是受传统文化滋养而成就的艺术家。他弱冠之年即拜曾熙、李瑞清为师，学习诗词书画，临摹石涛、八大、石溪、渐江等古人名迹，目游心想，研摩切磋，以至于落笔可以乱真。艺界有关此类掌故不少，如据郑逸梅先生撰文介绍：某岁，上海巨贾程霖生，称以高价购得八大山人花卉四幅，每幅长 1.2 丈，宽仅尺许。其中一幅荷花梗长 8 尺有余，一笔到底遒劲异常。程告人曰："大千虽善摹仿，但决无如此魄力。"后程逝世，或谈及此，大千说："这4条都是我画的，当时把纸幅置于长案上，边走边画而已。"

当然，大千临摹古作，其意并不是为了鬻钱贾利，他是要藉此揣摩笔墨真谛，学得前人绘艺神髓。故其一旦心领神会，便自创新格，独出机杼。大千弟子丁翰源回忆说：大千画荷深得八大用笔及章法气势，并常喜亲临荷塘观察、写生，故他画的各式花型取法自然，就不同于朱耷了。朱耷画荷多用湿笔，大千兼用渴笔。湿笔墨活、浓郁、深厚、凝敛而不滞；渴笔飞白、苍劲、流畅、华滋而不枯。

正因为大千能够远绍古人，外师造化，中得心源，而又旁搜广征，多方突进，遂于而立之年便骤得大名。20世纪30年代初，大千以其山水画作赴欧展出，"其清丽雅逸之笔，实令欧人神往。故其金荷，藏于巴黎，江南景色，藏于莫斯科诸国立博物院，为现代绘画生色"（徐悲鸿语）。1936年，徐悲鸿为《张大千画集》作序，更是誉其为"五百年来第一人"！

如此之评价，也许有人觉得溢美。然而，大千亦未满足。盖所谓"五百年来第一人"者，不过是元、明以来一人而已。事实上，抗战期间，大千变卖多年搜集的明、清字画，醵资远赴敦煌，先后在莫高窟、榆林窟历时近三载，临摹壁画逾300余幅，从此艺术生命再攀高峰。仅以人物画而言，也由原来仿唐寅仕女、赵子昂九歌、李公麟七贤，进而至于敦煌供养人等，其线条刚健，设色明丽，亦已超迈元、宋，直逼唐、隋矣！20世纪50年代以后，大千遍游亚、欧、美诸邦，浸润中西方文化交融会通之际，将现代精神与古代传统糅合为一，独创泼墨泼彩山水，而成为一代宗师。

1958年，国际艺术学会在美国纽约举办世界现代美术博览会，大千以国画《秋海棠》荣膺该学会颁发的金质奖章，并被公选为"当代世界第一大画家"。能当此盛誉者，真可谓"千古一大千"了。

还是那句老话：只有民族的，才是世界的，大千能有如许成就，在于他对中华民族文化的深刻体悟和把握；而其之所以然者，又在于他涉猎广，读书多。他曾说，有些画家舍本逐末，专在技巧上讲求，殊不知要回过头来多念书才是根本变化气质之道。他又说："作画如欲脱俗气，洗浮气，除匠气，第一是读书，第二是多读书，第三是须有系统、有选择地读书。"此话颇值得玩味。

（原载《深圳特区报》1999.5.23 罗湖桥）

巧对与工对

　　传说早先有一老儒，携俩弟子到江南游学。某日至江西星子县境，见一水分流。当地人告诉说，此地名叫"三叉港"。老儒似有所悟，便口占一句："三人同过三叉港。"意欲弟子对出下句。不想两位搜肠刮肚，无以应之。几天之后，三位来到匡庐脚下，远望数峰连绵，如五老打坐。其中一弟子知其名，且喜老师的上联有可对的了。于是告曰："老师，我已有了下句，然说出来恐怕于老师大不恭敬，不知如何是好。"老儒说："但说无妨。"该弟子即回曰："五眼共观五老峰。"盖老儒乃一目眇也。

　　如果说上述只是传说，而传说多属好事者杜撰，下一例却是有案可稽的：

　　抗战前夕，阎锡山曾到无锡游览。当地名士冯国徽老先生戏拟一上联，送上海《大公报》征对。出句曰："阎锡山，过无锡，登锡山，锡山无锡。"久而未得下联。直到1942年，原《大公报》记者范长江转赴苏北解放区（范于 1938 年 10 月离开《大公报》），某日来到安徽天长县（现改天长市）新四军驻地，不禁触景生情，想起当年那次征对，遂吟哦有顷，而后脱口而出："范长江，到天长，望长江，长江天长。"堪称妙绝。

上两例在联语学上有一个名称，叫"嵌名对"。第一例仅嵌地名（当然还有"三人"与"五眼"之巧），第二例既嵌地名又嵌人名。这种"嵌名对"多为"巧对"，难有"工对"。因为严格意义上的"对"必须具备如下三点：一、同类词相对；二、同结构相对；三、平仄相对。第一例符合这仨条件，那是人编的。第二例"范长江"与"阎锡山"平仄失对，（"到天长"倒是可改为"经天长"。）故只能算是一"巧对"。"巧对"则需要一定的情境来触发联想，以造成"巧合"，只凭才气则往往不能办。

下面俩地名联也颇有意思：

1945 年抗战胜利，国民政府还都南京。翌年元旦，南京夫子庙六朝居贴出一门联云："中国捷克日本，南京重庆成都。"上联仨国名，下联仨地名，集而成之，别无余字，切情切景，真是"佳偶"天成！但也只是一个"巧对"。（"捷克"，仄仄；"重庆"，平仄。失对。）

1949 年 5 月，江西南昌解放，不久新政权建立，天日重光的劳苦大众欢欣雀跃，载歌载舞。有一佚名塾师撰联以贺之，联语是："新建石城万年万载，永修铜鼓乐平乐安。"此联妙在上下联八地都是江西省的县名，不仅意义上可再三读之，耐人咀嚼，而且在节奏点上的字平仄无不相谐。此联以"工""巧"论之，都在南京夫子庙一联之上。

（原载《深圳特区报》2001.1.19 罗湖桥）

139

如火如"荼"话深圳

在中华传统文化中，茶的历史可谓尚矣。然而，成书于公元121年的《说文解字》，于所收9353字中却无"茶"字。不过"艸"部有"荼"，许慎释为"苦荼"，即一种苦菜；传统训诂学认为，东汉以前，"茶"正作"荼"，大概是古人把可以兑水品饮、其味清苦的"茶"，与名为"荼"的苦菜视为同类，故亦以"荼"称之。顺便说一句，在古代，不仅"茶"形作"荼"，而且音也相同；所以，"如火如荼（茅草上的白花）"这个成语，在特定历史时期，假如你硬要把它写成（或读成）"如火如荼"，恐怕没有谁敢说你错。

深圳自建特区以来，一直很"火"。那"三天一层楼"的建设速度"火"，那"一夜造就一个百万富翁"的股票交易"火"，那十多年内把一个荒僻渔村变成一座现代化城市的奇迹更是"火"得红了半个世界。

"火"起来了的深圳却少了许多品茗啜茶的时间和

情趣。

《潮嘉风月记》载，潮州人喝功夫茶讲究红炉细炭初沸水，连壶带碗泼浇之。尔后斟而细呷，这才气味芳烈，较嚼梅花更为清绝。又说炉火与茶具相距以七步为度，沸水温度方合标准。而且做客潮州人家，主人予小盅而饮之，若饮罢径自返盅于盘，则主人不悦；须举盅至鼻头猛嗅两下，如是则已。

深圳有不少潮州人，虽然喝功夫茶一仍旧贯，但喝法却大为简省。红炉细炭自然由电子暖瓶所取代，七步之度就更为年轻人所罔知了。既如此，遑论气味芳烈、梅花清绝，也就不必要有鼻头猛嗅的虚应故事了。至于在潮味酒店用餐，时或有小盅置于大盘的功夫茶奉上，那更只是提供一个品种而已，全无品茗啜茶特有的雅致。

深圳的江浙人也很多。江浙本地茶风颇盛，街头巷尾茶肆林立。来这里品茶的或为文人雅士，或为耆老旧故。这种地方往往能激发文人的才思，抚慰老者垂暮的情绪。周作人、郁达夫等文坛硕儒们多少性灵文字都是给茶"泡"出来的。

1991年秋，我到苏州参加一个全国学术会议，遇到当地名士朱季海先生。朱季老是硕果仅存的章太炎及门弟子。我以师孙的名义与他在观前街某茶坊泡了整半天，得以感受那种浓郁的文化气氛。朱季老告诉我，中华书局刚出二十四史标点本时，他拿着一本《南齐书》天天在茶坊研读；茶香满口，书义解颐，每有会意，援笔记之，便有了后来中华书局出版的那本《南齐书校议》。

看来，茶还可以孕育文化。

据我所知，精明的江浙人在深圳有搞产业的，有事贸易的，也有开酒楼的……但如何不见有人在此侍弄出一个茶坊来呢？

前两三年，北京倒是有人在深圳搞了一个"老舍茶馆"。据说北京的"老舍茶馆"靠着老舍先生的福荫而生意红火，不仅国人饮者云集，而且在京城工作、学习、生活的"老外"们也趋之若鹜，他们去那里品茶、听书、"票"京戏……可深圳的"老舍茶馆"却冷落备尝！不知道是因为田面村附近立交桥下的地段不好，抑或是别的什么原因，反正日前我们发现此地早在去年就已经"易帜"，由"老舍茶馆"变成"关公城"了，尽管其字号依然高置屋顶。

其实，江浙人不在深圳搞茶坊是正确的，否则，其下场不可能会比深圳的"老舍茶馆"的下场更好。江浙人还是精明的啊！

像广东的其他地方一样，深圳也兴喝早茶。但此种所谓"茶"，乃不过是早点的佐饮料，"喝"只是辅助"吃"的，全无清心解乏、沁人脾肺的情致，更没有启人志虑、淡定情绪的雅韵。

曾与一位老板在上海宾馆喝早茶，席间不过一个半小时，他就用"大哥大"打了8个电话：一会儿与广西谈合作，一会儿向南京讨债账……我不知道他感觉如何，反正我是兴味全无。

深圳到底是个讲求效率和效益的商业城市，而且是个年轻人的城市，对于那种慢条斯理的品茗啜茶的"传统文化"不说排拒，但目前至少还不具备接受的环境。所以，当一茬茬快节奏、强刺激的酒吧訇然而起的时候，"老舍茶馆"却在人们不知不觉中悄然消失，这完全是情理中事。

然而，大"火"特"火"的深圳毕竟需要几帖清淡的药剂。既助消化，又平心气的"茶"似仍在可选之列。否则阴阳失调亦非正常的事情。

不知道什么时候能在深圳尽一次品茗啜茶的雅兴？！

（原载《深圳特区报》1996.4.19 专题）

深圳何必去找"秦砖汉瓦"

　　一说起深圳，人们往往一方面惊叹其经济发展之快，另一方面又遗憾其文化积累之薄。一位西安来的朋友不无得意地说："在我们那儿，一弯腰就可能捡到秦砖汉瓦；而深圳，太缺乏历史的厚重感了。"

　　对此，深圳的文化官员不免有些气短，而那些学富五车的文史工作者，则极尽爬罗剔抉之能事，钩稽起深圳"悠久"的历史来。于是，笔者看到不少《6000年了，深圳》诸如此类的文章。在这样一些文章中，作者上溯夏商周秦汉，中经魏晋南北朝，再是唐宋元明清……遍数深圳文化的辉煌与历史的悠久。

　　如此一来，深圳文化人的自尊心似乎得到了满足。但呈现在外人面前的、能够使人发思古之幽情的、确实又具有深圳地域特点的文化"物证"的贫乏，仍然让深圳人头难昂、气难壮，因此便有人钩沉索隐、画迹摹形，然后大兴土木，仿建出一些假古董来。于是乎，一个"古老的深圳"好像就存乎心而见于目了。

其实，深圳这一方热土，令天下英杰心驰神往，四方云集，其魅力正在于它作为一座新兴城市，没有历史重负，无须循规蹈矩，而能够面向未来，开拓进取，在短短的十几年时间里，创造出了举世瞩目的成绩。即使以文化而论，一个时代有一个时代的文化，其品格与精神，必须与产生它的时代相适应。我们不忘历史，目的在于激励我们建设未来，否则我们就愧对曾经创造过灿烂文化的祖先前辈。深圳人在这方面亦颇堪称道，"锦绣中华""民俗文化村""世界之窗"等等，就是深圳人对人类文化做出的杰出贡献。

因此，当一些人以先人的成绩炫耀于我们的时候，无愧于先人也无愧于时代的深圳人有什么自卑的呢？

笔者以为深圳的文化工作者不必在钩稽和仿建方面太花心思，深圳近十几年的辉煌远远胜过历史上的几千年；深圳即使没有"秦砖汉瓦"也无须沮丧，我们毕竟有亚洲第一高楼"地王大厦"。如果说我们还有什么要花心思的地方，那就是在深圳这块土地上如何再创造新的历史奇迹。

相反，如果视历史为只可仰慕而不可企及的巨人，我们只是在其身上做些修指甲、抹脂粉的工作，那才真正是没有出息的事。

（原载《深圳特区报》1995.11.14 文化）

生活在"伟哥""伊妹"时代

我们生活的时代，是一个新词新语层出不穷的时代。

关于这，有一个经典事例值得一说：

斯坦利·鲍德温，曾经先后三次出任英国首相。他有一个侄女名叫莫妮卡·鲍德温。这位年轻姑娘从1914年许愿进修道院，过着与世隔绝的隐居生活，直到1941年才重返外界。于是乎，她出门旅行坐车，听不懂"Luggage in advance"（行李先托运）这种说法，只好由搬运工看着办；在家阅读报纸，看不懂述评和社论中诸如 Jazz（爵士乐）、Gin and it（甜味苦艾酒和杜松子酒的混合饮料）、Hollywood（好莱坞）、Striptease（脱衣舞）等词语。28年的变化，使这位受过良好教育的贵族小姐几乎成了一个识字的"文盲"，甚而至于连餐馆里的菜单她也弄不明白是什么意思，因而在日常生活中洋相百出，闹了不少笑话。这种状况一直延续到1949年，在她出版《我跳出院墙》一书时才渐有好转。

和上半个世纪相比，当今社会科技发达，信息传播快捷，新生事物比雨后的蘑菇生长得还快。一个人不与外界接触恐怕只需要两年八个月，就会有"不知有汉，无论魏晋"的隔世感觉，哪里还用得着 28 年之久？

突然记起有一个段子，说的是有一道 IQ 题，问 20 世纪末风头最劲的一对男女是哪两位。答案竟然是"伟哥"和"伊妹"！我当时听了不得不由衷叹服制题者的机趣。因而一次老家来人，我又把这道题转述他听，谁知道他竟一片茫然，并没有收到"得其会心，相视而笑"的预期效果。后来一想也是，人家农村里的人，吃的是五谷粗粮，干的是体力重活，身体棒得像牛一样，压根儿就不知道"伟哥"是谁家的公子何人的崽，当然更不会想到要用它了。再说虽然改革开放已经 20 多年，我那老家还不属于"先富起来"的那一部分，一个村里的几家人挤着有台电视看就已经对邓公感激涕零了，买电脑上网发电子邮件还不知道是哪个猴年马月的事呢，谁管得上"伊妹"是妍是媸？——然而，对于城里的人来说，"伟哥""伊妹"真可谓无人不识、尽人皆知。要不然，没有"知名度"，怎么会成为 20 世纪末风头最劲的一对儿呢？算起来，这一对儿行时当运也就是近两三年的事吧，你说快不快？！

英国学者布赖恩·福斯特曾在他的一本很著名的书中写道："如今，由一位坐在洛杉矶一家办公室里的新闻记者创造出来的一个词语，可以在几天内就传遍整个英语世界。"我记得他那本书的中文译名叫"变化中的英语"，英文本出版的时间是 1968 年。他那时所谓的"如今"到现在又是 30 多年过去了，人类社会也已进入网络时代。站在目前的时点上说"如今"，我们觉得他说的"几天内"有必要改为"几秒钟内"，而且"传遍整个英语世界"的"英语"一词也是赘笔必须删去。

至若对于新词新语的研究，那是社会学、文化学、语言学十分有趣的课题，非有专文而不能办。就此打住。

（原载《深圳特区报》2000.7.15 文化空间）

仕而优则学

读书，对于有的人来说，不仅是一种生活方式、一种生存状态，甚而至于还是一种生命的第一需要，就像是人要吃饭、要睡觉、要满足某些生理的要求等等一样。

不幸而又十分有幸，我就属于上述"有的人"之一。

我不以为像某些人那样，仅仅把读书作为"医'俗'""养心"的不二法门，我还没有那份雅趣、那份闲适；我甚至觉得那些在媒体上高自标榜、明诏大号用读书来医"俗"、养心的人本身就何其俗不可耐，那种存于基因、化入骨髓的"俗"不是用读书所能医治得了的。

坦率地说，我开始要千方百计地找书读是下放农村的时候。由于粗识几个字，在繁重的体力劳动之外，不读书就没有别的事情好做。后来上过大学后又以教书为职业，读书就成了谋生的手段之一。这不光是"以其昏昏"难以"使人昭昭"，完不成"授业、解惑"的任务，而且要撰写论文、著书立说，为职称为待遇为改善生存环境而到处翻资料、找书读；否则就会被职业所淘汰，同时也会被时代所淘汰——在一个文明日益进步的社会，只有不断地读书、不断地充实自己，才能跟上时代的步伐。

我记得在大学当老师时，有一次一个学生问我，人们常说"学而优则仕"的意思是说"书读好了就可以做官"，而在《论语》中，这句话的前一句是"仕而优则学"，那是不是说"官做好了才可以读书"呢？如此理解当然是不通的。这里的关键在"优"字不是"优秀、优良"的意思。在先秦时期，"优"字一般作"优裕、优渥"讲。《说文》："优，饶也。""饶"也就是"多、丰富"的意思。因而《论语》里这两句话中的"优"意思是"精力有多、精力过剩"。宋人朱熹的《四书章句集注》对"优"字的解释也是"有余力也"。所以，"仕而优则学，学而优则仕"的意思就是：已经参加工作了的人，只要有可能——有多余的时间、多余的精力，就应该去读读书，这样可以不断接受新的知识，适应新的要求，从而提高工作能力；当然，即使是还在学校读书的人，如果是精力过剩，也不妨去做一些社会工作，这样可以不断在实践中验证书本知识，从而提高学习效力。这也是孔子教育思想的精髓之一。我们现在把"学而优则仕"理解成"书读好了就可以做官"，进而推演为"好好读书就是为了做官"，不但曲解了孔夫子的原意，而且也掩没了他老人家"仕而优则学"——这种终身教育的思想，此岂非不读书之过欤？

如此说来，一个人只要不想被时代所抛弃，就必须一辈子读书，读一辈子的书。这种"不得已"的读书法，莫不是人之不幸么？然而，一旦习惯成自然，日日与书朝夕相处，耳鬓厮磨，难免日久生情，以至于案头枕边，须臾不可离此君了。更不要说每有会意，便怡然自得，不禁手之舞之、足之蹈之；真正是读书之乐，乐不可支呢。当我在悟到"仕而优则学"就是孔夫子终身教育的思想时就有这种感觉。我辈以读书为职志，正所谓幸莫大焉！

偶尔记起不久前读唐振常先生《重读〈柳如是别传〉忆陈寅恪先生》一文，其中提到当年陈先生讲元稹《悼亡诗》，至"惟将终夜长开眼，报答平生未展眉"句，忽然问学生"为什么说'长开眼'"？唐先生当时被问得瞠目结舌，讷讷无以对之；而其他学生亦不能答。陈先生乃从"鳏鱼眼长开"说起，谓元稹表示将不再娶之意云云。乍一看真是新鲜，义宁陈氏果然博学，能道人之所未道。转而一想又觉得不尽然，如果按陈先生的说法，"终夜"一词就没有着落了。其实所谓"长开眼"就是"辗转反侧""寤寐思服"睡不着觉的意思。"终夜长开眼"，作者就是用这种最直白也是最真切的描述，表达了最沉痛的鼓盆之感。陈先生求之过深、过迂，反而有损于诗的艺术感染力。我用这个例子，旨在说明：无论读什么书，只有用自己的脑子去思考，时时刻刻都要有自己的思想在活动着、把持着，如此才会有乐趣。否则，惟书本是崇，惟名人是尚，只被别人牵着鼻子转，那种读书法难有乐趣可言。这是我的一点心得，不知道读者诸君以为然否。

11 月份是深圳的读书月，因有所感触，而成此小文。最后还得缀上一笔：就如我者来说，任何一个月都是读书月，不惟只在 11 月也。这句话或许不应该被认为是"蛇足"吧！

（原载《深圳特区报》2000.11.28 罗湖桥）

仕优则学　涵泳自得

——读夏海《品读国学经典》有感

　　"仕而优则学，学而优则仕"，是孔子的学生子夏
说的两句话，见于《论语·子张》篇。其中后一句话今
天似乎已成常语，但使用者往往不是那么准确。《说文》
"优，饶也"，是宽裕、有馀力的意思。所以杨伯峻的
译文是："做官了，有馀力便去学习；学习了，有馀力
便去做官。"

　　夏海是中央国家机关的官员，著有《中国政府架构》《政
府的自我革命》《西方发达国家政府管理制度》等书。这
应该有他经历、经验的心得在里面，或许仍然可视为其官
员职务的延伸。但他2007年还出版了《论语与人生》；前
不久，又将一本27万字的《品读国学经典》推到了读者面前。
看来，夏海先生还真是一位"仕"有馀力，勤奋好学的官员。

　　夏海在其新书《自序》中说："《品读国学经典》视
野宏阔，从先秦管子《牧民》开篇，到清朝《曾国藩家书》

收笔，横跨两千多年时间，品读三十六篇经典。"我翻读此书目录，品读的国学经典的作者中，政治家、政治思想家、有政治经历或政治抱负的文学家占了绝大多数，如管子、刘邦、诸葛亮、魏征、曾国藩，孟子、荀子、韩非子、贾谊、晁错，曹操、韩愈、苏轼、文天祥、龚自珍，还有王勃等。有关治国理政、修身治学的国学经典，尤其是品读的重点。这是本书的一大特色，我觉得它体现了夏海的身份和情趣。

《品读国学经典》的每一篇文章，我认为主要包括四个方面的内容：一是作者介绍，含事功履历、思想贡献和文学成就。二是作品分析，含文章结构、主要观点和美学情味。三是著者用力最多的一块，也是展示著者知识结构、思想修养的所在。用著者自己的话说，即"有的是集中阐述经典主旨，有的是介绍写作背景和技巧，有的是品评作者的心路历程，有的是研读作者的相关文章"。著者力图通过"自己的阅历、知识、思想和情趣，着力重构对经典新的理解"。四是著者品读经典的启示和感悟。

就我个人的阅读经验，予我最有收获的是第四点。因为无论什么文字经典，一旦形成，便有其或思想或审美的某种恒定价值。但是由于不同的人或不同的时间和地点去阅读它，便有可能产生不同的启示和感悟。这种新产生的东西，就是经典的增值。唯其有这种增值，又会给别的阅读者带来新的启示和感悟。任何一本阐释经典的书，如果没有增值，我就觉得没有阅读的必要；哪怕它堆积了再多的材料，都只不过是一叠废纸罢了。

品读魏征《谏太宗十思疏》给夏海的启示：治国理政要固其根本，厚积德义。人民是国家的基石，只有巩固国家的基石，政治才能稳定，国家才会安宁。因此，固其根本，就是要以人为本。所谓厚积德义，就是要爱民富民化民，既要在物质上帮助民众，也要在精神上引导他们；既要让老百姓上得起学，看得起病，住得起房，有稳定的职业和收入，又要让老百姓接受教育，为良从善，诚信守法，坚守精神家园。

夏海认为，品读陶渊明《归去来兮辞》给人们最大的启示是：人生可以有多种选择，不唯入仕为官一途。即使在农业社会，人的选择机会相对较少，也可以像陶渊明那样，仕途不顺遂，就选择归隐田园，享受自然美景和农耕乐趣。如今人生选择有了广阔的空间，更不应孜孜以求于入仕为官，把智慧和才华都淹没在官场往来的繁文缛节中。夏海同时也提到，人生的选择是综合因素作用的结果，机缘巧合，风云际会，让你走上为官从政之途，那你就要奋力前行，为国尽忠，为民造福。

我有一个习惯，常常喜欢以某人对陶渊明的评价，来判断其价值取向。因此，我很欣赏夏海的这几句话：

"无论何种选择，都要像陶渊明那样，纵然在农家田园，还是那么本真，'造饮辄尽，期在必醉。既醉而退，曾不吝情去留'；还是那么勤奋，'好读书，不求甚解。每有会意，便欣然忘食'；还是那么笔耕不辍，留下许多诗文名篇，让千古传颂不已，在精神和文化的追求中获得永生。"

这是否夏海的"夫子自道"，吾不得而知也！

（原载《深圳特区报》2014.9.27 读与思）

是"日"还是"曰"？

　　拙文《字谜的制作》在本版刊出以后，我接到中央文化管理干部学院副院长王能宪博士给我的电话。他说前不久和文怀沙老先生闲聊，也谈到"无边落木萧萧下"这条谜面。文怀老誉之为中国字谜之王；不过文怀老所说的谜底是"曰"而不是"日"。于是王博士问我是否手民误植，将横而宽的"曰"误作了竖而长的"日"。我告诉他我给出的谜底就是"日"，和文怀老的不一样。

　　这话说起来就有些长，也有些冬烘味。一般人俗称姓陈的为"耳东陈"，是认陈字的右边为"東"字。东汉人许慎著《说文》，他引通人官溥的说法，分析"東"字是"从日在木中"，因而他说"东，动也"，也就是太阳刚刚从地平线上露出来不久的时候，人们平视过去就像日在树木的中间一般高。所以，当太阳升到树木之顶时，那就是光杲杲的"杲"字；而当太阳落到树木之下，则为冥晦不明

153

的"杳"字了。《说文》："杲，明也，从日在木上。""杳，冥也，从日在木下。"汉字的构成真有意思，跟这相类似的还有："木下曰本。从木，一在其下"；"木上曰末。从木，一在其上"；"朱，赤心木，松柏属。从木，一在其中"（均见《说文》）。这些都是形中有意的会意字。如果从这个意义上说，"陈"字之既"无边"而又"落木"，就只能是"日"字了。

完全要从汉字的结构来分析，民间俗称"耳東陈"也不对。《说文》："陈，宛丘也。舜后妫满之所封，从阜（左耳）、从木，申声。"为什么从阜？因为陈是地名；为什么从木？根据宋人徐铉等解释，陈地乃太皞之墟，而太皞是以木立德的，故而从木；申作为陈字的声符，中间一竖与木字的一竖重叠，所以看不出来了。另外，陈字还有一古文体，其字即作从阜、申声而没有木字。如果按此分析，"无边落木萧萧下"就只有猜"申"字了。这样，又能有几个人猜得出来呢？顺便说一下，申字的古体形和简体的"电"是一个字，也与"田"字音近同，所以春秋时代的齐国大夫陈完（陈敬仲），《史记》作田完（田敬仲），可见姓陈、姓田的原来是一家。

最后说文怀老认为"无边落木萧萧下"的谜底是"曰"，这是从楷化后的陈字来说的。陈字右边的"東"，楷化后其中间确实是一个扁扁的"曰"字。所以"曰"也可以作为另外一个谜底。

"无边落木萧萧下"一面三底（日、申、曰），而且集文艺学、历史学、文字学知识为一体，谓之为"字谜之王"也信矣！

（原载《深圳特区报》2003.8.29 B4）

书可信乎?

职业形成人的习惯,习惯产生人的毛病。近读内蒙古版《山居笔记》(1998年5月第一版)一过,除了发现其中有近300处错误外,书中写了什么倒没有记得太多。

应该承认,内蒙古版《山居笔记》的错误,大都是手民误植,例如大诗人陶渊明成了"陶洲明",向秀写的《思旧赋》成了"《思旧贼》"(《遥远的绝响》)。但也有作者余秋雨先生失检之处,例如引《三国志》一段:"圣朝之威,何向而不克?……往者惧不能返,所获何可多?""圣朝"前缺一"以"字,"何可多"后落一"致"字(《天涯故事》),因而文气梗郁不畅。再就是《抱愧山西》中有一段提到1915年3月某日《大公报》的话:"门前双眼怒突之小狮,一似泪涔涔下,欲作河南之吼,代主人喝其不平。"笔者也怀疑后两句中的"河南之吼"当作"河东之吼","喝其不平"当作"鸣其不平"。无奈手头资料不济，不敢遽下断语。

老实说，尽管此书讹错如此之多，但还不太影响阅读，揆之以情，度之以理，似乎尚能得其本真。

倒是日前考索五四前后革命刊物《新青年》，到底是在上海时即有此名，抑或迁到北京后才改用其称，结果亦颇有感触。

查沈尹默《我和北大》，沈说他向蔡元培推荐陈独秀任北大文科学长，蔡甚喜，要他去找陈独秀征求意见。不料遭陈拒绝，说要回上海办他的《新青年》。沈再告蔡，蔡说让他把《新青年》杂志搬到北京来办吧。陈独秀就把《新青年》搬到北京了。

而据冯友兰《我在北京大学当学生的时候》说："陈独秀当了文科学长以后，除了引进许多进步教授之外，还把他在上海举办的《青年》杂志搬到北京，改名为《新青年》，成为北大进步教授发表言论的园地。"

旁观的冯友兰虽然言之凿凿，而当事的沈尹默（杂志迁北大以后，沈是编委）却语焉不详。看来非见原物，实在难以揣摩《新青年》的面目。

偶然翻阅近期《中国新闻年鉴》，载某市S报日均发行25万整份，而该市另一影响大的T报日均发行却只有24万多份，不禁愕然！因为就在前一年的《中国新闻年鉴》上，前者不过7.3万份，后者却有22万多份。再说这两报的情况读者谁不清楚，你怎么一年以后就比人家多了呢？然而一看近期《中国新闻年鉴》扉页，上面赫然有S报协办字样，笔者这才恍然大悟。假如若干年后，有人据此来考察两报此时此刻的影响，能不得出一个大谬不然的结论么？

孟夫子说："尽信《书》，则不如无《书》。"此言善哉！其谁曰不然？

（原载《深圳特区报》1998.6.14读书）

苏东坡的拆字联

据传说，有一天苏东坡到一寺庙溜达，听说寺庙里的住持贪鄙好色，品行不端，便心生厌恶。而那住持对大名鼎鼎的苏东坡却礼敬有加，招待甚周。临别时，住持死乞白赖地向苏东坡求字。本来苏东坡对住持的厌恶还没有机会发作，现在住持求字，便展纸磨墨，挥笔疾书一联，曰：

日落香残，去掉凡心一点；

火尽炉寒，来把意马牢拴。

那住持不通文墨，竟将此联高悬中堂，许多文人见了皆捧腹大笑。原来此联是两个字谜，谜底乃"秃驴"二字。

日前，枯坐无聊读闲书，其中有一段，颇与苏大学士的对联同趣，爰识于后，博读者诸君一粲——

书曰：某文士落魄时，遭其旧友一和尚的势利白眼。后来文士贵盛，该和尚又前来趋奉。文士遂在和尚的一幅影像上题诗云：

一夕灵光出太虚，化身人去意何如；

秋月不用炉中火，凡子心头一点除。

和尚不解其意，把这幅影像挂了一年多。后有人识之，告诉和尚说，诗中隐"死秃"二字（一、夕加去人之化为"死"；秋去火为禾，凡除一点为几，合之为"秃"）。和尚方恍然大悟。

拆字联、拆字诗、拆字谜，颇能反映和表现文人的机巧和才情，这也是汉字文化的一大特色。在民间，这类创作往往和文人的逸闻趣事联系在一起。而历史上负有盛名的大才子苏东坡，以及他那位才高貌媸的小妹妹，甚至有"一门父子三词客，千古文章八大家"之誉的整个苏家，诸如此类的故事就有不少。再举一例：

有一次黄庭坚应邀到苏家论诗，苏东坡出门迎接。这时，恰逢苏小妹临窗捉虱。小妹见苏、黄二人同入府门，便戏言：

阿兄门外邀"双月"；

才思敏捷的苏轼知道这是妹妹出了个上联要他对，于是边走边应道：

小妹窗前捉"半风"。

"双月"合起来是个"朋"字，"風"（风字繁体）字拆一半正是个"虱"字。并且上、下联各道眼前事，但又都不明说，风趣而幽默，实可发人一噱。

（原载《深圳特区报》2003.7.25 B5）

为文不易

不止一位朋友对我说过，在深圳当编辑很难，原因是深圳人向报纸杂志投稿的欲望不甚强烈。相比在内地，编辑用了作者的稿子，很多时候这份人情要记在编辑账上，因为是编辑让作者有了发表的机会；而在深圳，往往是编辑千方百计请人写稿，以解决"稿荒"问题，这笔人情账自然要记在作者名下。这是深圳一种很值得玩味的文化现象。

表面上看，深圳人不愿意写稿，是因为没有时间；或者说是稿酬与用于写稿的劳动付出不相值。我算过一笔账，在深圳，假如你想当一名职业写字家，即使你每天写一篇千字文，按深圳一般稿费标准计，一个月也不过两三千元，这收入维持一个人租房吃饭日用开支不会很宽裕；而如果是在内地，按千字 30 元计，900 元钱应该是能够把小日子过得很滋润的。

但是，仍有一些"托无能之辞，写有涯之生，赚辛苦之费，补衣食之需"的人。不说别的，在下就是一位。然而，我来深圳已近三年，可是发表的东西仍然不多，深夜思之，实在还是"非不为也，是不能也"。其中原因不少，主要的似不外乎如下几点：

一曰，难得有那份心绪。我读了半辈子书，结果虽然学无所成，但也养成了一些酸规矩，比如不违心做事，不矫情为文。来深圳后，不能说没有想法，但天天忙忙碌碌，心浮气躁，很少有心境来清理思绪，形成条理。故当临纸为文，不免心乱如麻，提笔又止。

二曰，害怕编者"枪杀"。某夜好梦正酣，突然心有所悟，白日里思而不得的东西，尽涣然冰释。于是披衣下床，援笔成文，自觉清新可读；尤于其中曲致处，还颇得意，真有庖丁"为之四顾，为之踌躇满志"的感觉。谁知文章发表出来时，却惨遭删削；而且删削之处，恰恰是原稿"结穴"所在。大概是编者为版面考虑，势必删削一些文字，只是在操刀时，未解作者为文深致，以致删过之后，几不成文。有了这次经验，我也就不敢随便投稿了。

三曰，缺乏必要的资料。大凡经院派作者，写文章总喜欢引经据典，这虽然难免矜奇炫博之诮，也确有使文章更具说服力而且增加些文采的作用。但是，我在内地的藏书没有带来，凭记忆总不免张冠李戴，我真不敢担保什么地方会把荀子的发明安放到孔子的头上。有时候也想到书店买点工具书，但跑遍全深圳，竟然没有看到哪个书店有《十三经索引》之类的书卖，而那些千篇一律的武打小说倒是不少。

总之，我来深圳以后是文章越写越少了，因为在深圳写点什么真不容易。

（原载《深圳特区报》1995.9.12 文化）

文短见功夫

时下人们有一种思维定式，以为文章写得长才有本事，书出得多便见学问。于是乎，报纸杂志上又长又臭的文章时有所见，书市店铺里无法卒读的书也上了架。其实，真正有价值的东西不一定要长要多，而往往那些文章圣手、学问大师都有"据片言以立要，用寸铁可杀人"的本事。

宋代宗杲《大慧普觉禅师语录》有一段话："譬如人载一车兵器，弄了一件，又取出一件来弄，便不是杀人手段。我则只有寸铁，便可杀人。"其言虽然说的是禅宗一发中的、一针见血、片言只语便可使学人顿悟自省的手段；但一切影响于读者的文字何尝不是如此。

有两件事情在我的脑海里印象很深：一件是20世纪80年代中期北京大学中文系评定教师职称，一位教现代汉语的中年老师当时并无专著，而只有17篇学术论文，可他在人才济济而又指标有限的北大竟毫无异议地被评上了正教授。就此事我曾当面问过在学术界一言九鼎的泰斗人物王力先生，王先生说这位老师的任何一篇论文都抵得上很多人的厚厚一本书。

另一件是1990年我到北京师范大学访问，适逢钟敬文先生一本研究文化分类的书在人民日报出版社出版不久。谁知就是这本不过一百来页的小册子，被国内外民俗学、文化人类学界奉为圭臬，以致一时洛阳纸贵。很多日本、美国等外国学者买不到书，便写信给钟老索求，忙得跟钟老的几位访问学者有好几天是天天上邮局去寄书。

这样的事情同样史不绝书。就拿文字学的开山鼻祖许慎来说吧，他写《说文解字》一书，从汉和帝永元十二年（100）正月盥手始功，至汉安帝建光元年（121）九月，此时许慎卧病在榻，才让其子许冲上书安帝，交上了凡15卷的《说文解字》。这样一部写了22年、耗尽了许慎半生心血的书，总共也才只有133411字，按今天32开本5号字算，还不满200页呢！可正是它，总结了从有甲骨文以来汉字的历史，开创了史无前例的"六书"理论，从而也奠定了它在文字学上的地位，让著作者许慎能够名垂千古。现在研究《说文》已经成为国际性的学问了，甚至有人提议将其命名为"许学"。

由此着来，能够把写书的材料以文章出之、将复杂的思想组织成短小精悍的文字，这才真正是大家手笔。

这里再举一例，也是古代的：欧阳修的母亲去世，要苏东坡（一说是清江知县李观）写篇祭文。欧阳修是苏东坡的长辈，欧阳太夫人就是长辈的长辈了。也许苏东坡对这位长辈的长辈并无了解，而要写一篇得体的祭文，似乎要难煞苏才子矣。然而，苏才子不仅写了，而且写得很好。兹恭录于后：

孟轲亚圣，母之教也；夫人生子如轲，虽死无憾。尚飨。

全文 20 字，表达了多么复杂的思想！其文（不管作者是苏轼或是李观）赞颂了欧阳修的一代雄才，更赞美了欧阳太夫人培养儿子的伟大功绩，作为呈献死者灵前供其歆享的祭文，还有比这更好的吗？

今天那些提笔就洋洋洒洒、动辄上万言的"才子"们，看了以后有何感想呢？

（原载《深圳特区报》1995.9.5 文化）

文化，应从基础"化"起

——与田原先生一席谈

　　日前，不佞一短文在报端刊出，田原先生看后倍加称许。我知道这是蔼然长者对一后生小子的奖掖，文之妍媸自己心里还是有些底数的。不过，田老这种视不佞为"孺子所教"的态度，倒是让我平添几许上门讨教的信心。我很想就深圳的文化建设聆听田老的看法。

　　田老不仅是海内外知名的艺术家，能书善画，而且于中国古文学的诗文词赋造诣颇深，堪称儒林耆宿。不唯如此，田老新闻从业三十余载，长期从事文艺创作、文化传播工作，积累了十分丰富的经验。现在虽然年逾古稀，却仍然思维活跃，思想敏锐，于古学新说皆能兼收并蓄，所以，田老的意见值得重视。

　　5月18日下午2时许，我如约来到田老寓所。田老已经在厅堂等我。厅堂四壁，挂满了田老的作品，有字有画。

我是第一次看到这么多好东西，很有些"山阴道上，应接不暇"的感觉。

田老的孙女给我沏好了茶，并端上来切成小块的冰镇西瓜。我们的话题就开始了。

我知道田老是离休以后，受深圳大学聘请为教授才来特区的。我问他对深圳的感觉如何。田老说，深圳的气候不错，很适合老年人生活。再就是对我们这种人来说，深圳很清静。不像在内地，天天有人来找你，或者谈文说艺，或者求字索画。也有无事找事的，弄得你叫苦不迭。（田老在一篇文章中说，他因此拟了一副对联，请人刻就，悬挂壁间，联曰："有书赶快读，无事莫多谈。"）我到其他城市去，也是应酬多多，有请你讲演、做报告的，有要你现场写字、画画做示范的；地方官员来拜访，新闻记者来采访……深圳倒好，一切皆免，乐得有时间做自己的事。我今年有 7 本书出版——我最多的一年出 17 本书。

我说，从另一个方面看，是不是深圳对文化人不太关注。田老笑着说，有可能，如果有一个"大款"来深圳，说不定就热闹了，因为有人找他投资，有人找他合作。他想清静也不可能。

我又问田老，你对深圳普通人家的文化生活有什么特别深刻的感受。田老告诉我，他到过不少深圳的普通家庭，他有一个发现，这些家庭大都有酒柜却无书橱，敬菩萨却不挂字画；他家附近有个别墅区，那些花上百万元买来的别墅里照样不闻书声琅琅，但见烟雾腾腾，里面的布置装修也是俗不可耐。

田老还给我说了这样一件让人啼笑皆非的事：南头关外有个很富裕的村子，建了一座什么展览馆，请深圳的一些文化人士去参观指导，我们田老幸而与焉。田老看到展览馆里展出些不伦不类的东西，当即对该村的领导说，你们花这么多钱搞出一个这样的展览馆，还不如买些书柜一家送一个。吃过饭后该村领导要大家留些墨宝，可拿出来的宣纸低劣得根本无法写字画画。田老说，"我真不理解他们可以几千块钱一桌饭给我们吃，却不知道花多少钱去买一些有用的纸。"之后，村领导又请参观的人"桑拿"。田老告诉他们，还是把这种开支省下，去添置一些有益于提高村民生活情趣的文化设施吧。

当谈到目前的文化建设时，田老说，文化工作要从基层做起，从基础"化"起。在深圳这座现代城市，同样要做一些文化普及工作。读书、写字，可以陶冶性情，提高民族文化素质。我在写字的时候深刻体会到："一管在握，万念俱消"。如果人们在业余时间里有充实的文化艺术活动，就不会去烧香拜神、赌博吸毒，甚至嫖娼玩"鸡"……

田老尤其谈到，报纸是一种大众传播工具，不能曲高和寡。有的报纸办得雅则雅矣，但看的人不会多。报纸要进入寻常百姓家。文化工作要一点一滴地做。深圳的文学艺术界的有识之士，大家都来关心深圳的文化事业，那是一件功德无量的事。

由此我想到，田老虽然是一位艺术大师，但他从不排拒从最细小的事情做起。前不久，八仙楼的老板张之先拍摄了一些荷花，是田老帮他剪裁、题字，然后让这些荷花影片展览、出版。我现在想起来，在一枝枯折的荷影上，田老题作："俯首甘为"；在一片残黄的荷叶旁，田老题作："鞠躬尽瘁"；而在另外一簇残荷下，田老引用春秋郑国烛之武故事，题作："老夫耄矣，无能为也。"这些"夫子自道"式的题字，在我脑海里结织出一幅"化作春泥更护花"的老文化工作者的光辉形象，不由得我不对田老更加肃然而起敬意。

谈着谈着，"不知西方之日沉"。田老年事已高，需要好好休息。尽管田老再三留我吃饭，我还是坚持告辞。出门后，我突然想起带了相机要给田老拍张照片给报纸用的，不想一时谈得兴起，把这事给忘了。今天见报时只好附一张田老的书作供大家欣赏。

（原载《深圳特区报》1996.5.21 文化）

文坛自古少寂寞

2002 年的文坛，怕是要有一番热闹了。我之所以担心，既非杞人忧天，也不是空穴来风、毫无由头的。

还是在去年底的最后十来天，忽然从网上看到一封《致李泽厚、陈明的公开信》，信是身在德国的中国年轻学者李洪岩写的。李在信中说，因为朋友发给他电子邮件，说华夏出版社刚刚出版了一本书《浮生论学：李泽厚、陈明 2001 年对谈录》，其中第 157 页提到李洪岩的名字。"这段话是由陈明先生之口说出来的，我感到莫名其妙。"

李洪岩的莫名其妙，是因为陈明在该书中说："我有一个山东大学的校友叫作李洪岩的，他号称钱学家，天字第一号的钱学家，《钱学研究》就是他和另外一个人范旭仑还是什么编的。……最近在《新语丝》上看到方舟子他们对李洪岩钱学研究的评论，冷嘲热讽，真有点喜剧色彩。"

李洪岩说他丝毫不知道与陈明还有校友关系，也奇怪自己什么时候"号称钱学家"了,而且还是什么"天字第一号的钱学家";李洪岩还说他从来没有过、更谈不上与一个什么范旭仑合编过什么《钱学研究》。从信中可以看到,李洪岩对李泽厚、陈明书中的"轻佻"行为虽然有些生气,但最后还是引用古人的话说"知错即改,善莫大焉",希望李、陈二位对他的公开信有个公开的解释。

没过几天,网上又出现了《何新致李泽厚的一封公开信》,一共有8节近4千字。

第1节的一开头就是:"十年未见,近忽有友人送来兄之新作《浮生论学》对话录,观后不禁喷饭。"

第8节则谓:"兄之书中诬弟'做古董生意致富'(弟确好雅藏旧物,但从不做生意,何言致富耶?)'有政治野心''有多栋别墅'(可请法院调查,何新名下有别墅否?)'有许多小姐''有流氓气''蔓草不可图'云云,以上无根诽谤之词,已涉嫌侵犯吾名誉权、隐私权。中国今日已进入有法制之时代,故我已就此在法院正式立案(由于出版社已就此书向我做正式致歉,故免诉),准备对仁兄提起诉讼。"

与李洪岩相比,何新的措辞要激烈一些,行为也决绝得多。

接着是元旦三天放假。2002年元月一日一大早,我到书店去,书架上果然有《浮生论学》这样一本书。尽管版权页上印的是"2002年1月第1版",但此书显然在2001年底就已经上市。

《浮生论学》是李泽厚和陈明二人关在北大勺园宾馆里三天谈话的录音整理稿,有13章共30多万字。其中第五、六两章基本上是现代当代学术界人物的"月旦评"。如,"五、有人说我抄袭薇位、施瓦茨——恩怨与印象:从何新、刘晓波、朱学勤到顾准、陈寅恪、钱锺书";"六、《原道》与启蒙情怀——耿耿于怀张岱年——由《读书》评奖说起:自由派不宽容、新左派不公正、基督教不谦卑"。而李洪岩、何新二位信中深致不满的文字都在第五章中一一可以覆案。当然何新的信中也提到李、陈二位"对张岱年老先生(北大哲学系教授)未免过分。张老已近百岁之人,且确为宿学醇儒,彬彬君子,聪明虽不及兄,学问似还在仁兄之上（有人一生一书足传不朽）。一老一少联双出手，拳脚相加，未免有失为人之厚道。"何氏此说的内容就见于第六章中。

对于一个人的学术评价，只要不涉及到人格的诋毁，大可以见仁见智，被评者就是再不高兴，也只好打落牙齿往肚子里吞；当然也可以或摇手中之笔，或掉三寸之舌与他理论理论。而一旦怒形于色，甚而至于对簿公堂，则有失绅士风度和文人雅量。比如陈明在该书中说，钱钟书先生的学问"是既杂且碎"，似乎当不得"文化昆仑"的名号，有人这样捧，实际是害了他。李泽厚更说，"钱钟书到底提出了什么东西？解决了什么有长久价值的问题。我问一些人，大都讲不出来。"而"像陈寅恪对中国中古史的研究、王国维殷周制度论等的那样"，其贡献震烁古今，成就应该远在钱氏之上。对此，钱老先生即使泉下有知，至多也只好是"道不同不相为谋"而嗤之以鼻吧，除此之外还能如何呢？

但是，如果评价超出了学术范围，而有人格诋毁、人身攻击之嫌，或者有法律上名誉权、隐私权被侵犯的问题，那就是另外一档子事了。当然，什么是侵犯名誉权、隐私权，自有公断，那就不是在这篇小文所讨论范围之内的事了。

反正，如果真有何、李这场讼事（因为网上的事都只能是疑设之词），2002年的文坛就不会寂寞了，不知读者诸君以为然否？

（原载《深圳特区报》2002.1.14 B6）

闲适文人的无聊游戏

　　说字谜的制作是闲适文人的无聊游戏，这话应具有相当大的真理成分。尤其是那些用书传诗文名句为谜面的字谜，绝对不是一般劳动人民所能想得出来的。当然，我们这里所说的"无聊"，并不是指无意义而使人讨厌的那种意思，而是指由于清闲而烦闷，百无聊赖，非找一些事情来做而不能消遣时日。

　　记得曾读《胡适留学日记》，胡博士讲他在美国康乃尔读书时，闲得无聊，经常和其他留学生在寝室里猜谜逗乐。有一次他以《孟子》句"何可废也？以羊易之"出谜让猜一字。结果有人很快猜出是个"佯"字。因为"何"字废"可"，易之以"羊"，非"佯"字而何？这谜面到底直白了一些。后来胡博士又用苏东坡《水调歌头》词句"起舞弄清影，何似在人间"，要大家猜一个词。这回可让人费了一番脑子，最后猜出是"可以"。原来猜此谜要在"何似"两字上做文章——在"何似"两字的"人"字间的，当然就是"可以"了。其实谜面只用"何似在人间"就行了，加上"起舞弄清影"，那只是个障眼法，增加猜谜的难度而已。

再说得远一点。人称"江南怪杰"的明代大书画家徐文长，有一方印文为"秦田水月"，文中隐其姓名"徐渭"，此亦与字谜同趣。因"徐"可拆为双人、一人、一禾，"秦"可拆为三人、一禾，故可用"秦"字扣"徐"；至于"田水月"合而为"渭"，那就更好理解了。因而徐渭字文清，后改字文长，号天池山人，青藤道士，而又别署"田水月"，道理也就在这里。"秦"字和"徐"字，在字谜中可以互为面、底，这是谜格中的一种特例。

最后讲一个故事，说的是：

某次孔子讲学于洙泗，弟子们因一字而致争议。颜渊喟然而叹曰：是也；子路率然而对曰：非也；孔子莞尔而笑曰：是也而直在其中矣。适有一粤人游者过此而闻之，曰：呢个系乜嘢字？众弟子恍然，相视而笑。

读者诸君，你们知道孔子的学生们争论的到底是个什么字吗？他们为什么听了粤人之语会恍然大悟而又相视而笑呢？

（原载《深圳特区报》2003.8.15 B4）

笑话与趣话

　　中国古代有"夔一足"的传说，于是有人误会"夔"是独脚兽，故孔子辩之说："夔，人也，何故一足？彼其无他异，而独通于声，尧曰：'夔一而足矣。'使为乐正。故君子曰：'夔有一，足。'非一足也。"夔是人而非兽，哪有一只脚的人呢？因为夔精通声律，所以唐尧认为像夔这样的人有一个就足够了，便让他当了管理音乐的官——乐正。后人为什么会误会"夔"是独脚兽呢？这里有一个语音停顿的问题。误会者是把"夔一足"读成了"夔，一足"，因而造成了"夔"是独脚兽的笑话；如果是在 "一"字后停顿，就不会有这种误会了。可见不同的停顿，可能产生不同的理解。

　　有好事者将唐人杜牧的名诗《清明》做出另外两种不同的停顿，加上标点即成为：

一、一阕词

清明时节雨，纷纷路上行人，欲断魂。借问酒家何处？有牧童遥指，杏花村。

二、一幕剧

清明时节。雨纷纷。路上——

行人：（欲断魂）借问酒家何处有？

牧童：（遥指）杏花村。

然而，读者诸君不妨仔细体味一下，这两种读法和作为七绝的杜牧原诗"清明时节雨纷纷，路上行人欲断魂。借问酒家何处有？牧童遥指杏花村"，其在意义的理解上并无太大的差别（如果只就"剧"与"诗"说，则两较竟无二致）。稍有不同者，仅在于"行人"的数量：在"词"中，"纷纷"属下读，"行人"是群体；在"剧"与"诗"中，"纷纷"连上读，"行人"可以是一个，也可以是多个。如此而已。

与上述同趣的，还有"漏笔成词"的一例，录如下：

清末慈禧那拉氏权倾朝野。一日请一书家题扇。书家题唐人王之涣《凉州词》："黄河远上白云间，一片孤城万仞山。羌笛何须怨杨柳，春风不度玉门关。"奈一时紧张，写时漏首句"间"字。慈禧一看大怒，以为欺她无识，要问书家死罪。书家情急生智，忙解释说："老佛爷息怒！《凉州词》者，词也。非习见之诗耳。"并即吟诵道："黄河远上，白云一片，孤城万仞山。羌笛何须怨？杨柳春风，不度玉门关。"慈禧一听，无言以对，唯恐自己真的无识，只好赐金赏书家。

两相比照，彼其异也，诚一间耳！

（原载《深圳特区报》2001.1.5 罗湖桥）

学者的天真

一、梁启超自示其短

在总结有清一代的学术成就时，"有人"对于梁启超氏做了这样的评价："其保守性与进取性常交战于胸中，随感情而发，所执往往前后相矛盾……世多以此为诟病，而其言论之效力亦往往相消，盖生性之弱点然矣。"

又说："启超之在思想界，其破坏力确不小，而建设则未有闻。晚清思想界之粗率浅薄，启超与有罪焉。"

又说："启超务广而荒，每一学稍涉其樊，便加论列，故其所述著，多模糊影响笼统之谈，甚者纯然错误，及其自发现而自谋矫正，则已前后矛盾矣。"

这位"有人"先生是谁？不是别人，正是梁启超自己。语见梁著《清代学术概论》二十六节。

梁启超氏处于清末民初思想界大变革时期。梁氏的毛病，正是变革时期积极的思想家常有的毛病。不过，常人之弊，往往在于身患其病而不能自知，或者虽能自知而不愿自示于人前。梁氏既能一日三省，自知其病，又能不惜羽毛，自示其短，表现出一位大学者的素质和真诚。这也是梁氏过于常人之处。

看来，真正的学者，必须以尚真循理为职志，不掩己护短，不文过饰非；在追求真理的道路上，任何商人似的精明算计，艺人般的取巧卖乖，政客类的世故圆滑，其结果不仅是南辕北辙，而且会贻笑后人的。

二、黄季刚拜刘师培为师

黄侃，字季刚，近代国学大师，也是一位诗文敏捷的旷世奇才。年轻时师事章炳麟，故以才高傲世的他眼目中除"太炎师"而外别无二人。后来黄在北京大学任教授时，仅因经学不如年长于他不过两岁的刘师培而纳头拜之为师，为儒林留一段佳话。

一天，黄季刚在路上与同事刘师培偶然相遇，刘问黄近来教授什么内容，黄说正在为学生讲陶诗，并说明天就要讲到陶渊明的《命子》。刘莞尔一笑，说："黄先生怕是讲不来的。"黄季刚当时大不以为然。待到家中翻开书一看，果然有不可解处。于是黄即告学生明天的课暂时不上。

次日，黄来到章太炎家，在黄还只讲到本来今天该讲《命子》诗时，章便告诉他去找《十三经注疏》看，其中《左传·定公四年》等处注疏中有关于该诗"爰自陶唐""穆穆司徒"的解释。黄季刚一时惊诧不已，他正是这两句无法讲授。

原来，黄季刚自恃才高，并且在三十岁以前基本上读完唐以前的重要典籍。但他研读十三经只看白文，不读注疏，以为晋唐人解经之说无足观。而仪征刘师培氏家传经学，他的曾祖刘文淇、祖父刘毓崧、伯父刘寿曾都是恪守乾嘉汉学传统的知名学者，而且以三世相续共注一部《春秋左氏传》而著称于世。刘师培正是了解到黄季刚的短处，才有前述之一哂。

黄季刚讲过《命子》之后再见到刘师培，刘说黄先生你肯定问过你的"太炎师"。黄问其由，刘直指其不读注疏。于是黄季刚自此以后奋发砥砺，再读注疏；并且诚恳地问刘先生既有如此学问，何以不传人，难道甘于斯学绝于人世？刘说未得其人可传。黄问要有什么样的人才可传呢？刘说要像黄先生你这样的人才可传。第二天黄季刚便奉贽上门，拜刘师培为师而执弟子礼甚恭。

当时，黄季刚已经是一位大名鼎鼎的教授，当然也是一位不失赤子之心的天真的学者。

（原载《深圳特区报》1997.1.15 读书）

一之谓甚，其可再乎？

在这个文化解构的年代，曾经被社会奉若神明的伟人、英雄、模范人物等，也已经编排成了各种笑话，供人们茶余饭后宣泄憋闷了太久的情绪，娱乐本来平淡而且无味的生活，满足在精神层面指点江山、激扬文字的意趣，训练于私谈场合插科打诨、游戏人生的语言天赋……这看起来似乎有些人心不古、世风浇薄的颓废。但在另一方面，却也反映了我们这个曾经在封建半封建社会浸润了几千年的中华古国，到底是经历了近二十年来的改革开放，社会政治环境愈来愈趋向自由和宽松，人们的日常生活也愈来愈趋向自主和独立。我们毕竟告别了有神的时代。

然而，恐怕不要高兴得太早！就在平民百姓的无聊时，政府官员的酒宴上，甚至大学教授的课堂中，可以口水喷喷无所顾忌地说着那些所谓领袖系列、英雄系列、村长系列等等荤素皆备的红段子黄段子的当下，又在自觉不自觉地制造高大全的新神；而且这些新神，还是曾几何时痛遭人们讨伐的"帝王将相"类人物。谓予不信，请打开电视，看看那位金顶红缨、黄袍衮衮的雍正皇帝不就是一个么？

历史上的雍正，到底是个什么样的人呢？我们且不说他矫诏夺位、篡改历史、销毁档案、杀人灭口的斑斑劣迹。就说他继位以后，残酷镇压农民起义，于抗官者不论情节轻重，即以反叛论处，斩杀不赦。甚至在拘捕时，有人"共在一处，虽非下手之人，在旁目观，即系同恶共济"，亦斩立决。

雍正一朝，文字狱最为惨烈。湖南永兴人曾静受清初吕留良遗书影响，具有强烈的民族思想，竟发展到策反陕甘总督岳钟琪反清复明，为岳所告发，累及吕留良被开棺戮尸，他的儿子和学生均处死刑。雍正在位的十三年里，政治极为黑暗，知识分子动辄得咎。

雍正奉行闭关锁国的对外政策，不许中国商人出洋贸易，声言"海禁宁严毋宽"，对久居外国的华侨商贩和劳工，"逾期不归"者，即视为"甘心流移外方，无可悯惜，不许其复回内地"。不近人情已至其极。

雍正的经济思想也十分偏狭。他只重粮食，反对多种经营，经济作物只能种在"不可以种植五谷之处"；而于工商之事，他更是认为"市肆之中多一工作之人，即田亩之中少一耕稼之人。群趋为工，则物之制造者必多。物多则售卖不易，必至壅滞而价贱……不但有害于农，而亦有害于工也"。他为了怕矿工聚集闹事，便愚蠢地表示"招商开厂……断不可行"，"矿厂除严禁之外，无二议也"。正是由于雍正这种只重农业鄙视工商的思想，严重地影响了当时社会经济的发展。

当然，作为一名承前启后的君主，雍正也还是有他一些历史功绩的。比如他改革吏治，勤于理事，实行"摊丁入亩""耗羡归公"等新政，创立军机处，推广奏折制度等等，为后来乾隆朝的稳定和繁荣打下了一定的基础。但如果不顾历史真实，一味去美化他，甚而至于《雍正皇帝》

把曾静反清复明，也要篡改成"读书人"反对"新政"的行为，就实在不应该了。

有论者以为，以历史正剧为标榜的《雍正皇帝》，行的乃是"歪说"之道。遁世的"戏说"本无害，欺世的"歪说"则是要不得的，但由于此书发行甚广，产生了很好的经济效益，故据说后继者将接踵而至。这就不能不使我们有些担忧：如果后继者中也有"歪说"，那可是"一之谓甚，其可再乎"？！

（原载《深圳特区报》1999.7.4 文化空间）

有用·有趣·有心·有得

　　居深圳而倡言读书，恐怕不合时宜。然而人生在世，吃饭穿衣之外，似还应肚里有"货"。如此，舍读书则别无他法。

　　是书而要让人读得进去，其之为书也或有用，或有趣。股票期货之书，可能使你盘满钵盈，是为有用；插科打诨之作，或许让你开怀一笑，是为有趣。

　　清人蒲松龄的文言小说《聊斋志异》，实属有用而复有趣。盖蒲公以婆心救世，用曲笔为文，读之可以了解社会，增长见识；而其所述非狐仙怪异，即美女佳人，委实叫人赏心悦目，怡性娱情。

　　或曰：天下人读《聊斋》者不以一二数，而多是杨花柳絮、过眼烟云，有收获的到底能有几人？是又因其不稍用心而终无所得也。

　　田原老先生少年时即好读《聊斋》，几六十年而未辍，且嗜好之情与年俱增。或蜂鸣屑洒而浑不觉，或汗流浃背而全不知，其状乃一副"书痴"之相可掬。好之而又用其心智，宜乎其有所得焉！

古语云：读书千遍，其义自见，得心应手，左右逢源。田老积五十六年之功，厚积而薄发之，成《聊斋》评点，于读书之法、为文之道皆有可取，是又一有用而又有趣之作。有心读之者可期有得，亦事之必然者也。

（原载《深圳特区报》1996.8.16 文化）

语意与语味

　　洪承畴是福建南安人，字彦演，号亨九，明万历进士。崇祯时颇受恩宠，官做到兵部尚书。他曾经以尚书的官衔担任陕西三边总督，带兵镇压过李自成的起义。后来移任蓟辽总督，受命抗御清兵。崇祯十四年（1641）率八总兵、十三万人，与清军在松山（今辽宁锦州南）会战，大败。次年，松山陷落，被俘至沈阳，投降变节。不久，便做了清朝的大官，"为王先驱"，总督军务，镇压江南抗清义军，成为千古骂名的汉奸和帮凶。

　　然而，正是这个恬不知耻的民族败类，竟自手书一联，联语曰："君恩深似海，臣节重如山。"高高悬挂在门旁，既欺人也自欺。后来有一个读书人，在上下联尾各缀一字，凑成："君恩深似海矣，臣节重如山乎。"（加上语气，则应读成："君恩深似海矣！臣节重如山乎？"）原联本来意义相关，平行并列；改联却意义相对，南辕北辙。而且一纵一擒，退而后进，足使洪贼发汗！回头再读原联，实在是一种绝妙的讽刺。（或曰：洪承畴原联中的"君"是指"新君"清帝，而不是指"故君"明帝。然则"臣节如山"还有什么意思？此固不待言辩而自明之理。但不管怎么说，改联中的"君"就只能是"故君"。从这层意义上看，改联也把洪贼置于无可遁形之地，亦可见"矣""乎"二字之力也。）

"矣"字和"乎"字，都是文言虚词，没有实在的词汇意义。但"矣"字用在句尾，表达一种确定的语气，此处更有夸张的意味，似乎把事情往大里说，相当于现代汉语的"了啊！"。"乎"字则表疑问，强调作者的未知；然而实际的语言中却有以未知表已知的，语法上叫作反诘。下联"乎"的用法就是如此。它相当于现代汉语的"吗？"。所以，原联添此二字，就觉得其辞犀利，其味辛辣，产生了耐人咀嚼的艺术效果。

假如把原联换成"君恩深似海是，臣节重如山非"，虽然语意和改联相差无几，但语味却是不可与改联同日而语的。甚而言之，可以说有云泥之异、霄壤之别！因为"是""非"之论，尽管斩截明确，终不免于浅露；而"矣""乎"之用，意在言外，自然也就隽永含蓄。

由此可见，一副对联、一首诗、一篇文章……如要写得有"意"而又有"味"，不能不在遣词用字上下功夫。或用实字，或设虚词，完全靠作者把握语言、表达情意的能力，至于虚、实之用，孰优孰劣、孰好孰坏，这是没有定格的。兵法云："运用之妙，在乎一心。"士子为文，何尝不是如此？

（原载《深圳特区报》2001.1.12 罗湖桥）

真的是无错不成书吗?

　　文化界早几年热过"钱锺书",热过"余秋雨",这几年又热起了 "陈寅恪、吴宓"。几个有点"文化背景"的朋友相聚,如果说不出关于这两位文化大师的一二三四来,恐怕难免"不知有汉,无论魏晋"之讥。在这种大气候的影响下,前几天从同事林君处借来一本《吴宓与陈寅恪》。书是清华大学出版社出版,1996 年 9 月重印本(初印为 1992 年 3 月)。读过之后,确实增加了不少底气。然而也有一些"吃苍蝇"的感觉。

　　按理来说,这是一本史料性很强的学术著作,作者是吴宓的女儿,材料根据是吴宓的日记,出书机构是全国最高学府的出版社;此书是《清华文丛》之一种,而该文丛的编委都是当今中国文史学界叫得响的"大腕级"人物。可是,通观全书,真正是别风淮雨,夏五郭公,错讹缺漏之处所在皆有(有时一页之中也在两处以上),不能不让人瞠目结舌！

比如该书第9页："……陈君寅恪来，……谓欲治中国学问，当从目录之学入手，则不至茫无津埃，而有洞观全局之益。""茫无津埃"是什么意思，恐怕起陈寅恪而复生亦不可知也。其实，"埃"乃"涘"字之误。《庄子·秋水》："泾流之大，两涘渚崖之间不辩牛马。""涘"是岸边的意思，"津"是渡口的意思，"茫无津涘"才怡然理顺，而"津埃"连用则不词矣。

又如102页："……是日讲欧战后德国复兴之经过，以证《论语》去兵去会而不可去信之义……"查《论语·颜渊》："子贡问政。子曰：足食，足兵，民信之矣。子贡曰：必不得已而去，于斯三者何先？曰：去兵。子贡曰：必不得已而去，于斯二者何先？曰：去食。自古皆有死，民无信不立。"《论语》原文明明是"去食"，可该书误成"去会"，叫人不得其解。

再看138页："接陈寅恪兄一九六〇年一月二十六日覆宓函……附告王啸苏与刘盼一班，年近七十矣。宓据此知为清华国学研究院第一班学生王竞。"王竞字啸苏，可"刘盼"是谁呢？清华国学研究院第一班并没有叫"刘盼"的。原来是后面漏了一个"遂"字——刘盼遂（1986—1966），名铭志，以字行。河南息县人。1925年至1928年就读于清华国学研究院。曾任清华大学、燕京大学、北京师范大学等校教授。著有《段王学五种》《文字音韵学论丛》《〈天问〉校笺》和《〈论衡〉集解》等著作，是有名的语文和文献学专家。

如此之类的错误，在这本只有十来万字的小书中不下三四十处！作为一份极有历史文化价值的著作，错误如此之多，研究者如何好去引述它呢？难道真是"尽信书不如无书"吗？而且，不仅是《吴宓与陈寅恪》本书错，就连该书后面附的《清华文丛》执行编委徐葆耕教授的《文化的两难处境及其他——读〈吴宓与陈寅恪〉》一文也错。如该文引了吴宓在1922年所撰《英诗浅释》中的一句话："至十八世纪为新旧倾轧异说蠡起之时代，而封建制度之遗迹乃扫荡无遗。""蠡起"乃"蜂起"

之误也。繁体的"蜂"字正是"逢"下两个"虫"字。不知是徐教授之失察，还是"手民"之误植？

总而言之，现在出版部门的编校水平实在太差，一些编辑人员既缺乏起码的文字功底，又缺乏必要的文献常识，这不仅表现在那些坊间粗制滥造的书籍上，当这种厄运同样降临在一些文化含量极高的书籍如《吴宓与陈寅恪》一类的书籍上时，能不让那些"文化人"面赧耳赤、汗发湿衫吗？

（原载《深圳特区报》1997.5.26 读书）

政德、利用、厚生、唯和

——魏传统的文化哲学

前几年，关于中国传统文化的讨论曾经纷纷攘攘，很是热闹了一阵。近年来似乎"骤雨初歇"，各门各派偃旗息鼓，其实都在暗下里行兵布阵，再觅时机。全国有两所人文气息很浓的大学出版社，这几年把台湾学者南怀瑾有关儒道释研究的书印了个遍，据说就是传统文化重构派为坚守阵地和准备反攻挖下的深深的战壕。

看多了文化界"你方唱罢我登台"的闹剧，突然听到魏传统老将军谈他对中国传统文化精髓的把握，陡然觉得耳目一新。

魏老 1908 年生于四川达县，6 岁入私塾，从小服膺孔孟。青年时投笔从戎，参加过长征，任过 33 军秘书长。1949 年进京，曾担任中国人民解放军艺术学院院长。现在是炎黄文化促进会顾问，著名书法家。

魏老深厚的学养，和他为民一生的革命斗争经历，自然形成了他独特的文化哲学。此次他因参加龙岗区"养生文化庄园"筹建论证会来深圳，日前我们在他下榻的迎宾馆相晤时，他给我们看他手书的八个遒劲有力的大字：政德、利用、厚生、唯和。他说，这八个字可以概括中华文化的全部内容。所谓"政德"，就是修身、齐家、治国、平天下；"利用"，就是最大限度地提高科技水平，发展生产力；"厚生"，就是充分满足人民物质和精神生活的需要；"唯和"就是要造成家庭和睦、社会稳定、世界和平的局面。

从逻辑上讲，"厚生"即对人的生命价值的尊重，是"政德、利用、唯和"的出发点和归宿；儒家强调"民为贵，社稷次之"，魏老可谓得其真谛。

结合深圳的情况，魏老对"厚生"又做了特别的说明。他说，物质丰饶可立地，精神富裕能顶天；深圳通过十几年的改革开放，人民的物质生活水平确实有了很大的提高，但精神生活如何呢？对此，魏老表示既忧心忡忡，又充满希望。

魏老是一个传统文化的信奉者，更是一个实践者，因此他的独特感受和深刻认识，一定会引起习惯坐而论道的文化界的重视。

（原载《深圳特区报》1995.10.17 文化）

志存开继　书写性灵

——谢鸣和其人其书

刚来深圳时，朋友告诉我，南山区博伦技校的谢鸣和擅书，初不以为意。及至同学老周家新居装修甫就，邀我观鉴，门开时，一幅书作扑面而来，其风格高古，气韵流动，不由得眼睛发亮。细一看，果然深得书法意旨，其笔墨气息似在蠲、嗇二叟（近代大书家、学者马一浮、谢无量号）之间；再看又不尽然，其中融贯晋人神韵、唐人法度、宋人理趣，绝非时下某些"昨日才临池，今朝便称家"的人可以道里计的。再看落款，是"鸣和"书。

后来与谢鸣和相熟，知其古学极有根底。他不仅精研金石碑版，而且于儒墨释道也多有心得；不仅书法有多种面目，而且古文也做得颇清通。这在四十岁的一代书家中都是很难得的。

谢鸣和谓习书有三个基本要求：一是功夫，二是学养，三是达情。

谢鸣和自幼搦管临帖，近30年不辍，于各种书体、风格均有涉猎。谢鸣和对笔者说，有天分的人要下功夫，有学问的人也要下功夫；你的字写得怎么样，你下了多大功夫你心里清楚。他主张学习既要广泛也要系统，要多练就几副笔墨，但一定要有专擅。

谢鸣和系统地学习过古今书法理论、书法史、书法美学及书法批评，而且视文字学、历史学、诗词文赋、古代哲学等为研习书法不可或缺的学养。他认为如果学问修养不够，很难成为真正意义上的书法家。

作为中国书法家协会会员，谢鸣和多次以其作品参加国家正式书法展览并获大奖，另有几件自撰诗书作分别入选刻石于郑州黄河碑林、河南宋陵神墨碑林、云南曲靖爨宝子碑碑林以及四川什邡碑林。但是谢鸣和认为自己这些书作大都不过是"功夫字"而已，而书法之所以称其为艺术，是因为它能表达情感，即通过书法作品的视觉形式——空间结构、线条等这些书法艺术的语言来表达书家的喜怒哀乐；书法至难，就在于书家一定要有自己独特的"语言"系统和表达方式。

因而，谢鸣和更喜欢自己那些偶然得之的"自然空灵，无滞无碍"，被人称为"有禅意"的书作。于是，我问他，如何理解其中的"禅意"。他说："其实我不懂禅，只是从一个比喻中对禅有些理解。我说茶好喝，你说茶好喝，我们会心一笑，这里面大概就有禅意了。因为我喝的茶不是你喝的茶，水也不是，时间地点也不是，然而茶是好喝。书法也差不多，如果三五同好都看好一件字，却又都说不清其中的好处，这就不容易了，或许其中就有了叫作'禅意'的东西？我平时作书'无滞无碍'的状态太少，握管在手还老担心别把这张宣纸又糟蹋了。难得有忘乎所以的时候，写出一两张来，尚有可观，便格外地喜欢。"他说这话时，浑一副佛祖"拈花微笑"的神态。

（原载《深圳特区报》1996.2.6 文化版）

专精与通博

六七年前，我在北师大访问进修，主要从许嘉璐教授研习汉语史外，也兼听一些老专家的学术讨论。

某日，我同华中师大陈建宪教授去向钟敬文先生请益，钟老有一句话使我感受颇深。钟老说："王国维认为一本书能读一辈子的人最可怕。"正当我们"愿闻其详"时，钟老却笑而不语。是否大师在金针度人的时候，都是这样"拈花微笑"式的？终有一日我忽然大悟，这不就是韩愈说的"术业有专攻"么？并且我马上为此找到了例证：北京某大名鼎鼎的先生一辈子阅读《说文解字》一书，几乎达到手不释卷的程度。当然他不仅是读传世的宋人徐铉校改的《说文解字》(俗称"大徐本"。许慎原作轶，后人能见者仅"木部"残卷而已)，而且也读铉弟徐锴的《说文系传》（俗称"小徐本"），乃至清人段玉裁、桂馥、朱骏声、王筠等人分别写的《说文解字注》《说文解字义证》《说文通训定声》

《说文释例》等书，以及一切有关于准确理解《说文解字》原著的古代典籍。自然，这位先生后来成了著名学者，只要是他写的研究《说文解字》的任何东西，无论是皇皇巨著还是心得小品，学界中人都不敢小觑，因为他确实是这门学问的"权威"。

因有了那次"大悟"以后，我为自己的读书范围定下一条原则：对于那些阿猫阿狗什么东西都能写的作者，其文其书我决不拜读，除非蹲厕所、坐火车实在无以寓目时。这样即使不免有遗珠之憾，但亦绝无上当之悔。

现在我之所以旧事重提来写这篇短文，是有感于近来常有一些人的名字（熟悉的和不熟悉的、学界权威和政坛要人）不时出现在各种书籍（经史子集、文史哲理）的主编、副主编等头衔之后。比如某位领导今天是一本金融经济类书籍的主编，明天又是一套文学艺术类丛书的策划，后天竟还是一部历史文化类巨著的审订！不知是该领导果真腹笥充盈、博洽通贯，还是书商著者拉大旗当虎皮，以售其"虚"？

过去顾颉刚主持标点二十四史，为学界所重，因为他是当时史坛执牛耳者。设若让他去主编一套外国文学，必无特点可言，遑论学术价值和权威性；如果只是用其虚名，那也只能骗骗外行而已，学术界是不屑一顾的。而且，真正的学者都自惜羽毛，视其名声如泰山般重，在他的学术领域之外，是不会浪挂虚名的。人们可曾看到过钱钟书先生当什么主编之类的么？

什么主编都能当的人，从眼前来说，可能会有一些经济上的实惠——因书上印有他的大号而分得一些银子花花；但假如要以此换来更大的名气，那势必事与愿违，搞不好还会把原来在某个领域小有的一点名气也弄得令人生疑。而从长远来看呢，这种事情做得多了，势必影响到挂名者无形资产的不断贬值，最后连分得的那点银子也会输光。故曰：用名不可不慎！

（原载《深圳特区报》1998.10.25 读书）

字谜的制作

字谜是汉字文化的一大特色。字谜的制作方法多种多样，主要的有以下几种：

拼合 "上头去下头，下头去上头，两头去中间，中间去两头。"此谜的制作，巧在"去"字的用法，它在这里不是"去掉"的意思，而是用作取字元素。先将"去"字的上头、下头、中间分别拆开来，再拼合成一个新字的上头、下头和中间，这个字就是谜底"至"字。

象形 "一字生得恶，头上一对角，中间六张口，下面八只脚。"制作这个字谜的作者，是从整体上把握了字的形象，而且用有入声的方言来编写谜面的（由此亦可认定作者是入声方言区人），所以最好用方言来读就更生动押韵。如果我们说出其谜底是"典"字，大家是不是会觉得很像呢？

增损 "有马能行千里，有水能养鱼虾，有人不是你我，有土能种庄稼。"这是一个"增"加的例，"有"什么就

是加上什么，而那个谜底字没有出现。同时符合谜面四句话意思的字是
"也"：加马是"驰"，加水是"池"，加人是"他"，加土是"地"。
所以谜底是"也"字。

"无边落木萧萧下。"这是杜甫的一句诗。制作者的机心在于中国
历史上南朝的朝代更迭依次是"宋、齐、梁、陈"，而"齐、梁"两朝
的皇帝都姓"萧"。"萧萧"之"下"是"陈"，"陈"字的繁体"无
边"（去左耳）是"東"字，"東"字"落木"就剩下"日"字了。所
以谜底是"日"字，因而我把它作为一个减"损"的例。

岔出 所谓"岔出"，就是故意打岔而让人误会。比如："先写了一撇，
后写了一横。"你怎么都会觉得它不成字。但如果我告诉你这里的"了"
不做时态词用，而应读"先写了、一撇，后写了、一横"，你就容易猜
为"孕"字了。当然这个字还有另一个更好的谜面："一撇歪了，一横
直了。"而作为制谜的思路是一致的。

用事 "用事"即指用历史事件来制谜，谜面不出现关乎任何形的
字眼儿。如："关云长败走麦城，楚霸王自刎乌江。"民间还有一种说
法是："哭死刘备，笑死刘邦。"谜底都是"翠"字。关云长名羽，楚
霸王即项羽，所以二人之死均可以称"羽卒"。可见两个谜面都非常贴切。

（原载《深圳特区报》2003.8.8 B5）

第三辑　著述记略

《片玉碎金 ——近代名人手书诗札释笺》前言

　　《片玉碎金》，是江瀚编集的近代名人写给他的诗札集。江氏题识谓："数十年来，承海内名贤不弃，时以佳篇酬赠。顷检箧笥，已亡佚过半；因取诸公自书之诗若干首，先以付印，题曰《片玉碎金》，用示子姓永藏，非敢以交游之盛自炫也。"民国甲戌年（1934）影印，数量极少，主要用于家藏和友朋赏玩，未能广为流传。几年前，江氏后人、深圳特区报高级记者、也是我的前辈和同事江式高老先生，将一本纸质枯黄残破、所幸文字尚未损缺的《片玉碎金》示我，希望我能够帮助整理出版。江式老知我素常雅好汉字书法，于古诗词亦稍有涉猎，此前又曾帮他校注过乃祖江庸的诗集（《江庸诗选》，即《澹荡阁诗集》，中央文献出版社 2001 年出版），推却既然不行，则硬着头皮接下这项任务。待我把这一叠残书摩挲吟诵、体味咀嚼之后，觉得确实不可多得！江瀚名之曰"片玉碎金"，诚乃名实俱至。

一、关于江瀚

江瀚,字叔海,号石翁,室名慎所立斋,福建长汀人。父怀廷(字献卿,号兰皋)清咸丰三年(1853)癸丑科进士,以知县分发四川即用。七年十一月初三日(1857年12月18日),瀚生于四川温江(今属成都)县署,故虽为闽人而不能操土音。光绪十一年(1885),入四川布政使易佩绅幕。同年赴京应国子监录科之试,未中。不久,易佩绅移任江苏布政使,瀚亦随迁苏州藩署。这一段时间,江瀚得与易顺鼎、顺豫兄弟,及陈三立、王先谦、俞樾等相识。十四年(1888)返蜀,先后从四川按察使黄云鹄、川东道张华奎游,云鹄子黄侃从瀚问字。十七年(1891)再赴京试,仍未第,遂终生不复应举。十八年(1892),入四川布政使龚照瑗幕。十九年(1893),应川东兵备道黎庶昌聘,任重庆东川书院山长。二十二年(1896),兼致用书院主讲。次年,湖南学政江标聘为湘水校经堂讲习,以图共预新政。瀚抵长沙后,察觉新旧两派争端已兆,置身其中,恐难以自处,终未就任。二十四年(1898),江苏学政瞿鸿禨保荐江瀚、陈三立等十五人应经济特科试,亦因戊戌政变事发而未果。同年复返蜀,客四川总督奎俊幕府,与吴庆坻、王之春等相往还。二十八年(1902),安徽巡抚聂缉椝招为幕客,遂移家安庆抚署。次年聂移抚浙江,瀚即同赴杭州。本年,吏部侍郎张仁黼再次以特科保奏,瀚虽入都,然亦未应试。三十年(1904),应约往桂林赴广西巡抚柯逢时幕府任,途经广州时晤两广总督岑春煊,岑与语及愿和柯释怨交欢事——盖以当时督、抚不和,岑欲藉瀚为调人也。客桂时,与学政汪诒书、按察使刘心源相知。是年夏,卸职返吴,旋赴日本考察教育。回国时晤故人周馥于上海,时周为两江总督兼南洋大臣。三十一年(1905),任江苏高等学堂监督兼总教习。三十二年(1906),代理两级师范学堂监督。同年受招入京,任学部总务司行走,署京师大学堂师范馆监督兼教务提调。三十三年(1907),升学部参事官。不久辞师范馆监督职,往直隶、山东、河南三省考察学务。宣统二年（1910）春，充京师大学分科经学教授，兼女子师范学堂总理，并选为资政院硕学通儒议员。是年五月，简放河南开归陈许郑道；未几，以黄河安澜有功，给二品衔。三年（1911）五月，署理河南布政使司布政使。

至辛亥革命事起，江瀚自行弃职。其《十月十二日去官》诗云："乍抛印绶觉肩轻，一笑临风倍有情。莫道遗荣身退早，滞留已自愧渊明。"

民国元年（1912）5月，北京政府教育部任命江瀚为京师图书馆馆长。7月，瀚手订《京师图书馆暂定阅览章程十八条》，经教育部佥事周树人（鲁迅）签发，成为我国首份由中央政府部门正式批准颁布的图书馆法规。三年（1914），任北京政府政事堂礼制馆总编纂。翌年，任参政院参政。五年（1916），任总统府顾问。十一年（1922），阎锡山礼聘为山西大学毛诗教授。瀚之弟子、太原知县欧阳俌民等醵资，为筑"难老山庄"于悬瓮山下之晋祠。时与唱和者，有贾景德、鲍振镛、郭象升诸辈。十五年十一月初五（1926年12月9日），故宫博物院维持会推举为会长。十七年正月十七日（1928年2月8日），就任京师大学校文科学长，旋代校长职。二十四年十一月（1935年12月），病逝于北京。著有《慎所立斋文集·诗集》《石翁山房札记》《孔学发微》《诗经四家异文考补》《京师图书馆善本简明书目》《故宫方志目·普通书目》《中州从政录》《吴门销夏记》等。

二、关于《片玉碎金》

江瀚编集的《片玉碎金》，依次收入伍肇龄、黄云鹄、王先谦、柯劭忞、沈瑜庆、易佩绅、胡延、徐树钧、王之春、李超琼、吴庆坻、何维棣、俞樾、瞿鸿機、费念慈、刘心源、吴汝纶、何维朴、严复、顾云、陈衍、赵熙、陈三立、叶德辉、汪荣宝、贾景德、范当世、张謇、陈锐、陈夔龙、袁克文、易顺鼎、姚华、胡玉缙、夏曾佑、胡骏、徐世昌、成多禄、杨增荦、程颂万、张瑞玑、鲍振镛、陈庆龢、黄侃、伦明、郑沅、汪诒书、郑孝胥、黄节、梁启超、曹经沅、李家驹、邵章、邓镕、宝熙、萧方骏、林开謩计五十七人诗札凡七十八通。（陈三立、陈夔龙各有一庆寿诗，分别缀于郑孝胥、林开謩之后。）

上所列名者，或硕学巨儒，或文坛领袖，或封疆大吏，或思想先锋：皆一时名贤俊杰。此辈于中国传统文化，涵泳濡染，深有根柢；其诗文书法，均有可观。故《片玉碎金》一帙，至少有三方面的价值：

其一，书法鉴赏之功。友朋往来诗札，最能表现书家本真，以其"心无挂碍""心手双畅"，故能达到"无意于佳乃佳"之境界。在《片玉碎金》中，我们能欣赏到黄云鹄的流丽飘逸，俞樾的古拙奇崛，赵熙的蕴藉妩媚，张謇的雍容端庄，徐世昌的沉雄深秀，郑孝胥的苍劲朴茂，等等。其他诸家，亦并各擅其胜，令人玩味者多。

其二，版本校勘之助。《片玉碎金》所存，既属"自书之诗"，诚有见录于某氏别集者，而文字或稍有异。如柯劭忞《团城》一诗，即录存于柯氏《蓼园诗钞》，文有四处不同；严复一律，亦与严氏《瘉壄堂诗集》著录者稍异。（以上两例，均详见内文。）又，赵熙《元旦大雪怀江副使》一诗首句，《赵熙集》（王仲镛主编，1996 年巴蜀书社出版）作"一年如风江挂帆"，而《片玉碎金》赵氏手书为"一韦如风江挂帆"，据此可证《赵熙集》之误。

其三，拾遗补阙之用。翻检《片玉碎金》，不见于目前出版物所著录者亦复不少。如陈衍二律，不见于《石遗室诗集》；郑孝胥一韵，既不见于今版《海藏楼诗集》《郑孝胥日记》亦无记载。诸如此类，后之辑录"续集""补编"者，或可据以录入。

《片玉碎金》所收，虽为唱酬应和之作，然亦不乏真情实感之吐露、时代风云之见证、生活事件之记录者，故其于诗学研究、史料考据或不无裨益，好学深思辈尽可取焉。

三、本书的整理

江瀚编集《片玉碎金》，除写一题识外，仅以原稿影印，并无整理；似乎于排序也未曾措意。盖非正式出版，唯以家人友朋藏玩而已。今日欲谋付诸剞劂，以广流传，非整理不能为世人所用。

概而言之，本书的整理工作包括如下几点：

一曰释读文字。诗家用字，不循常俗，或狃于古雅，或务求险僻，如成多禄以"飰"为"饭"，见于《玉篇》，袁克文书"篴"作"笛"，载之《篇海类编》，都给今人造成理解的困难。有的书写潦草，有的增字漏字，尤其给我们带来释读的麻烦。即如有"翰林体"典型之誉的张謇，诗后附笔"幸更翼而教之"之"幸"，至结稿时方得以辨识。如此所在甚多。故一般整理手稿者，每以释字为惧，其因盖出于此。

二曰考寻作者。《片玉碎金》各篇作者，大多斑斑可考；然也有署名不全、室名斋号生僻、书写怪异者，令人考索为难。胡延、柯劭忞、严复三人，署名仅一字，而且字迹或简率或模糊，故经反复查考，始得其实。"磬圃叟"为俞樾，"石公山樵"即顾云，前者得之偶然，后者乃为陈小从前辈所提示。张瑞玑氏一名，合"瑞玑"二字而为一，类同今日所谓"个性化签名"者，后经上网查询、书法比对，方知其即近代诗人、山西名士张瑞玑也。

三曰钩稽因缘。诗文唱酬，皆有前因后果：包括授受二人之关系，时、地、事之背景等等。于《片玉碎金》中每一通诗札所关涉的人物事件，以及撰作时间，均以我所能，钩稽考核，做出简要说明。于其所不知，则暂付阙如也。

四曰提示书艺。《片玉碎金》中，不乏书法大师与名家，其师承渊源、艺术特点，随文揭橥，以资读者参考。

最后，我将本书名之为"片玉碎金——近代名人手书诗札释笺"。"片玉碎金"者，述其来源，不忘所自也；"近代名人手书诗札"者，

"片玉碎金"之所指也;"释笺"者,又分为二:一为"释读"——诗札之释读也,一为"笺识"——内文及相关内容之考寻、钩稽、提示也。

为方便检索,本书内容按人名音序排列。同一名人所书诗札非一通者,则按撰作时间先后为次;不能确定时间的置于尾末。

内文"释读"中所用各符号,在此一并说明:疑似字用(?)表示;错字在〔〕中更正;衍文以〔〕标识。

在下读书无多,学识谫陋,书中错谬之处一定不少,尚祈博雅君子有以教我。

高福生识于深圳寓所
二○○八年十一月

(原载《片玉碎金 ——近代名人手书诗札释笺》,北京:中华书局,2009 年6 月出版)

附:

《片玉碎金——近代名人手书诗札释笺》序

许嘉璐

  友生高福生,释笺《片玉碎金》毕,遥寄书稿,嘱予序之。

  是书也,乃清、民之际名儒江瀚(叔海)先生所编。搜于箱箧,数十年间所与唱和之未失者尽于是矣。而其所往还莫非一世名士。不意乃今于一卷中得见金玉如此其夥!书稿既展,不禁惊叹,难以释手;终卷,感慨系之。福生锡我眼福不浅也!

  始得福生之嘱,读其前言,犹欲以不谙书法何敢为序婉拒;继而见季刚先生暨黄云鹄、黄节、萧方骏等前人札,方知此书与予亦富丝连之缘,颇有不得不作短文,以摅块垒之感。

  福生初从武宁余心乐(乐新)先生习"小学",后尝从予游。乐新先生乃季刚太老师及门,则福生亦予学弟辈。然乐新先生坚命弟子行于予以师称,盖亦黄门遗风耳。徐复(士复)先生与乐新先生先后同侍季刚先生座下,后士复先生游于太炎先生之门,然终以黄门弟子自处,是其先例也。福生之游学北京,事予甚谨,予虽惝惝,然复以古风之存于斯子而忭焉。

　　福生聪睿敦笃，酷喜文字训诂，蕴藉崇厚，好学深思，锲而不舍。当其时也，小学陵替，亟待复兴，予所望于福生者，与同道合力，为往圣继绝学，此亦其先师之意也。迨福生返赣，旋即应友朋之邀南下。其将行也，问计于予。予始则惊异，继则为小学惜才。福生谓其所以移地，乃欲体验改革开放前沿之新气象，且拟以所学致力于报业云。闻其言，始知鄙见之狭矣。以天下为己任，何处不可为？万物一理，既古学在胸，加之冶铸于乐新先生道德之范，何事不能踊跃于前列？况前辈大家，多有兼为一代报业名家者，梁任公、章太炎首开近世之例，当世则范敬宜兄赓其绪；福生不复盘桓于斯，必当大有所为于彼，而昔日小学之蓄，既有益于其笔耕，亦必将有其专用之时。果如所期，未几，报社即已委以重任。业界口碑既时有所闻，今复以释笺《片玉碎金》奉献于世，足证福生所择之当矣。乐新先生如在，当亦作如是观乎？

　　然时隔既久，人事渺茫，《片玉碎金》所涉多为后世所不晓。今人欲抉剔爬梳，即专门之家为之亦非易事，况身担重职者耶！释笺既成，则予知高子未废其往日之所长，抑或可证予之所望不虚也。

　　书载五十七人之作，诗札都七十八通。品味寻绎，得无慨乎！昔时文士相知以文，互慰以诗，诚所谓君子之交淡如水也；行墨之间，唯见文人相敬，无帮无派，唯真知是求，是以为学日进。其吟咏也，虽乏追步唐宋大家之句，然皆发乎胸臆，罕见蹈袭陈语者，胸中丘壑虽百世可得而见；其挥毫也，各有所宗而无所囿，或洵字如其人欤？引予遐想。吟赏掩卷，静思其时其地其人，美其恬淡沉静，凝思致远，唯寰宇苍生为念，即或有遗老之风，亦非以一己进退得失婴怀。个中可启今人之思者盖不止于此焉。

　　予尚有说。昔日读季刚先生生平事迹，知开蒙于川，师为江瀚叔海，然未细检江氏生平述作，今得读黄氏父子致江氏诗札，方知季刚先生毕生以国运、学术为命，源自懵懂之时；其拜太炎先生于东瀛，终生事之如父，投身辛亥义举，临末犹念国难，良有因也。

　　不啻此也。予竟与叔海先生及册中多人沉沉一线相系。叔海先生曾署京师大学堂师范馆监督兼教务提调，后则兼女子师范学堂总理。师范馆、女子师范学堂，俱予之母校北京师范大学前身也。而伦明，读师范科，名列第一，后为师范大学教授。萧方骏，后以字龙友行，即予师萧璋（仲圭）之父。龙友先生西逝，予尝随师奉灵至北京万安公墓。程颂万，乃程千帆先生叔祖，而予亦尝往往请益于千帆先生门。陆师宗达（颖明）于黄节先生执弟子礼，晚岁卧室长悬黄先生所赐联，时为予赞其字之金石气。今见黄先生寿叔海先生诗，旧事犹如昨日。至如编纂《汉书集解》《续经解》《汉书补注》之王先谦，作《歌戈鱼虞模古读考》之汪荣宝，俱为予居颖明及仲圭先生门下时即服膺者。而汪荣宝，其弟则汪东，执教于南庠，与季刚先生共事，其相与之情多见于季刚先生遗著，亦予素所敬仰，然较之江、萧、程、黄，所系益微矣。若然，予为高子序，不亦可乎？

得睹前人手泽，亦喜亦愧。予既乏幼学根底，复学思浅陋；课生以训诂、经典，而实自家空空，欲不误人，难矣哉，唯时时自励，尽心焉而已。高子既承江式高先生之托，董理释笺是书，二人或亦意在自警且启示后人耶？若然，则予为受益之第一人矣。

二〇〇九年五月八日
当己丑四月十四日也
谨序于日读一卷书屋

江瀚其人及与黄云鹄、黄侃父子的关系

我在释笺江瀚编集的《片玉碎金》①时，根据本人所见的材料，对江瀚和《片玉碎金》中涉及的人物及其关系做了较为详细的考证。本文谨就江瀚及其与黄云鹄、黄侃父子的关系做些说明，提供给有兴趣的研究者参酌。

一、江瀚及其生卒年

江瀚，字叔海，号石翁，室名慎所立斋，福建长汀人，是近现代著名的学者、教育家和诗人。尽管江瀚早年有过时间不短的幕僚生涯（详见下文），而且在宣统三年也曾官至河南布政使，但从其一生来看，主要成就是在书院、学堂、图书馆、博物院从事的教育和学术活动。

光绪十九年（1893），江瀚应川东兵备道黎庶昌聘，任重庆东川书院山长。二十二年（1896），兼致用书院主讲。次年，湖南学政江标聘为湘水校经堂讲习，以图共预新政。江瀚抵长沙后，察觉新旧两派争端已兆，置身其中，恐难以自处，终未就任。三十一年（1905），任江苏高等学堂监督兼总教习。三十二年（1906），代理两级师范学堂监督。同年受招入京，任学部总务司行走，署京师大学堂师范馆监督兼教务提调。三十三年（1907），升学部参事官。不久辞师范馆监督职，往直隶、山东、河南三省考察学务。宣统二年（1910）春，充京师大学分科经学教授，兼女子师范学堂总理。

民国元年（1912）五月，北京政府教育部任命江瀚为京师图书馆馆长。七月，江瀚手订《京师图书馆暂定阅览章程十八条》，经教育部佥事周树人（鲁迅）签发，成为我国首份由中央政府部门正式批准颁布的图书馆法规。十一年（1922），阎锡山礼聘为山西大学毛诗教授。十五年（1926）十二月九日，故宫博物院维持会推举为会长。十七年（1928）二月八日，就任京师大学校文科学长，旋代校长职。

然而，对于江瀚这样一位可说是一代名儒的生卒年，此前各种出版物——包括一般读物、学术著作乃至字典辞书——没有一种是对的。比如，说他生于咸丰三年（1853），卒于民国二十四年（1935）；卒年固然没错，生年则大谬不然。

江瀚编集《片玉碎金》自题作："数十年来，承海内名贤不弃，时以佳篇酬赠。顷检箧笥，已亡佚过半；因取诸公自书之诗若干首，先以付印，题曰《片玉碎金》，用示子姓永藏，非敢以交游之盛自炫也。……甲戌初春七十八叟江瀚识。"[2]民国甲戌年即 1934 年，是年江瀚 78 岁，按虚岁推江瀚当生于 1857 年。

民国丙寅年（1926），江瀚七十初度，友朋纷纷为之祝寿，《片玉碎金》中即收有陈三立、梁启超、陈夔龙、黄节、曹经沅、萧方骏、郑孝胥等十几人写的寿诗。其中黄节落款作"丙寅十一月初吉小诗奉祝叔海先生老伯大人七十庆寿，愚侄黄节"；萧方骏作"丙寅十一月吉日三台后学萧方骏拜上"。可知江瀚生于农历十一月初。

检《黄侃日记》："避寇日记（壬申三月）十四日庚戌（十九号

礼拜二）叔海师生丁巳十一月初三日丑时，命推年命。"③原来江瀚生于咸丰七年十一月初三日，即公元 1857 年 12 月 18 日。后出诸书，当以此为准。

二、江瀚与黄云鹄的关系

要说江瀚与黄云鹄的关系，必须先要说到江瀚的父亲。江瀚的父亲江怀廷，字献卿，号兰皋，清咸丰三年（1853）癸丑科进士，以知县分发四川即用——所以江瀚实际上出生于四川温江（今属成都）县署——而且，江父一生在四川做官，历署温江、蓬州、南溪、双流、崇庆、南充等州县，授璧山县知县加同知衔；历充四川庚午、癸酉、丙子乡试同考官，直到 1882 年去世。

黄云鹄，字翔云（亦作祥云），一字祥人，湖北蕲州（今蕲春）人。也是咸丰三年癸丑科的进士，与江怀廷是同年。黄云鹄官蜀数十年，历任雅州知府、成都知府、永宁道、建昌兵备道、盐茶道，署按察使事；光绪十六年（1890）致仕归籍。

黄云鹄是江瀚父执。因为黄云鹄与江怀廷长时间同在四川为官，所以，江瀚年轻时就有很多和黄云鹄接触的机会，在江瀚的《慎所立斋诗文集》中，就有不少此类记载。如江瀚作于 1875 年的《八月朔日怀黄翔云观察丈建南》："去岁今朝在锦城，南郊祖道不胜情。油溪此日空相忆，秋雨秋风别恨生。"④作于 1885 年的《奉简黄祥云年丈》："大隐东方朔，官贫道自高。摊书忘乞米，对客喜挥毫。一月不相见，我心何郁陶。只应载尊酒，潭上共嬉敖。"⑤等等。

江瀚与黄云鹄更深一层的交往，则在 1888 年。

江瀚在其《中州从政录序》中有一句话："及长，饥驱四方，迭入一督、三抚、两藩之幕，见闻日广，乃益觉经世之难。"⑥这里的"一督、三抚、两藩"，即指川督（奎俊），皖抚、浙抚、桂抚（聂缉椝先任皖抚，后移任浙抚；桂抚即指柯逢时），川藩、苏藩（易佩绅由四川布政使移任江苏布政使，龚照瑗1891年起任四川布政使）。这是由尊至卑的排列法，也是为了便于称述。若按时间排列，江瀚入易佩绅（字笏山）幕最早，即从1885年至1888年。而后依次是龚照瑗（字仰蘧）幕，1892年；奎俊（字乐峰）幕，1898年至1900年；聂缉椝（字仲芳）幕，1902年至1904年；柯逢时（字逊庵）幕，1904年的春夏，时间很短。

实际上，在易佩绅和龚照瑗之间，江瀚还有两次入幕，那就是1888年至1890年的黄云鹄幕和1891年的张华奎（字蔼卿）幕。江瀚光绪十九年（1893）《应黎莼斋观察主讲东川书院之聘留别亲故三首》之二有云："昔蒙严亲祚，少得离耒耜。中更忧患多，依人易黄始。频年两合肥，谊洽东南美。幕中虽暇豫，素食能无耻。"[⑦]在"易"后自注："笏山方伯。""黄"后注："祥云观察。""两合肥"后注："张蔼卿观察、龚仰蘧方伯。"（张、龚均合肥人，故云。）因黄云鹄、张华奎当时仅观察职，还排不到"一督、三抚、两藩"中去。

因此，黄侃从子黄焯《季刚先生生平及其著述》："（季刚）三岁即从江叔海（瀚）先生问字。初授《论语》，每次才四五句，方一上口，即能背诵。……自启蒙后，续得江叔海诸老宿训诲。家有藏书，读经而外，复纵览诸子史传记，故其学得早成。"[⑧]黄侃生于1886年，1888年，正是虚龄三岁；他拜江瀚为师问字，就在江瀚入黄云鹄幕府之时。

三、江瀚与黄侃的关系

以前讲到黄侃的老师，一般都是章太炎与刘师培。但在黄侃心目中，对江瀚这位启蒙老师一直执弟子礼甚谨。谓予不信，有《黄侃日记》为证。

通检现存《黄侃日记》中所涉江瀚者，共得二十一条，兹缕记如次，楷体字是我加的按语：

癸丑日记　六月廿三日（新七月廿六日　土曜）午赴通一处，饭后趁车，七时至津，访江叔海师于天津曙街。同出至曙街东轩西餐。十一时始归，遂登奉天轮，舟人云明日午后可发。江叔海师老多风趣，席间以李莼客自解。

八月二日（新九月二日 火曜）午过塘沽，行五时许，晚七时至津，先至江师处。江师出未归，待多时始返，以其地过狭，移往八姊家。江师以扇命书，并赠诗一首（已寄上海），未得见。

八月初三日（新九月三日 水曜）午后赴江师约。至李子香花园小坐，返饮于师家，馔甚盛。

八月九日（新九月九日 火曜）晚访叔海师（北京——笔者）。

［按：黄侃是年（1913 年）居上海，六月赴京，一个月后再次赴京。第二次赴京于七月二十八日"十一时离家登舟"，九月八日早抵家，"往返共三十九日"。］

感鞠庐日记（壬戌年七月）廿七日（西历九月十八日 月曜）早出买物。致中华大学片。上江叔海先生书。

［按：黄侃是年（1922 年）居武昌，江瀚任山西大学经学教授。］

京居日记 丙寅重九（西十月十五日 礼拜五）六时偕检斋至北海公园（遇江师），晚饭小有天。

十二日（十八日 礼拜一）晴。上江师一书并九日登高诗。

京居日记 十月十一日（十一月十五日 礼拜一）得江师书。

［按：黄侃是年（1926 年）与江瀚同在北京。］

己巳治事记（正月）三日戊子（西历二月十二日）得江叔海师见怀诗：

戊辰岁暮，寄怀季刚世弟，可见旭初共和之。

不见蕲春黄季子，三年白尽老夫头。空从燕市寻陈迹，
还羡匡庐作俊游。万古奇情诗笔健，六朝残梦客心愁。
何时更与汪伦约，同泛清溪月下舟。

长汀江瀚初草

师今年七十三岁矣，兴复不浅如此。

寄勤闲室日记（庚午正月）十八日丁酉（二月十六日 星期日）晴。得叔海师书，录如左（师仍居京师小方家胡同）。

季刚仁世弟足下：

前得大著庐山游记，曾作一诗奉怀，不审入览否？兹有人欲搜集清代经说，汇为三编。年伯大人易说，兄尝与闻大义，虽经吾弟赠以刊本，已在津遗失，深用为恨，敢祈先以书名及卷数开示为感。若能再觅一部，何幸如之。此颂 学祉，不尽愿言。

世小兄瀚拜手

二月十一日

寄勤闲室日记 （辛未六月）十九日己丑（八月二号 礼拜日）得叔海师书，介桐城吴耕莘（名步尹）来见。

避寇日记 （辛未十二月）廿八日乙未（即民国廿一年二月四日礼拜四）谒江瀚师，其夫人及长子庸均出见。师年七十五，夫人同岁，并康强，亦难得也。

避寇日记 （壬申正月）十七日癸丑（二月廿二号 礼拜一）晴。倦卧，夜中复畏寒。读报，知我军大捷于上海，甚慰。得江师书。

廿日丙辰（二月廿五号 礼拜四）上江师书。

廿一丁巳（二月廿六号 礼拜五）叔海师枉过，谈二句钟。师年七十五矣，犹伉健，福寿不虚获也。

避寇日记 （壬申二月）十四日庚辰（三月廿号 礼拜日）晡，叔海师来久坐，以太原妄人书示之。

十六日壬午（三月廿二号 礼拜二）叔海师介女生二人来见。

避寇日记 （壬申三月）十日丙午（四月十五号 礼拜五）禺中，叔海师使车来，嘱乘以代迎太炎师。

十一日丁未（十六号 礼拜六）夜又见焯与田片。至华乐园听戏，遇叔海师，乃得一佳座（慈久坐，失眠矣）。

十四日庚戌（十九号 礼拜二）叔海师生丁巳十一月初三日丑时，命推年命。

寄勤闲室日记 （癸酉八月）十日戊戌（九月廿号 礼拜五）旭初昨自燕还，今来，诒陶氏刊天工开物三册；又叔海师托其致南行纪事诗一册，中有怀予一诗。

[按：从"己巳治事记"（1929）至"寄勤闲室日记"（终于1933年），除"避寇日记"（1931至1932年）一段黄侃、江瀚同在京师外，其他时间则侃在南京（中央大学）瀚居京师。]

黄侃一生，不管身居何处，无论荣衰显隐，与江瀚一直保持联系，而且师弟情深义笃，真是令人慨叹感佩不已！

注：

①江瀚编集．高福生释笺．《片玉碎金——近代名人手书诗札释笺》[M]．北京：中华书局，2009年6月．

②江瀚编集．高福生释笺．《片玉碎金——近代名人手书诗札释笺》[M]．北京：中华书局，2009年6月．第2页．

③黄侃著．黄侃日记[M]．北京：中华书局，2007年7月．第794页．

④江瀚著．慎所立斋诗集（卷一）．近代中国史料丛刊（第七十一辑）．台北：文海出版社，1971年影印．第235页．

⑤江瀚著．慎所立斋诗集（卷二）．近代中国史料丛刊（第七十一辑）．台北：文海出版社，1971年影印．第256页．

⑥江瀚著．慎所立斋文集（卷二）．近代中国史料丛刊（第七十一辑）．台北：文海出版社，1971年影印．第87页．

⑦江瀚著．慎所立斋诗集（卷四）．近代中国史料丛刊（第七十一辑）．台北：文海出版社，1971年影印．第340页．

⑧程千帆、唐文编．量守庐学记[M]．2版．上海：三联书店，2006年11月．第23页．

（原载《中国文化》2010年第31期）

东西文化融合的一个典范

——写在《通令采用新式标点符号文》发布 90 周年之际

标点符号，是书面语言里不可缺少的辅助工具；它帮助读者分清结构，辨明语气，正确无误地理解书面语言的意义。然而，汉语书面语言使用标点符号，并非自古而然。据可考的有三千多年历史的汉语书面语，真正开始使用具有现代意义的标点符号，那是到了晚清时才出现的事情。而以国家名义发布的有关在汉语书面语言中使用标点符号的法令性文件，则是 1920 年 2 月 2 日北洋政府教育部第 53 号训令——《通令采用新式标点符号文》。这个文件批准了由北京大学马裕藻、周作人、朱希祖、刘复、钱玄同、胡适六位教授于 1919 年 11 月 29 日联名提出的《请颁行新式标点符号议案》（修正案），产生了我国第一套法定的标点符号方案。这件在汉语言文化发展史上颇具里程碑意义的事件，迄今刚好 90 周年。

唐汉以前汉语书面语不用标点

汉语古籍，没有类似今天这样的标点符号，而且一般不分句段。甲骨卜辞中，偶有一版数条内容的，刻者或用横线、直线甚至丁字形线条隔开（甲骨学中叫"界划"），但不普遍。

东汉许慎编纂的我国第一部文字学著作《说文解字》中，有"、"（知庾切，今读 zhǔ）和"乚"（居月切，今读 jué）这样两个字。许氏对前者的解释是："有所绝止，、而识之也。"对于后者，许氏说："钩识也，从反亅。"据学者研究，这两个字其实是古人读书时常用的标识符号，"、"相当于今天的逗号；"乚"则相当于句号。古人点读古书，一句话中间应停顿的地方，用"、"标识，一句话结束，用"乚"标识。汉代的经师讲究章句，习惯用"句读"（jù dòu）的说法，其实质意义，就是现在的"句"和"逗"。故这两个字，也就成了当时经师研读古籍时所用的"句读"符号。20世纪初的考古发现，汉代的《流沙坠简》中，有使用这两种符号的简片。

"句读"符号用于刻写古籍，则在宋代的史料中得到证实。南宋岳珂《九经三传沿革例说》："监、蜀诸本皆无句读，惟建本始仿馆阁校书式从旁加圈点，开卷瞭然，于学者为便；然亦但句读经文而已。惟蜀中字本与兴国本并点注文，益为周尽。"宋《增韵》也说："凡经文成书，语绝处谓之句，语未绝而点分之以便诵咏谓之读。今秘书校书式，凡句绝则点于字之旁，读分则微点于字之中间。"从这两段史料中，我们知道宋代的"句读"符号有两种形式：一是"句"用"O"，"读"用"、"；二是"句"用大"、"点于字之旁，"读"用微"、"点于字之中间。第一种形式一直使用到清代。不过明代刊本小说出现，又增加了两个专名号：一个双竖线表示地名和朝代名，一个单竖线表示人名。

"标点"一词，也始见于宋代。《宋史·何基传》："凡所读，无不加标点，义显意明，有不待论说而自见者。"只是这里提到的标点，同样是指阅读古书时添加的句读符号。

不施标点的书面语不便于理解

尽管汉语文言文也有比较丰富的语言词汇，如之、乎、也、者、矣、其、焉、哉之类，多少可以帮助我们辨明一些句子的语气等；但由于不用标点，造成误读或者难于理解的事也时有发生。一个现成的例子是《韩非子·外储说左下》中的一段文字：

哀公问于孔子曰："吾闻夔一足，信乎？"曰："夔，人也，何故一足？彼其无他异，而独通于声，尧曰：'夔一而足矣。'使为乐正。故君子曰：'夔有一，足。'非一足也。"

夔本是一位精通音韵的乐师，由于古书没有标点，连鲁哀公也把他误读成只有一只脚的怪物了。

再一个例子是胡适曾提到过的《论语·泰伯》中的一句话并予申论。

《论语》云："民可使由之，不可使知之。"前人皆作两截读。故朱子注曰："民可使之由于是理之当然，而不能使之知其所以然也。"此则愚民之策矣。今之尊孔者以为孔子必不做此秦政语。于是为之解曰，此十字当作四截读："民可，使由之；不可，使知之。"则注重之点在于明民，今之所谓教育是也。句读偶异，意则顿别。

这句话的意思到底是什么？既然不能起孔子而问之，恐怕就只有天知道了！

向西方盗火的"普罗米修斯"

没有标点的书面语言意思容易误解，汉语古籍中的句读符号式的旧式标点也不完足。于是清朝末年，一些有机会游历欧美的学人，便将西方的书写习惯介绍来了中国。

有三个人的名字我们不能忘记：这就是张德彝、王炳耀和严复。

　　张德彝是清末为培养外语人才而设立的同文馆的学生。同治七年
（1868）二月，身为第一批英文班学员的张德彝，跟随美国退役驻华公
使浦安臣率领的"中国使团"出访欧美。张德彝是一个有心人，他把所
到各国的风景、名物、习俗、文化……凡一切所见所闻，尽其可能都记
录下来，编成一本名为《再述奇》的著作。我们在这本后来称作《欧美
环游记》的书中，发现有这样的记载："泰西各国书籍，其句读勾勒，
讲解甚烦。如果句意义足，则记'。'；意未足，则记'，'；意虽不足，
而义与上句黏合，则记'；'；又意未足，外补充一句，则记'：'；
语之诧异叹赏者，则记'！'；问句则记'？'；引证典据，于句之前
后记'""'；另加注解，于句之前后记'（）'；又于两段相连之处，
则加一横如'——'。"虽然张德彝对"泰西"的这种书写习惯并不赞赏，
反而觉得其"讲解甚烦"，但由于他准确而详细的体味和记录，在客观
上起到了向国人介绍西式标点符号的作用。

　　王炳耀，字煜初，广东东莞人。1897年，他在华南出版的《拼音字谱》，
其中定有他创制的新式标点符号，书中称为"句义表"，一共十种：

　　"，"一读之号，　"．"一句之号，　"。"一节之号，　"˅"
一段之号，　"："句断意连之号，　"——"接上续下之号，　"！"
慨叹之号，　"¡"惊异之号，　"？"诘问之号，　"「」"释
明之号。

　　这或许是最早的中国人自己创制的新式标点符号，从中我们也可以
看出借鉴西式标点符号的痕迹。这套符号虽然后来没有被沿用，但其探
索的意义值得我们后人尊重和纪念。

　　至于严复，他在向国人介绍西方学术和思想方面的成就是巨大的，
所以他的名字为大家所熟知。这里我想补充的只有一句话，即1904年，
商务印书馆出版的严复著《英文汉诂》，是我国第一部使用西式标点符
号的汉字铅印横排书籍。从一点来说，严复也是一位具有标志性意义的
人物。

力推新式标点符号的首功之臣

在狂飙突进的五四运动发生之前，为了适应新文化运动的要求，不少作家已经开始使用新式标点符号。而当时影响极大的《科学》《新青年》《太平洋》《新潮》《每周评论》等杂志，则不仅大力鼓吹和提倡，而且也尽量采用新式标点。在这样的大背景下，1919 年 4 月，前文提到过的北京大学六教授，以胡适为首，联名提出《方案》，要求政府颁行"，。；：？！——（）"等标点符号，并在国语统一筹备会第一次大会上议决。同年 11 月 29 日，胡适对方案做了修改，即成为《请颁行新式标点符号议案》（修正案）。修正案把原方案所列的标点符号总名为"新式标点符号"，共十二种：一、句号，二、点号，三、分号，四、冒号，五、问号，六、惊叹号，七、引号，八、破折号，九、删节号，十、夹注号，十一、私名号，十二、书名号。这个《议案》次年获北洋政府教育部批准颁行。

胡适不仅是《请颁行新式标点符号议案》的发起人和执笔者，而且在 1915 年 7 月还为《科学》杂志写过《论句读及文字符号》的万字长文（全文原载 1916 年 1 月《科学》第 2 卷第 1 期）。胡适著《中国哲学史大纲》——中国古代哲学史的开山之作——1919 年 2 月出版后三个月就再版，全书使用新式标点符号，在学术界影响极大。新式标点符号作为法令文件颁行后，胡适敦促和协助上海亚东图书馆按新式标点符号排印出版中国传统白话小说。1920 年 8 月，新版《水浒传》出版，胡适热情洋溢地为该书写了一篇考证性文字。此文一开头就是："我的朋友汪原放用新式标点符号把《水浒传》重新点读一遍，由上海亚东图书馆排印出版。这是用新标点来翻印旧书的第一次。我可预料汪君这部书将来一定要成为新式标点符号的实用教本，它在教育上的效能一定比教育部颁行的新式标点符号原案还要大得多。"

如果要将某个人誉为"力推新式标点符号的首功之臣"，胡适自然是当之无愧的唯一人选。

（原载《深圳特区报》2010.2.1 人文）

规范以后 8000 字够用吗?

　　《规范汉字表》原计划是 2006 年推出来的,不知什么原因要拖到今年。这个表整整花了八年时间,和中国的抗日战争一样长,亦可见为事之不易。虽然《规范汉字表》的文本还得走法律程序,我们现在还不知其详,但基本精神却可从各类信息中了解一些。这个字表是在 1988 年的《现代汉语常用字表》和《现代汉语通用字表》等基础上整合修订而成,计有 8000 余字。因为它是规范字表,所以繁体字摒弃在外,这是由《中华人民共和国国家通用语言文字法》所决定的。此表攸关普通老百姓者,恐怕就是新生儿起名用字须从其中选取一项为最著。

　　因此,目前在各种传播渠道,对《规范汉字表》的意见集中表现在这样三个方面:8000 来字够用吗?不用繁体字是不是会割断文化传统?规定姓名用字更易造成同名现象怎么办?

这第一个问题没必要担心。北师大王宁教授说过去的童蒙识字课本，不重复的字也才 2320 个；十三经（在南宋形成的十三部儒家经典，包括《诗经》《周易》《论语》《尔雅》《孟子》等）不重复的字不到 6000 个；《全宋诗》收录了 18401 首诗，才用了 4520 个汉字。"文革"期间有专家统计，一部四卷本的《毛泽东选集》不重复的字不到 4000。商务版的《新华字典》收了 10000 来字，除去繁体、异体，做字头的也就七八千字。实际上，在我们的日常生活中，只需要 3500 个汉字就能满足 99% 的记录要求，这是有统计学的理论为支撑的。

至于繁体字问题，今年的"两会"上就有代表、委员提出恢复繁体字，有的竟然把它"宏大叙事"到和祖国统一联系起来。其实这是混淆了两个概念："规范"不是"废除"！在《规范汉字表》摒弃繁体字（包括异体字），是指在学校教材、大众传媒、政府公文等社会公共领域要"规范"，不用繁体字；但在古籍出版、书法艺术、学术研究等方面仍可使用。甚至有不少学者主张"识繁用简"，中国社科院的董琨先生提议探讨在学生课本后边附上"繁简字体对照表"，我觉得就颇有创意。

如何认识《规范汉字表》的"规范"？这好有一比：我们在"礼宾"场合要穿正装，这是"规范"，否则你对人家不礼貌；其他时候你穿唐装、汉服、T恤……都行，在自己家里你还可以穿睡衣，没人管你。

对于文字的规范，我国的传统可谓尚矣！"秦始皇帝初兼天下，丞相李斯乃奏同之，罢其不与秦文合者。斯作《仓颉篇》，中车府令赵高作《爰历篇》，太史令胡毋敬作《博学篇》，皆取史籀大篆，或颇省改，所谓小篆者也。"（许慎《说文解字·序》）秦始皇于其他六国的文字，"罢其不与秦文合者"，采取的是"废除"的手段，致使今天研究六国文字成为一门大学问。然而后人对于秦始皇此举持肯定态度，因为他确实大大推动了历史的进步。

老百姓意见最大的是姓名用字问题。中国十几亿人，本来同名者就多，而如今还要规定用字范围，岂不是雪上加霜？如果姓名选字范围大一点，如果还能用一些偏字、僻字，就有可能减少同名；如果还能自造

217

字，那就更是独一无二的"个性化"名字了！

但我觉得这是个两害相权的问题。

确实，在我国历史上，就有这种极具"个性化"的名字。唐代女皇武则天，为自己的名字造了一个"曌"字，几乎人尽皆知。五代时人刘岩，为了与众不同，也按自己的"岩"字音，另造了一个"䶮"字，取飞龙在天之意；现在这个字都收入了《新华字典》，注明是人名用字。近人章太炎，有三个女儿，取的都是单名：一个是四个乂（爽字去大，有疏朗阊明之意，音同里），一个是四个又（缀字去左旁，有连缀之意，音同卓），一个是四个工（篆文展字的中间部分，有工巧之意，音同展）。这几个字，都见于《说文解字》。章氏学问大，但他也不敢随便造字，还算是一个严谨的学者。

文字是记录语言的符号，有极强的社会性；人是社会动物，起名用字也要供社会辨识认读，除非你和社会不发生关系——过去在农村，看到有些农民的扁担箩筐上写有我不认识的"字"，他们说是名字，表明这些农具的所属者。如果这些农民一辈子不走出大山，有可能过着自给自足的生活，"鸡犬之声相闻，老死不相往来"，那还问题不是太大。

可现如今，人的社会化程度越来越高，几乎是一生下来，就要和公安局、医院打交道——上户口、看病；而后，学校、交通、银行、出境等等。如果起名用字生僻，认读不容易，电脑难录入。当然，技术问题最终能解决，但浪费社会资源，增加行政成本，别人麻烦，自己也不会感觉到方便。

所以，根据两害相权取其轻的原则，我认为规范人名用字利大于弊。至于同名，可用其他办法解决，如过去有文化的人名与字分用，或聊为一补。

《规范汉字表》可能还会有些其他的问题，比如语言文字工作者一直很关心的繁、简字的处理中，一简对多繁的问题，不知此表是否有较以前更好一些的处理。因未看到文本，不敢妄论。

（原载《深圳特区报》2009.4.16 文化）

《通用规范汉字表》三题

　　"十年怀胎，一朝分娩"，《通用规范汉字表》终于向社会正式公布。8 月 27 日，新华社为此发了消息，知名语言文字专家、北师大老教授王宁先生在接受记者采访时表示，《通用规范汉字表》在坚持简化原则的基础上，广泛征求港澳台地区学者和海外从事汉语教学人员的意见，没有恢复一个繁体字。

　　作为一个曾经以汉语言文字为专业，而现在仍然朝夕与汉字汉语打交道的人，不能不对此事有所关注。在这篇短文中，我主要谈三方面的问题。

一、"通用""规范"的糅合与重点

　　从逻辑上讲，这里的"通用"和"规范"其实是两个不同性质的概念。"通用"是社会学概念。"通用"的对立面是"专用",全社会共通使用的即属"通用",反之则属"专用"。"专用汉字"便包括科技专用、行业专用、方言专用、姓名地名专用、民族宗教专用等等。"规范"是政治学概念。"规范汉字"即指通过国家法律法规确定允许使用的汉字,否则就是"不规范"。

1955 年,当时的国家文字改革委员会编制《通用字表(初稿)》,收字 5709 个;1965 年出版《印刷通用汉字字形表》,收字 6196 个。1988 年,国家新闻出版署和国家语言文字工作委员会发布《现代汉语通用字表》,收字 7000 个。

这次由国家教育部、国家语委公布的《通用规范汉字表》,共收字 8105 个,实际上在通用字之外,也包含了不少专用字。此表将所收字分为三级;一级字表收字 3500 个,二级字表收字 3000 个,两项相加,大致属于"通用字"的字数;三级字表收字 1605 个,则多是一些"专用字"。可见这个所谓《通用规范汉字表》,其重点在"规范",是不言而喻的。

二、收字原则的坚守和尴尬

《通用规范汉字表》的研制,是一项十分繁复、严谨的技术和学术工作,而且具有极强的政策性,甚至有时候还要考虑到学术外的因素。这就是为什么要用十年时间的原因,一般局外人很难理喻。

下面是我个人的一些观察和推测,不一定完全符合事实。

2009 年 8 月,《通用规范汉字表》有一个"征求意见稿",收字 8300 个。在它的二级字表中有个"慄"字,表尾注作"义为因寒冷或恐惧而发抖。不再作为'栗'的异体字"。就是说,如果确定了这是一个规范字,"不寒而慄"的写法就要取代"不寒而栗"了。在"征求意见稿"的三级字表中有个"凓"字,表尾注作"义为寒冷。不再作为'栗'的异体字"。原来在 1955 年的《第一批异体字整理表》中。"凓""慄"都是作为"栗"的异体字而出局的。

正式公布的《通用规范汉字表》,二级字表中没有了"慄"字,而三级字表中则保留了"凓"。为什么呢？《说文解字》："栗，木也……其实下垂……古文栗从西……徐巡说，木至西方战栗。"（其中有些古字无法打出，故而省去；但大致意思存焉。）这就是说，"栗"字形体中，本来就含有"战栗""发抖"的意思，所以可不用"慄"；而"栗"字"寒冷"的意思不显豁，所以恢复"凓"的规范字身份以表"寒冷"（"两点水"是"冰"的古字形）。可见取舍之间，研制组的专家们是十分谨慎的。

但是，在《通用规范汉字表》的三级字表中，收有"锺""镕"二字，当然是为姓氏人名而增加的。在《第一批异体字整理表》中，"镕"是作为"熔"的异体字而整理掉的；此次用"镕"，可认为是恢复"镕"字的类推简化。"锺"的简体原有一个"钟"字，现作姓氏人名又有一个简体"锺"字——显然，这完全是个新造字——这就不太符合此次的原则了。同时，这还会给编字典的人带来一个回避不了的问题：在"钟""锺"的义项中，都要有"姓"的说明；原来的一个"姓"，成了两个了？

总之，"锺""镕"二字之所以进入字表中，我觉得有受名人影响的痕迹在里面。

三、规范的刚性与变通

前面我已提到，《通用规范汉字表》的重点在"规范"。它是"为了贯彻《中华人民共和国国家通用语言文字法》，提升国家通用语言文字的规范化、标准化水平，满足信息时代语言生活和社会发展的需要"而制定，因而它是"国家通用语言文字法"的细化，具有"法"的效用和约束力。

既然是"法"，还有什么可变通的吗？——请看下面的字例和分析：

汉字中有两个字用来分别记录男女人体生殖器的俗称，《现代汉语词典》（第五版）有著录。《通用规范汉字表》没有收入，这两个字就不是规范字。那么是不是说记者写新闻稿就不能写这两个字？即使是记者写了编辑也要把它改掉？除非你的报纸不是正式出版物。

　　我的意见是：如果记者的稿件是对新闻事实的"记述"，就不应该回避可能出现的不规范字，以显示新闻的真实性；但在记者的"叙述"或"评述"中就不允许有不规范的文字出现。比如记者写一篇与网络有关的新闻稿，其中要提到一位网名叫"@屌丝的逆袭"的网友，如果还要直接引用他的网文而文中又有"屌丝"之类的词语，那这个不规范字就是无法回避的了。——其他行业和领域可举一反三。

　　这样看来，所谓变通，其实也是不得已而为之罢了。

　　　　　　　　　　　　　　（原载《深圳晚报》2013.9.4 特稿）

文化史上的一把椅子

　　前不久，一位朋友在他的微信公号上推出一组有关"椅子"话题的征文。仅就我自己的专业来判断，这或许是一件很有意义的事情。

　　20世纪30年代，著名文献语言学家沈兼士先生写过一篇文章，题目是"鬼字原始意义之试探"，发表前寄给陈寅恪先生看。陈看完后回了一函，其中有云："大著读讫，欢喜敬佩之至。依照今日训诂学之标准，凡解释一字，即是作一部文化史。中国近日著作能适合此定义者，以寅恪所见，惟公此文足以当之无愧也。"后来，"凡解释一字即是作一部文化史"，这个"定义"成了一句名言，经常被人引用，可见经过七八十年的时间考验，陈的话还是有道理的。

　　有关"椅子"的"椅"字，如果解释得好，就符合陈寅恪先生说的这个道理。

　　"椅子"是坐具，这是常识。但有人对你说，在南北朝以前，我们汉人家庭里没有桌、椅、凳这类家具，你会怎么想？你可能会去查字典辞书，而权威的工具书告诉你，"椅"字著录"坐具"义项的最早字典，是明代末年张自烈编的《正字通》："椅，坐具后有倚者。"而在更早的《尔雅》《说文》等辞书字典中虽然也有"椅"字，但都是一种树木（梓属）的名字，而且读音也不同于用作"坐具"的"椅"字。

　　古代汉人到底是怎么"坐"的？"椅子"成为坐具是什么时间、有什么缘由？"椅子"形制先后又有一些怎样的变化？如果把这些都捋清楚了，不就是一篇有关汉人的起居方式、器物形态的文化史么。

　　汉族具有非常丰富的文献史料，历代学者也为汉人的文化历史研究做出过非常可观的成绩，因而我们要捋清楚"坐"与"椅子"的关系不会显得太过繁难。清朝乾嘉年代著名学者赵翼（云崧），写过一部学术笔记叫《陔馀丛考》，其中卷三十一有"古人跪坐相类"和"高坐缘起"两条。只要我们读懂了这两条，上述问题基本上就解决了。

　　下面分别过录并略加评说：

　　第一条：古人跪坐相类

　　朱子作《跪坐拜说》，寄白鹿洞诸生，谓古者坐与跪相类。汉文帝不觉膝之前于席；管宁坐不箕股，榻当膝处皆穿——诸所谓坐皆跪也。盖以膝隐地，伸腰及股，危而不安者，跪也。以膝隐地，以尻着跖，而体便安者，坐也。今成都学所存文翁礼殿刻石诸像，皆膝地危坐，两跖隐然见于坐后帷裳之下，尤足证云。又《后汉书》向栩坐板床，积久板乃有膝踝足指之处。据此则古人之坐与跪，皆是以膝着地，但分尻着跖与不着跖耳。其有偃蹇伸脚而坐者，则谓之箕踞。《汉书·陆贾传》"尉佗箕踞"，颜师古注：伸其两脚如箕形。佛家盘膝而坐，则谓之跌坐，皆非古人常坐之法也。然则古人何以不以尻着地，而为此危坐哉？盖童而习惯，遂为固然。犹今南人皆垂脚而坐，使之盘膝则不惯；北人多盘膝而坐，使之垂脚亦不惯也。

　　原来古代汉人，和现代朝鲜、日本还保留在某种场合的习惯一样，坐时两膝着地，两脚的脚背朝下，臀部（尻）落在脚踵（跖）上。如果腰部是挺直（危）的，臀部不接触脚踵，那叫跪。坐与跪的区别，就在于"尻着跖与不着跖"罢了。所以，坐着的汉文帝要移动位置，不是像现在一样挪屁股，而是"膝之前于席"——膝盖在席子上向前蹭。古人如果用臀部着地，两腿前伸像个畚箕，这种慵懒没有规矩的形状叫"箕踞"，有教养的人是不屑为的。《三国志·管宁传》注引《高士传》："管宁自越海及归，常坐一木榻，积五十馀年未尝箕股（即箕踞），其榻上当膝处皆穿。"可见，古代汉人规矩的"坐"都是"跪坐"，哪怕是在硬邦邦的木榻上也不能例外。

第二条：高坐缘起

古人席地而坐，其凭则有几……寝则有床。应劭《风俗通》赵武灵王好胡服，作胡床，此为后世高坐之始。然汉时犹皆席地，文帝听贾谊语，不觉膝之前于席；暴胜之登堂坐定，隽不疑据地以示尊敬是也。至东汉末，始斫木为坐具，其名仍谓之曰床，又谓之曰榻。如向栩、管宁所坐可见。又《三国·魏志·苏则传》文帝据床拔刀；《晋书》桓伊据胡床取笛作三弄；《南史纪》僧真诣江敩登榻坐，敩令左右移吾床让客；狄当周赳诣张敷就席，敷亦令左右移床远客——此皆高坐之证。然侯景升殿踞胡床垂脚而坐，《梁书》特记之，以为殊俗骇观，则其时坐床榻，大概皆盘膝无垂脚者。至唐又改木榻而穿以绳，名曰"绳床"——程大昌《演繁露》云，穆宗长庆二年十二月，见群臣于紫宸殿御大绳床是也——而尚无椅子之名。其名之曰"椅子"，则自宋初始。丁晋公《谈录》，窦仪雕起花椅子二，以备右丞及太夫人同坐。王铚《默记》，李后主入宋后，徐铉往见李，卒取椅子相待。铉曰："但正衙一椅足。"李后主出，具宾主礼，铉辞，引椅偏乃坐。张端义《贵耳录》，交椅即胡椅也，向来只有栲栳样。秦太师偶仰背坠巾，吴渊乃制荷叶托首以媚之，遂号曰太师样，此又近日"太师椅"之所由起也。——然诸书"椅子"犹作"倚"字，近代乃改从"椅"，盖取桐椅（梓属木）字假借用之。至"杌子""墩子"之名，亦起于宋，见《宋史·丁谓传》及周益公《玉堂杂记》。

这条所谓"高坐缘起"的笔记，把汉代古人由屈膝的席地而坐到垂脚的据倚而坐，把从床榻而椅凳的来龙去脉，都说得清清楚楚。有观点、有材料，有例外分析、有时间断代，不啻一篇汉人起居状态、器物形制的文化简史。这要放在今天，作者不写个一万、几千字，恐怕打不住。

需要补充的一点是："椅子"与东汉末年出现的"胡床"有直接关系。胡床是北方游牧民族为方便迁徙而创制，它由两个矩形框重叠交合以横轴连接，可以调校折叠；床面系以绳带皮革，类似今天的马扎。胡床方便坐卧，可躺可倚，所以又称绳床、校倚、交椅。可以想象，我们今天的木质交椅、折叠椅等，都是由胡床发展而来。

文化因积淀而传承，文明却常常以迭代更新的形式呈现。由于有了椅子，汉人已不再"跪坐"。互联网之于印刷，恐怕也有类似的隐喻——是不是我想得太多了？

（原载《深圳特区报》2016.5.26 国学堂）

佩特拉，失落的玫瑰城

愉快的学习之旅

今年春节，一群炎黄子孙，告别南国五十年一遇的冰凝雪冻的寒冷，搭乘沙特航空公司 SV873 次航班，飞越万里关山，到达中东地区，拜访了人类大家庭的另一房亲戚——亚伯拉罕后裔。

行走中东，虽然有加利利湖早晚波光潋滟的绮丽景致，也有海拔 –400 多米以下死海浮游的惬意体验，但绝不是一次游山玩水的旅游。

据史料实物和科学论证，毋庸置疑，中东地区是人类文明的发祥地之一。亚述、巴比伦、埃及、希腊、罗马、波斯萨珊王朝、奥斯曼土耳其帝国……在此攻城略地；犹太教、基督教、伊斯兰教、祆教、摩尼教……于斯布道传教，同时互相之间，甚至本教内部也竞长争雄。这里曾是野蛮的战场，也一度是文明的摇篮。前后十五天的游历，对于我来说，身心的愉悦非常强烈，学习的收获也刻骨铭心。徜徉沙特、约旦、叙利亚、以色列、巴勒斯坦各国，仿佛置身于时间隧道，又像遨游于宇宙太空。目接千载，心游八极——这样的用语，或许在别处只是为文的藻饰，而用之于中东地区却是真实的写照。如有"东方庞贝"之誉的约旦杰拉什古城（坐落在首都安曼市以北40公里处，是约旦的重要旅游点之一），城内的古迹，分别属于铜器、铁器、古希腊、罗马和拜占庭、阿拉伯倭马亚（一译伍麦叶）王朝以及阿拔斯王朝等时期，即自公元前1600年至公元900年；公元前1600年，杰拉什就有人居住生息。又如叙利亚首都大马士革，城市历史4500多年，而在7000多年前就有人迹！这个"天国里的城市"，在几千年饱经沧桑的风云变幻中，留下了很多国家的印记。大马士革老城中心的倭马亚清真寺（公元661年阿拉伯倭马亚王朝定都于此），其中三个形状各异的尖塔，分别代表的就是伊斯兰各个不同时期的建筑艺术风格。耶路撒冷，一座连归属问题至今都还在争议中的历史名城，她神奇的传说、神秘的宗教、迷人的古迹、独特的情调，既令人迷醉，更让你感到心灵的震撼！

说实话，用文字来准确表述这次中东之行的全部感受，于我还不是一件很容易的事。这是因为，有关这个地方的任何一方面都不轻松，也不简单。历史，繁纷复杂；宗教，滞涩凝重；现实，也是波诡云谲。诚然都心有所感，但确实难以一一言说。不得已的办法是避难就易，将沿途的所见所感，像流水账一样先记录下来，而后再去理清头绪，思考其底层的东西。

这里呈献给大家的，是我对于这次中东之行所到的旅游点之一——佩特拉（Petra）古城的一段记述。其中的背景资料，或为出发前的功课，或是回来后的补充。

失落的玫瑰城

　　1812 年，一位出生在瑞士的探险家约翰·贝克哈特来到距离约旦首都安曼以南 250 公里处的穆萨山谷处。他打扮成一名穆斯林，用一口流利的阿拉伯语，说服了当地的一位向导，表示要在一座坟墓前祭献一头山羊。这位向导把他带进沉睡了几个世纪的佩特拉。从此，揭开了这座"玫瑰城"的神秘面纱。

　　佩特拉的历史，可追溯到公元前 6 世纪，一支阿拉伯游牧民族纳巴泰人，从阿拉伯半岛北移，进入约旦阿拉伯干河东部、亚喀巴与死海间一片长峡谷区域（今约旦和南叙利亚境内）。纳巴泰人在此建立厄多姆王国，将佩特拉定为首都。佩特拉一词源于希腊文"岩石"（Petrus），之所以被人们称为"玫瑰城"，是因为它的大多数建筑，都是由玫瑰色的山岩开凿而成。

　　公元前 2 世纪，是纳巴泰的全盛时期。王国的版图由大马士革一直延伸到红海地区。公元前 1 世纪的后半叶，纳巴泰人铸造了自己的钱币，有了希腊式的圆形剧场，佩特拉城蜚声古代世界。

　　然而到了公元 1 世纪，罗马人先是控制了佩特拉的周边地区，并于公元 106 年最后夺取了佩特拉。佩特拉城及其周边地带成了罗马帝国的一个省，称作阿拉伯人佩特拉区。这曾是罗马帝国最繁荣的一个省，在连续几年中，创造的经济效益都可以占罗马帝国经济总收入的四分之一。后来由于中东地区海上贸易的发展，以及陆地贸易新通道的开辟，佩特拉的支柱经济发生动摇，导致经济实力和社会财富大大削弱。公元 4 世纪，佩特拉沦为拜占庭的一部分。这期间，由于君士坦丁大帝的努力，基督教教会和基督教已明确登上了人类事务的舞台（公元 325 年，整个基督教世界召开第一次全体主教会议），佩特拉也成为一座基督教城市，并且是拜占庭（或称东正教）大主教的居住地。

　　此后，佩特拉先后遭受被贬抑直至遗弃的厄运：

公元 7 世纪，伊斯兰教在阿拉伯地区迅速崛起。当穆罕默德的第三任哈里发奥斯曼逝世时（656 年），穆斯林帝国的疆域就已扩展到西亚和北非地带；到倭马亚王朝的鼎盛时期，哈里发的版图西部边界到达比利牛斯山脉，东部与中国接壤。这时，阿拉伯人佩特拉区又成为穆斯林帝国的一个小省，已不复有昔日的辉煌了。

几个世纪后，伊斯兰势力与欧洲基督教各国为了争夺对于中东地区控制权，进行了旷日持久的战争。佩特拉在十字军东征期间被欧洲十字军所占领，将其作为他们的一个军事要塞，一直坚守到公元 1189 年。12 世纪后，佩特拉最终还是没有逃脱被遗弃的命运。直到瑞士探险家再次把她展现在世人面前，其间又经历了整整 7 个世纪！

神奇的佩特拉

现在的佩特拉，是约旦最为著名的旅游胜地；约旦政府甚至用"佩特拉"来命名国家通讯社。1985 年，联合国教科文组织将佩特拉古城作为文化遗产，列入《世界遗产名录》。

看来我们确实有必要描述一下佩特拉的神奇和美丽。

2 月 11 日，当地时间早晨 8 点半，我们就来到了进入佩特拉的"摩西之谷"入口处。"摩西之谷"也叫西克（Siq）峡，自东往西，全长 1500 多米，蜿蜒曲折，故又称"蛇道"；宽处六七米，可以过车马，窄处一两米，仅能容单骑。路面或卵石或沙土，崎岖不平。峡谷两侧奇石壁立，高近百米。人行于此，有时竟难见天日。一路怪石嶙峋，景色奇特，若非多人同行，则不免阴森恐怖，心寒腿战。因为这是唯一通道，易守难攻。听当地导游介绍，瑞士探险家之前，亦曾有人试图进入佩特拉，但都是有去无归，不知此说有无根据。

我们行至一拐角处，导游导演了一个游戏——他要我们排成两行，后面的人双手搭在前面人的肩上，大家都闭上眼睛，听他的口令向前行进。他数"1、2、3、4……"，当数到"10"时，要我们睁开眼睛——哗！

正前方的岩壁上，突现一座巍峨的宫殿，在阳光的照耀下金碧辉煌——这就是大名鼎鼎的"卡兹尼"（Khazneh）宫殿！"卡兹尼"的另一个名字叫"宝库"，传说是历代国王藏宝之处，怪不得常有人来此寻宝；导游说的那些有去无归的人，说不定也是因为贪财而送的命。这座希腊式石雕建筑高 40 米，宽 30 米。殿门分上下两层，下层有两根罗马式的石柱，高 10 余米；门檐和横梁上的图案精细入微。殿门上的天使、圣母和带有翅膀的战士比例准确，栩栩如生。

转过"卡兹尼"，西克峡豁然开朗，伸向一个更加广阔的大峡谷。峡谷四周山壁，凿有大大小小的各种建筑物，大的雄伟小的精巧。台梯、塑像、门檐、廊柱，依山就势；殿阁、宫室、坟茔、洞穴，因地制宜。所有这一切都开凿在红色和粉色的岩壁上，据考证是已消失的纳巴泰民族的墓地和寺庙。左前则是那半圆形剧场，历经 2000 多年依然形制完好。

佩特拉最西面接近山顶处的达尔（Deir）殿，高 42 米，宽 47 米，是比"卡兹尼"更大一些的石雕建筑，也是希腊式宫殿。内墙刻有十字架，应该是一座修道院。再往前去就是悬崖峭壁，别无去路，所以游人只能按原路返回。

佩特拉的神奇处，就在于它的建筑大都是岩壁雕凿而成，你不身临其境，难见一屋一殿。我们下榻的酒店就在其南边不远处的一座山上，居高临下，看到的佩特拉也只是奇峰突起的连绵山峦。即使你乘坐飞机从佩特拉上方低空飞过，也不易发现这里竟隐藏着一座在最盛时期，曾有 4 万多人居住的城市。

粗浅的认识

1812 年以来，对于佩特拉的考古挖掘逐渐成为热门，先后发现许多古迹。各个时代，很多国家，不同文化的历史、宗教、艺术……几乎都可以在这里找到实物证据。19 世纪的英国诗人 J·W·柏根在诗中写道："一座玫瑰红的城市，其历史有人类历史的一半。"1994 年，ACOR

的总裁这样说："佩特拉城几乎还未被人触及过，我们期望会有许多惊人的发现等待着我们。这是一个一流的考古地，一个中东最大的考古宝藏。"近十几年来，佩特拉又发现了一些史前和伊斯兰时期的历史遗迹。我们这次看到的还正在整理的一座教堂，其地面上的马赛克画，好像就是伊斯兰艺术的典型风格。世人对于佩特拉的认识，似乎还刚刚开始；佩特拉还有很多很多的谜，等待考古工作者去破解。

从城市发展角度看，12 世纪以后，佩特拉就渐渐远离了世界文明的视线——尽管阿拉伯游牧民族的贝都因人，还不绝如缕地在那儿生息繁衍——所以柏根说它是"人类历史的一半"。

但整个中东地区，有人类最早的文明，到今天还一直是全世界瞩目的地方——两伊战争、以巴冲突、地区控制、能源争夺，等等等等，无一不牵动着世人的神经，影响世界的格局。连接欧、亚、非要冲的中东，是犹太教、基督教、伊斯兰教三大宗教的故乡，理所当然也是现代西方文明的先祖。从这个意义上，我们可以说：中东，是一部完整的人类历史。而（生存和发展的）资源、（控制和支配的）权力，是人类争斗的核心；夺利争权，贯穿迄今为止人类发展的始终。大到国家民族，小到一己个人，纷纷攘攘，争斗不息，这个世界会好吗？于是，便有先知先觉者，把目光投向中华文明，问策于中国 2500 年前的孔孟老庄。不知这是历史的吊诡，还是历史的必然。

（原载《深圳特区报》2008.3.11 文化）

帕尔米拉，废墟中耸立着文化

一、奥登纳图斯居功自立

真是令人难以置信，不可一世的罗马帝国正当春秋鼎盛之际，堂堂一国之君的瓦列里安在征讨波斯的战斗中竟然做了俘虏！

这事发生在公元 260 年。起因是罗马帝国在东部的盟国、同时也是屏障的亚美尼亚被波斯王子沙普拉所攻破，负有保护之责的罗马不能不感受到深刻的羞辱和危急。于是，瓦列里安不顾自己年事已高，决定御驾亲征，亲临前线，去教训一下这个不知天高地厚的波斯小子。他不远千里，渡过了幼发拉底河，在埃德萨的城根附近和波斯国王相遇，结果却是一战而败，成了沙普拉的阶下囚。

据有史书记载，瓦列里安被囚禁波斯的日子极其悲惨，身着紫袍但戴着枷锁的他被作为失势的伟大人物的典型，拴在街头示众；凡是波斯君主上马的时候，他脚下蹬的便是罗马皇帝的脖子。在瓦列里安因过度的羞辱和悲哀死去以后，他的皮囊被填进干草做成人形，一直保存在波斯最著名的神庙里，成了一个比爱虚荣的罗马人经常建立的假想的铜像或大理石雕像更为真实得多的纪念碑（爱德华·吉本《罗马帝国衰亡史》中译本上册第 175 页）。

让罗马帝国的衮衮诸公们稍感欣慰的是，在傲慢的沙普拉得意扬扬班师凯旋之际，遇上了帕尔米拉人奥登纳图斯。他从叙利亚的小村庄和沙漠地带的帐篷里聚集了一支游击队，神出鬼没地干扰波斯军队的撤退，并伺机抢走他们的战利品——珍珠、财宝乃至那位做了俘虏的罗马皇帝的好几个艳若天仙的女人。不胜其扰的波斯王子最后不得不在慌乱中退回到他的老巢，以至在一段时间里蛰伏于幼发拉底河东边不敢西向。作为附庸国的帕尔米拉，此举多少为泱泱罗马帝国挽回了一点颜面。奥登纳图斯这个外族人由于为罗马被俘的皇帝报了仇，因而受到罗马的元老院和人民的尊重，据说还接受了瓦列里安的继位者——他的儿子伽利埃努斯的奖赏。

奥登纳图斯既然有如此英雄作为，而罗马帝国又表现得这样无厘头，帕尔米拉好像没有理由不脱离羁绊独立单干。于是乎，奥登纳图斯乘势明诏大号，自立为帕尔米拉国王，成为公元三世纪罗马帝国有名的"三十僭主"之一。

二、帕尔米拉是个古老的国家

"帕尔米拉"（Palmyra）源于希腊语，在叙利亚阿拉伯语中另有个名字叫"泰德穆尔"，都是"椰枣林"的意思。西方人习惯称为"帕尔米拉"；黎巴嫩近代阿拉伯诗人纪伯伦的《泪与笑》中还是写作"泰德穆尔"。我们国家出版的有关叙利亚地图，往往既标"泰德穆尔"，又加上"帕尔米拉古城遗址"，算是兼收并蓄。

帕尔米拉古城遗址位于叙利亚中部，是地中海东岸和幼发拉底河之间沙漠边缘上的一块绿洲。帕尔米拉曾经是从波斯湾到地中海途中的一座重要城市。早在史前时期，就有人类在此穴居。公元前 19 世纪，帕尔米拉城的记载就已出现在卡帕多西亚泥板的楔形文字上。同叙利亚的大马士革、阿勒颇一样，帕尔米拉也是世界上最古老的城市之一。

公元前 1 世纪，罗马人入侵叙利亚，帕尔米拉充分发挥了它在地理上的防御优势，同时这里也成为地中海地区和古代东方的中转站，是丝绸之路上最为繁华的商业重镇。它联系着波斯湾和东西方各国的贸易往来，持续了长达 400 年之久的繁荣。此期间，作为旅行商队必经的交通中枢，帕尔米拉对于运输的货物征收重税，从而积累了大量的财富，并建起了一系列重要的建筑。如雄伟的贝勒神庙，始建于公元 32 年；著名的帕尔米拉大街，则是公元 2 世纪，罗马皇帝哈德良统治时期的杰作等等。

公元 3 世纪 60 年代，奥登纳图斯当上国王之后，又不惜巨资和人力，建造了富丽堂皇的宫殿，过上极尽享乐的王室生活。然而乐极生悲，不久，奥登纳图斯遭到暗杀。

关于奥登纳图斯的死，曾有种种传说。但比较可信的一种说法是，奥登纳图斯的侄子——一个名叫麦尼奥的青年，邀了几个大胆的同伙，在一次盛大的宴会上，把他的叔叔置于死地。原因是在一次狩猎活动中，麦尼奥有一个鲁莽的行为，惹怒了他的叔叔奥登纳图斯，奥登纳图斯派人牵走了他的马匹——这在野蛮人中被视为一种极大的侮辱——并将这个冒失鬼关了一段时间的禁闭。奥登纳图斯没想到因这次惩罚，和他的侄儿结下了冤仇，而给自己带来了杀身之祸。

奥登纳图斯死后，他的第二任妻子芝诺比娅接替了王位。从此，帕尔米拉进入了一段全新的历史。

三、芝诺比娅再创辉煌

当历史遭遇上了芝诺比娅这位女性，实在有太多的东西可以记载。

她自称是埃及艳后克莉奥帕特拉的后裔。她和她的祖先同样具有不同凡俗的美丽。历史学家爱德华·吉本是这样描述芝诺比娅的：她肤色微黑，牙齿雪白如贝，一双黑色的大眼睛闪烁着不同一般的神采，却又是那样温柔，令人迷恋。她的声音洪亮而优美。她的不次于男人的理解力因刻苦学习而更趋完美……吉本一生未娶，但不知他是否有过女友，看他对于一千几百年前的芝诺比娅如此不吝辞藻之华美，应该对异性还是有感觉的。

芝诺比娅能文能武。她精通希腊文、埃及文和叙利亚文，对拉丁文字也略能知晓；她著书立说，自编了一套东方历史概况以方便使用；她还在博学之士郎吉努斯的指导下，自由地比较荷马和柏拉图彼此不同的美。芝诺比娅经常和她喜欢狩猎的夫君奥登纳图斯到野外打猎，从而养成了能够吃苦耐劳的体魄，乃至她在后来贵为一国之主时，还讨厌坐在带篷子的豪华车中，而愿意骑马代步。

有了这样一些资质和历练的芝诺比娅，怎么可能甘心于做一个无所作为的帕尔米拉国君？她有野心，她要问鼎罗马，称霸西亚乃至世界。我们应该想象得到，她的祖先克莉奥帕特拉同样的血液，此时就在她的胸腔里喷涌。

公元 3 世纪是罗马帝国的多事之秋，史称"三世纪危机"。乘着罗马帝国内外交困无暇东顾之际，芝诺比娅挥戈西进，罗马帝国的一些行省纷纷倒戈；女王很快占领了整个叙利亚，势力一度扩展到北至小亚细亚、南达埃及的广大地域。阿拉伯、亚美尼亚、波斯等邻近的国家都害怕与女王为敌，表示希望与帕尔米拉结为盟国。芝诺比娅俨然已成西亚霸主。

而就在这个时候，奥勒良靠积累军功坐上了罗马帝国皇帝的宝座。

农民出身的罗马新主子无法容忍芝诺比娅逐渐膨胀的野心。他要给这个女人显示他领导下的罗马帝国的厉害。

公元 272 年，奥勒良率领的军队只用了先在安提俄克后在厄麦萨附近的两次交锋，就把芝诺比娅女王逼到了帕尔米拉的围城之中。奥勒良派出别的部队先去收复了被女王夺走的埃及境内诸省，然后全力对付帕尔米拉。芝诺比娅准备顽强抵抗，后来不得不弃城而逃。她骑上她的驼队中跑得最快的骆驼，已经逃到幼发拉底河边离帕尔米拉仅约 100 公里的地方，还是被奥勒良的轻骑兵追上而抓了回来。

奥勒良焚烧了奥登纳图斯建起来的宫殿；帕尔米拉一片狼藉，惨不忍睹。

曾经想问鼎罗马的芝诺比娅终于来到了罗马，不过她苗条好看的身材戴上了黄金做成的镣铐，套在她嫩白脖子上的金锁链则由一个罗马奴隶用手牵着——这是有人在奥勒良的祝捷盛典上看到的一幕。

最后芝诺比娅女王瘐死狱中。一个美丽的女人和一座美丽的城市就这样渐渐淡出了历史……

四、湮灭的是繁荣，保留的是文化

史料记载，大概在公元 7 世纪的时候，帕尔米拉宏伟壮观的城市规模还能显示昔日的繁荣景象。后来古城逐渐销声匿迹，直到公元 18 世纪时，被历史淹没了 1000 多年的帕尔米拉古城遗址才被世人重新发现。

目前，帕尔米拉古城遗址还保存有柱廊、石刻凯旋门、太阳城大殿、罗马剧场、王宫、浴场、雕像和贝勒神庙等建筑遗迹。

雄伟的贝勒神殿坐落在古城的南部，3 个殿堂呈 U 状分布，中间围成一个广场，四周环绕着 15 米高的圆形石柱。神庙的正面有扶墙柱。U 形底部的主殿是整个神庙的制高点，前面设有祭祀的神坛和施洗盆。主殿四周有柱廊环绕，是典型的希腊式风格。连接着神殿和柱廊的石灰石柱梁上装饰有大量浮雕。主殿内左右各有一个祈祷室，左边的一个饰有黄道十二宫的图案，右边则是明显的几何式花纹。这两个祈祷室的图饰充分体现了地道的阿拉伯和叙利亚艺术风格。

据有美术史家分析，帕尔米拉建筑文明比罗马文明出现得更早，在受到古希腊和古罗马影响之前，帕尔米拉的建筑和装饰就已经被其入侵者模仿和实践了！

帕尔米拉大街遗址也震撼人心。一条青石大道，全长 1600 米；两边每隔 10 米一根的浮雕石柱，横托起沉重的青石水槽（此设施据说既有通水的功能，又有降温的效用。这在燥热的沙漠城市，确实是一大发明），相连成两条巨龙般的柱廊，真是奇伟壮丽，气势如虹。

帕尔米拉还有很多令人称奇道绝的遗迹，一一说来，难免琐碎。我们这次同行的黄小姐，是一位好学深思的女子。她在她的博客中，有一段文字写得好，我借来用作本文的结束，因为我也有同样的感受。只不过是人们在凭吊帕尔米拉古城遗址时，还会不会想起帕尔米拉的那位艳后？如果她没有那么大的野心，我们今天看到的帕尔米拉古城，又将是怎么一幅景象呢？

下面是黄小姐博客中的那段话，她写的是——

废墟的帕尔米拉也依然壮观，交融了东西方艺术智慧的宫殿富丽堂皇，让我们这些后来的参观者有了对古人的钦佩与崇拜。宫殿、神庙、剧场、集市、陵墓等在这里成了一个有序的整体。帕尔米拉废墟屹立在大地上，矗立在天际中，天地人神在这里均已融会贯通。这里是人类文明的精神家园，也是让人荡涤心灵的好地方。古帕尔米拉人早已消失在历史的尘器中，只有沙漠上的遗迹静静地立在地上或躺在地下，似乎还在回忆着当年的喧嚣与伟大。

（原载《深圳特区报》2008.4.17 人文）

"国学热"与科学精神

——在浙江科技学院第八届孔子文化节系列讲座暨百名教授讲座第 125 期演讲稿

　　到浙江科技学院来演讲，对我来讲是一次挑战。如何面对学习自然科学的诸君来传播中国传统文化？我们现在天天耳熟其实而不能详言的"国学"有它自己的学术规范吗？即"国学"是一门学科，还是一个漫无边际的概念？这是我在今天的演讲中必须要回答的问题。

　　我总的观点是：国学可以是一门学科，而"国学热"则是一种政治考量而形成的社会现象。所以，我把今天的演讲题目定为"'国学热'与科学精神"，就是想在这个框架里面来讲清楚"国学热"的政治因素，和国学作为一种学科其中应有的科学精神。

一、"国学"一词的产生和历史上几次"国学热"，都是当时政治催化的结果

　　明末清初大思想家、大学者顾炎武曾经说过："有亡国，

有亡天下。亡国与亡天下奚辨？曰：易姓改号谓之亡国。仁义充塞，而至于率兽食人，人将相食，谓之亡天下。"（《日知录·正始》）

1905 年 2 月，学者潘博，为《国粹学报》创刊号写"叙"，一开始就引述了顾炎武这段话："昔顾亭林先生有言：有亡国，有亡天下。夫等是亡矣，何以有国与天下之分？盖以易朔者，一家之事；至于礼俗政教渐灭俱尽，而天下亡矣。夫礼俗政教，固皆自学出者也，必学亡，而后礼俗政教乃与俱亡。然则学顾不重耶？"

1907 年 3 月，《国粹学报》的主编邓实（枚子），在该刊第 26 期上发表《拟设国粹学堂启》，其中说："中国自古以来，亡国之祸叠见，均国亡而学存。至于今日，则国未亡而学先亡。故近日国学之亡，较嬴秦蒙古之祸为尤酷。何则？以嬴秦之焚书，犹有伏生、孔鲋之伦，抱遗经而弗堕；以蒙古之贱儒，犹有东发、深宁数辈，维古学而弗亡。乃维今之人，不尚有旧，自外域之学输入，举世风靡，既见彼学足以致富强，遂诮国学而无用。"

上面这几段引文，可以帮助我们理解中国古代读书人的责任担当，和"国学"一词产生的时代背景及其基本含义。

汉代成书的儒家经典《礼记·学记》说："古之教者，家有塾，党有庠，术（遂）有序，国有学。"这里的"国有学"和我们今天讲的"国学"没有词源学上的联系。和今天"国学"有词源关系的是光绪二十九年（1903）满清政府学部所拟《奏定学堂章程·学务纲要》中"中小学堂宜注重读经以存圣教"，"以免抛弃中学根底"里的"中学"，以及早此一年（1902）梁启超从日本介绍进来的"国粹"一词（梁启超致康有为书："日本当明治初元，亦以破坏为事。至近年然后保存国粹之义起。"）。

已故历史学家、复旦大学教授朱维铮先生说："在近代中国，谁是'国学'新义的始作俑者，至今仍难断定。有一点是肯定的，即'国学'一词晚于'国粹'，而'国粹'则是由日本输入的外来语。"他又说："赋予'国学'一词以非传统的含义，开始流行于二十世纪初，鼓吹者是在上海的一批青年学人。"（《"国学"岂是"君学"》）这批学人办了一个刊物叫《国粹学报》（1905—1912），创刊号上发布了一篇《国学保存会简章》，提出八字主旨："研究国学，保存国粹。"从此，"国学"一词不仅大行于世，而且引起了革命党人与清廷官员"国学"与"君学"的对立。在辛亥革命前夕，形成了历史上的第一次"国学热"。

这里我们必须要提到曾经揭橥"中学为体，西学为用"的张之洞，还在戊戌变法时，就撰有《劝学篇》一文，全面阐述"中体西用"这一思想；而且又在该文的《同心》篇中说："保国、保种、保教，合为一心，是谓同心。保种必先保教，保教必先保国。""国不威则教不循，国不盛则种不尊……保国之外，安有所谓保教保种之术乎？"不难看出，在张之洞的语汇中，国是国君，是政府；种是种族，是人民；教是儒教，是中国传统文化，也就是他所谓的"中学"。虽然他也说了"保教"，但他的头等大事是"保国"——他的"国学"就是"君学"，君定之学。

当年上海的那一批青年多半是江浙人，但《国粹学报》的两位主将却是广东籍的邓实与黄节，而且都是顺德人。他们共同拥戴革命党人章太炎为学术领袖，相继在《国粹学报》上发表《国学今论》《国学真论》，直斥古之国学为假国学，而真"君学"："吾神州之学术，自秦汉以来，一君学之天下而已，无所谓国，无所谓一国之学。何也？知有君不知有国也。近人于政治之界说，既知国家与朝廷之分矣，而言学术，则不知有'国学''君学'之辨，以故混'国学'于'君学'之内，以事君即'爱国'，以功令利禄之学即为'国学'，其乌知乎国学之自有其真哉。"（邓实《国学真论》）"秦皇汉武之立学也，吾以见专制之剧焉。民族之界夷，专制之统一，而不国，而不学，殆数千年。"（黄节《国粹学报》叙）

从邓实、黄节的文字中，我们今天犹能闻出革命党人的气息。革命党人所谓"国学"之"国"，不能等同于独裁专制的"君"。汉武帝"罢黜百家，独尊儒术"，那是以"君"定"学"；秦始皇焚书坑儒，则是由"君"灭"学"——"吾以见专制之剧焉"！那么，革命党人的所谓"国学"，指的是中国文化的精髓，是中国人民创造的日积月累的宝贵财富，是国家民族赖以存立的精神魂灵。"国粹者，一国精神之所寄也。其谓学，本之历史，因乎政俗，齐乎人心之所同，而实为立国之根本源泉也。是故国粹存则其国存，国粹亡则其国亡，此非余一人之私言也。"（许守微《论国粹无阻于欧化》）

如果说中国封建专制时代只把尊孔读经视为"国学"，那么，邓实、黄节们"国学"的范围，则包括秦汉专制王权尚未建立以前的所有九流十家之学，以及东汉以后西来的佛学，和自身发展的四部（经史子集）之学等全部成果。我们今天有个说法："国学是指以儒学为主体的中国传统文化。"这种定义对于当年的"国学"创义者来说，我想也是不会认可的。尽管"以儒学为主体"，这也是一个事实。

神州大地上的第二次"国学热"，延宕至20世纪90年代才到来。尤其在中国内地，"国学"一词更好像是冬眠了几十年。但草蛇灰线，20世纪90年代的"国学热"，实际上已肇端于20世纪80年代的"文化热"。

作为那个时代的亲历者，我感觉20世纪80年代，是中国继五四运动以后，又一个狂飙突进的时代。中国大陆"文革"结束，改革开放，各种思潮、中西文化交汇融合，相摩激荡，给社会带来极大的活力。知识、科技界，文化、教育界，乃至社会治理、行政管理，思想活跃，创新不断。十一届三中全会以后，政府层面坚持以经济建设为中心的战略部署，按量化标准实现"四个现代化"。当时我们追赶的目标是亚洲"四小龙"——韩国、新加坡、中国台湾省和中国香港；而其中最心仪的榜样就是新加坡。

亚洲"四小龙"都是受到儒家文化滋养的地方。新加坡为什么发展会那么快那么好？从某种意义上讲，李光耀、李显龙父子实行的也是专制统治。在20世纪80年代多元文化的大背景下，于是有一种在中国实行新权威主义的声音，20世纪80年代即使在极力挣脱计划经济的改革气氛中也没有感觉到过分悖逆。

时间进入到1995年，三联书店出版了广州作家陆键东的《陈寅恪的最后 20 年》。作者把一个目盲身残的衰年老教授推到读者面前，人们先是感佩于陈寅恪的博闻强记，而后愤怒于"文革"造反者对一位国宝的戕残，最终却是从一代宗师的"独立之精神，自由之思想"的风骨中获得了启悟。

陆键东的《陈寅恪的最后 20 年》与 20 世纪 90 年代的"国学热"有直接联系，这应该没什么异议。陈寅恪是民国时期清华研究院的四大导师之一，尽管在那次"国学热"中及其以后，也产生了一些假冒伪劣的"国学大师"，而陈寅恪的"国学大师"，怎么打假也打不到他的头上。

20 世纪 90 年代的"国学热"，主观上有自由主义对新权威专制主义隔空喊话、隔山打虎、隔靴搔痒的意思和作用，也有自由主义知识分子借他人杯酒浇自己胸中块垒的事实。其政治色彩和功利痕迹一目了然。但在客观上，也让一些真正喜欢中国传统文化的人，重新回到了书桌前，去亲近那些曾经蒙上了灰尘的经史子集，在日渐商品化的世界为自己的灵魂找到了一块栖息之地。

第三次"国学热"是近些年的事。习近平同志 2013 年 12 月 30 日主持政治局集体学习时提到：要系统梳理传统文化资源，让收藏在禁宫里的文物、陈列在广阔大地上的遗产、书写在古籍里的文字都活起来。十八大以来，新领导层对中国传统文化非常重视。但据我自己所知闻，习近平同志在公开的讲话和文章中好像没有用过"国学"这个语词，相关内容用来指称的都是"传统文化"。

比这还早一些，不少大学设国学院、开国学班、授国学课；传统媒体、新媒体新增国学版、国学栏目、国学频道、国学公众号；不仅大人，连小孩也有尊孔读经学国学的各类学校、各种班在全国各地星罗棋布。现时期的"国学热"虽然在热度上不是气势熏人十分炽烈，但在广度和深度方面却前所未有。

对此，硕学通儒、现年 93 岁仍然手不释卷、笔耕不辍的江西师大刘世南先生指出：

这一现象的出现，官方和民间的出发点是不同的。民间主要是从"人心不古，道德沦亡"角度考虑，认为中国搞市场经济，搞得大家唯利是图，损人利己，损公肥私；假冒伪劣，充斥官场和市场；社会风气也黄毒烟赌，治安堪虞。为了挽救人心，重振道德，大家便乞灵于儒学。

至于官方提倡"国学热"，（前几年）自然是为了建（营）造和谐社会。全国到处爆发群体事件，实在害得官家人焦头烂额，不遑宁处。为了维稳，除了动用军警力量而外，为了釜底抽薪，干脆学习王阳明"除心中贼"方法，从孩子抓起，让他们从小就背诵圣经贤传，长大以后，自然循规蹈矩，不会犯上作乱了。（《我最尊敬的资中筠先生》，《粤海风》2014 年第 6 期）

我觉得，这几年新领导层重视"国学"，应与为建立中国社会主义核心价值观，必须寻求优秀的传统文化滋养有关。这也是这一代领导人"完善和发展中国特色社会主义制度，推进国家治理体系和治理能力现代化"的政治考量。

二、"国学"即关于中国传统文化的学问，它具有自己的具体指向和独特功能

钱锺书先生说："大抵学问，是荒江野老屋中，二三素心人商量培养之事。朝市之显学，必成俗学。"学问，是中国人的习惯称呼，规范的说法，叫"学术"——"学术"虽然现代，但不如"学问"形象，而且内涵丰富。我认为，学问（或曰学术）是人类了解自然适应相存，协调社会和谐相生，完善和丰富本我喜乐自适的精神活动；是人类不断探索未知的生命过程。探索的某些成果可以为人类所用，学问的本身却不具有功利性。

最近，我参加江西师大中文系 81 级同学毕业 30 年聚会，写了一首七绝："古之学者自为忙，碧落黄泉极八荒；慕道尊儒吾与古，茅椽蓬牖亦堂堂。"《论语·宪问》："子曰，古之学者为己，今之学者为人。"原意是：古人做学问是为了充实自己，提高自己的修养和道德；

今人做学问则是为了装饰自己，而好去向别人炫耀。我的诗中还有另一层意思，就是：一个真正的学者，应该为学术而学术。荒江野外，老旧屋中，二三素心人，屏蔽掉喧嚣与浮华，远离了功名和利禄，"上穷碧落下黄泉，动手动脚找东西"，辩诘问难，切磋琢磨——这样一幅图景，就是我对学问的看法，就是我的"学术观"。

以我的"学术观"来衡量，几次"国学热"中的"国学"，当然不可能是"学术"行为。但"国学"是否能成为以学术眼光来观照的学术门类——标准的名词叫"学科"——呢？其实一直以来都有质疑。

陈独秀曾经说过："国学本是含混糊涂不成一个名词。当今所谓国学大家，胡适之所长是哲学史，章太炎所长是历史和文字声韵学，罗叔蕴所长是金石考古学，王静安所长是文学。除了这些学问之外，我们实在不明白什么是国学。"这段话见载于台湾的龚鹏程教授撰写的《国学入门》一书中。而这位有博学通儒之称的龚鹏程，他也不认为"国学"是一门现代意义上的"学科"。在他的《国学入门》的封底，就赫然印有这样几行文字："国学并非一门专业，一个科目，而是各种学问生发的土壤。从大处说，国学是中国文化的标志，了解本国文化、树立文化自信，可以避免在现今这个同质化时代被同化；具体到个体，则可增进个人的文化内涵，护养根本，滋养灵魂。"

我则认为，判定一个学科之所以成立与否，主要看其是否满足这样几个要素：

（一）有特定的研究对象；研究范围的边际要清晰。

（二）有适应研究对象而已初步形成、并将逐渐完善的理论和方法。

（三）有可以预期、并能进行评价和再论证（证实和证伪）的研究成果。

（四）这项研究有益于加深人类的对事物的认识和人类自身的发展与进步，即这项研究是有价值的。

比照以上四条，"国学"完全可以有作为一门学科而存在的理由，只是对"国学"的定义和区界要做一些规范。

参考一些前贤的成果，我对"国学"一词做了如下界定和梳理：

"国学"属于中国历史文化学的范畴，主体是书籍印刷（唐）以前汉语典籍的文本还原和内容释读。文本还原应具备辑佚学、版本学、校勘（雠）学等考据学功夫；内容释读则需要文字学、音韵学、训诂学功底。目录学是文本还原和内容释读的总结性归整的成果，也是后学者进一步研究的起点和津筏。上述都是中国固有的学问，所以也可以说，中国人所谓国学，就是中国固有的学问。

历史文化学的研究，必须遵循历史唯物主义的时空（时间与地域）原则和辩证唯物主义的整体（全面与综合）原则。明末福建学者陈第（季立）的"时有古今，地有南北，字有更革，音有转移，亦势所必至也"（《毛诗古音考序》），就是他深入研究汉语古音学的理论成果。清代著名学者段玉裁说："小学，有形、有音、有义。三者互相求，举一可得其二。有古形有今形，有古音有今音，有古义有今义。六者互相求，举一可得其五。"（《广雅疏证》序）他的文字学研究方法，就蕴含了辩证唯物主义的元素。

中国的春秋末期和战国时期，正是德国哲学家雅斯贝尔斯所谓"轴心时代"，出现了很多思想的巨人。孔老孟庄，群雄并出；九流十家，烂若星辰。然而，一经秦火，各类著述摧毁灭裂，不复原貌。唐代雕版印刷术出现之前，中国书籍赖手抄刀刻得以流布。抄工人异，不仅讹误多，而且容易造假，真正的作者难以考稽。中国汉字三四千年，绵延至今，从无间断；但书写汉字的载体，从甲骨金石，到竹木缣帛，而后才是纸。考古学告诉我们，甲骨卜辞，只能算作神权档案，还不是我们现代意义所谓的书籍。罗振玉说："唐以前无雕板，而周秦两汉有金石刻，故周秦两汉之金石刻，雕板以前之载籍也。"（《恳斋集古录序》）其实周秦两汉之载籍，更多的是竹简木牍。写上字的简、牍，用牛皮绳子串起来就成了书册。年深日久，牛皮绳子老化折断，就会形成脱简、乱简；竹木也会磨损残破，造成字迹漫漶难辨。帛书的时间也很久长，春秋时期竹帛就已并用；至战国，帛书更加普遍；到了汉代，帛书就相当流行了。直到唐代，还有用帛来写信的——就像在互联网时代，也会有人用纸笔写信，投进邮筒远寄朋友，这样的事情并不稀奇——如李白《寄东鲁二稚子》："裂素写远意，因之汶阳川。"

汉字汉语，在几千年历史的迁流演变中，也发生了极大的变化。汉字形体，由甲骨文、金文、篆书，而隶书、楷书，后来中国大陆又由繁体字而简化字。汉字本属表意体系的象形文字，几番嬗变，已经不能"视而可识，察而见意"了。中国历史之长，地域之广，汉语也是声流韵变，因时因地大有差别。隋朝的时候陆法言等八人讨论音韵，就明显感到"古今声调既自有别，诸家取舍亦复不同。吴楚则时伤轻浅，燕赵则多涉重浊。秦陇则去声为入，梁益则平声似去"。这还是专讲语音的问题，词汇、语法古今各地也是有差别的。

中国语言还有雅言与白话的区分，自周秦至而今，莫不如此。所以章太炎说："《尚书》中《盘庚》《洛诰》，在当时不过一种告示，现在我们读了，觉得'佶屈聱牙'，这也是因我们没懂当时的白话，所以如此。《汉书·艺文志》说：'《尚书》直言也。'直言就是白话。古书原都用当时的白话，但我们读《尚书》，觉得格外难懂，这或因《盘庚》《洛诰》等都是一方的土话，如殷朝建都在黄河以北，周朝建都在陕西，用的都是河北（黄河以北）的土话，所以较不能明白。"这就告诉我们，假如有一部周秦以前的典籍，它没有遭秦火之劫，也没有脱简、乱简，它经历了几千年的日月风霜，却能完整无损地保存到现在，它根本无须"文本还原"；它上面奇奇怪怪的甲骨文、鸟虫书或蝌蚪字，经文字学家考证都能一一辨识对应认得出来。但由于它记录的是几千年前的某个地方的方言土语，今天的我们要对它进行"内容释读"，仍然不是一件容易的事。

前人而尤其是有清一代的朴学家研究"国学"做出了相当有价值的成就和贡献，惠栋、戴震、钱大昕、段玉裁、王念孙王引之父子等乾嘉学人均士林称誉，虽然在他们的时代还没有"国学"的概念。上文提到的陈第（季立）和明末清初的顾炎武、阎若璩等都可以说是"国学"的奠基人。

今人利用考古资料对古籍的"文本还原"，丰富了"国学"的理论和方法，扩大了"国学"取资的新领域。如利用长沙马王堆帛书研究《老子》，利用临沂银雀山竹简研究《孙子兵法》等都有很好的成绩。过去康有为认为汉以前的书都是伪书，都是被王莽、刘歆篡改过的，这种说法可以不攻自破了。

下面讲一段阎若璩及其《尚书古文疏证》的故事，以便加深对"国学"作为一门学科的进一步理解。

阎若璩，字百诗，自号潜邱。先世太原人，五世祖始居江苏淮安。生于明崇祯九年（1636），卒于清康熙四十三年（1704）。少口吃，6岁入小学，读书千百遍，还是有些字词的意思弄不懂。又多病，常暗记不出声。15岁时，有一天晚上，憋闷得睡不着；四更时，冷得很，仍躺在床上想问题；突然一下豁然开朗，自此颖悟异于常人。他后来花了二十多年工夫，写了《尚书古文疏证》，从此名满天下。

这就要讲到《尚书》了。在汉代，《尚书》有两个版本，一个是今文本，一个是古文本。

根据《史记·儒林传》的记载，今文本是伏生传下来的。伏生曾是秦的博士。秦始皇焚书时，伏生把《尚书》藏在墙壁中去逃命了。汉惠帝取消禁书令，伏生取出藏书，少了一些，只剩28篇（如将《顾命》和《康王之诰》分开，应为29篇——《史记》取此说）。伏生在齐、鲁之间讲授这个《尚书》，他的学生用当时通行的隶书记录下来，所以叫作今文《尚书》。也称"伏生本"。

根据《汉书·艺文志》和《说文解字序》记载，汉武帝末年，鲁恭王刘余扩建宫室，在孔子故居的墙壁中，发现了《礼记》《尚书》《春秋》《论语》《孝经》。其中《尚书》44篇，有28篇和伏生本基本相同，只是另外多出16篇。孔壁中的书是用不同于隶书的古文字写的，所以这个44篇本的《尚书》叫作古文《尚书》，也叫"孔壁本"。后来这个"孔壁本"的古文《尚书》由孔子的后裔孔安国献给了朝廷。

西晋永嘉之乱（311），国势动荡，今、古文《尚书》相继失传。东晋初，豫章内史梅赜向朝廷献出孔安国的《孔传古文尚书》立为官学，分46卷凡58篇（并序共59篇）。其中33篇相当于伏生本今文《尚书》28篇（《尧典》中分出《舜典》，《皋陶谟》分出《益稷》，《盘庚》分为上、中、下，《顾命》分出《康王之诰》。28加5等于33），比今文《尚书》另外增多25篇。这增多的25篇，后来有个专门的名字叫"晚书"。从东晋至唐代，一般学者都相信这部《孔传古文尚书》，就是"孔壁本"的古文《尚书》加孔安国作的传。所以唐初孔颖达为五经（《周易》《尚书》《诗经》《礼记》《左传》）"正义"时，《尚书正义》的底本就是这部《孔传古文尚书》。后来宋人把它编入《十三经注疏》一直流传至今。

宋人研究经学很有自己的主见。吴棫、朱熹、吴澄等先后怀疑"晚书"25篇是伪作。朱熹说："孔壁所出（古文）《尚书》……皆平易，伏生所传皆难读。如何伏生偏记得难底，至于易记底全记不得？"（《朱子语类》卷78）明代梅鷟著《尚书考异》，亦反复申论"晚书"之为伪书，然证据都不是十分有力。

直到阎若璩穷20多年之力，潜心研究，写下《尚书古文疏证》，列出128条证据（书中29条有目无文），使梅赜进献的《孔传古文尚书》是一部伪书——准确地说，是25篇"晚书"和孔传，乃属伪作——成为定谳，成为铁案。

我这样不厌其烦、不吝篇幅地来叙述这场长达1300多年的公案，只是想说明：看起来这是学术"辨伪"，但它和"文本还原"的精神是一致的。"辨伪"即撕开其层层面纱，还其伪作的"本原"。而像《孔传古文尚书》25篇"晚书"和孔传被证明为伪作后，也不是垃圾一堆，一无是处，只要我们使用得当，仍有它另一种意义上的史料价值。

三、　"国学"研究要有开放的心态，切忌陷入国粹主义的泥古不化

通过以上论述，我们知道："国学"是研究中国传统文化的学问。在这个判断句中，"国学"并不等同于中国传统文化。这是一种学术化的表述。但社会语言应用中，有将"国学"直接用来指称中国传统文化的事实，这符合经济学原则：两个字比六个字简便、节约。这似可作为"国学"的第二义，本节标题中的"'国学'研究"也就是中国传统文化的研究。

现在有人把画国画、练书法、下围棋、弹古琴之类也说是国学，这就有点滥。虽然琴棋书画确实也是中国传统文化，但画画、写字、下棋、弹琴毕竟是一种技艺。当然，画谱、书谱、棋谱、琴谱的研究是国学，这说明"国学"一定要和文字有关系。

我注意到习近平同志非常重视中国传统文化，在国内外各种场合多次提到中国传统文化，并有几次专门就中国传统文化的讲话，但没有一次是用"国学"来指称的中国传统文化的。这值得我们三思。

研究中国传统文化与学习中国传统文化，是两种不同的思想行为和价值取向。大致说，人文学科的研究，是以科学手段理性地对对象物进行甄别分析、做出价值判断，而后予以取舍；学习则是对对象物的形态与价值已经认可，从而产生或思想上皈依或行动上效仿的一种作为。中国传统文化是封建专制时代的产物，是一个既有精华也有糟粕的复杂的综合体。过去用一个名词叫"国故"，来指称中国传统文化，就是表示"国故"里面既有"国粹"，必定也有"国渣"。现在有一种倾向，比如一讲到儒学，似乎一切都是好的；一讲起中国文化，便以为真是人类的奇葩。这种认识，在100年前的读书人都不会有。

我在前面提到过的江西师大刘世南先生，有一篇文章叫《"尊孔读经"不能导致中国的现代化》，其中有几个观点值得我们参考：第一个观点，"中国传统文化中确实具有民主精神，但它不存在于孔、孟、荀

的儒学中。"第二个观点，"儒学的土壤是农业宗法社会，这就决定了它只能成为皇权制度的意识形态。所以，它会被历代王朝所利用。"第三个观点，"新儒家企图把自由主义与儒学结合，是不可能的。"好有意思的是，刘先生的这篇文章，是包孕在《我最尊敬的资中筠先生》一文中，发表于《粤海风》2014年第6期上，是一篇"借胎生子"似的作品。

我的讲演完了。谢谢大家！

2015 年 11 月 9 日

《外眼看深圳》编辑说明

建立 30 周年的深圳经济特区，创造了世界工业化、城市化的奇迹，成就令世人惊叹。我们用"翻天覆地"这样的词语来形容深圳 30 年的巨变，已经不是文学的描述，而是完整的客观现实。身处其中的人们，对此变化自然有其切身的体悟；但也可能由于与此变化处于"同向运动"的缘故，反而缺少了一种"局外人"的"距离感"，对此变化的理解或许不能达到足够的深刻——"不识庐山真面目，只缘身在此山中"，揭示的也是同样的道理。

有鉴于此，我们编辑这本《外眼看深圳》，就是试图借镜外人（海外、境外）的眼光，来作为我们从另一个角度了解、研判这种变化的范围、深度、过程、结果、意义、影响之参考，从而使我们的认识更趋立体、全息、多面和深入，有助于把握深圳巨变的影响、意义和价值。

为了帮助读者对本书有个大体了解，兹将我们的编辑工作和相关情况说明如下：

一、《外眼看深圳》，分为第一辑"海外媒体看深圳"、第二辑"海外政要名流看深圳"、第三辑"海外专家学者看深圳"三部分。第一辑收录的文章，主要见之于《纽约时报》《华尔街日报》《华盛顿邮报》《泰晤士报》《每日电讯报》《卫报》报纸、《财富》《福布斯》杂志、《时代》《新闻》周刊等西方著名媒体有关深圳的报道；第二辑，大都是一些外国国家元首、政府首脑、政党领袖、外交官员、国际组织的领导等造访深圳的观感和评价，这些观感和评价且都见载于公开发行的媒体；第三辑，则是从书籍和刊物中选录海外大学和研究机构的专家、学者有关深圳研究的专论，同时酌情收录了一些社会、企业中的精英对深圳所取得的成就和未来发展的评论和见解。

二、每一辑内的文章，按原刊发时间逆序排列，即最近发表的排在最前面，由今及往。这种排列的好处是，既能标示出评述视点的"当下""目前"，又能追溯到评述线索的来龙去脉。

三、第一辑"海外媒体看深圳"的稿件均据原文翻译。广东外语外贸大学新闻学院新闻系组织专业人员（名见书中文内）承担了绝大部分的译稿、审订工作；另有几篇稿件，则是由深圳报业集团记者孙锦、邓含能翻译定稿的。第三辑"海外专家学者看深圳"的第一部分"文章选编"工作——包括翻译和编选——由深圳大学中国经济特区研究中心政治经济学博士研究生罗海平完成。第二辑"海外政要名流看深圳"和第三辑的第二部分"观点摘录"，选自历年来《深圳特区报》的报道。

四、为了保持原稿作者的观点和行文风格，本书编辑只对稿件做了一些技术性处理；此外，我们还对不多的几篇报道性文章做了适当的删节，并为一些文章另拟了标题，则是为了节省篇幅和便于读者阅读和理解。

五、由于环境、条件和价值观等诸方面的局限，海外媒体和专家、学者，对于深圳的报道和评论，难免有不够准确、不太客观的地方，甚至在某些方面还可能存有偏见。我们相信使用本书的读者，都会有辨别的眼光和能力。而我们同样相信，对于人们正确认识深圳经济特区的建立在中国现代化建设中的作用，在社会发展史和人类文明史上的意义，此书所具有的参考价值，也应该是毋庸置疑的。

六、不可否认，作为一部必须考虑"时效性"的作品（收录文章的最近刊载时间是 2010 年 12 月 14 日），本书的编辑工作是十分仓促的；而且，在沟通还不能做到毫无滞碍的情况下，要想在极短的时间内联系上所有的原稿作者十分困难。但我们注明了所有稿件的出处和作者姓名，如果原作者能和我们联系上，我们将按规定奉上稿酬。

编辑这样一种性质的书籍，在我们完全是一项陌生和尝试性的工作，说经验不足、水平有限就不是托词和客套话。我们真诚地希望听到读者的各种意见，对于读者的任何反馈我们都会心存感激。

2010 年 12 月

（原载《外眼看深圳》，深圳报业集团出版社，2011 年 2 月出版）

《通讯》更名《报道》致读者

　　"道"者何？在中国传统文化里，"道"是古代哲学的一个重要范畴，即指宇宙万物的本原、本体。《道德经·第四十二章》："道生一，一生二，二生三，三生万物。"即此之谓。说得浅显一些，"道"则是规律、法则、道理、事物的质的规定性。《易·系辞上》："形而上者谓之道，形而下者谓之器。"其中的"道"，意义差似。再说得具体一点，"道"就是路子、途径、门道，做成一件事情的方法。然则，"道"之一字，并兼"本体论""认识论""方法论"三者而有之也。

　　"报道"者何？即"报之道"——"办报之道""报业之道"之谓也。办报包括采编，报业即是经营，二者均须摸准门道、探求方法、遵循规律、符合道理，则是自不待言的事情。门道、方法，产生于实践之后；规律、道理，存在于事物之中。《商君书·更法》："治世不一道，便国不必法古。"可见方法、途径固然可以不同，然世之所以臻"治"，乃是有其质的规定性的。较之"治世""便国"，办报、经营虽为小端，然事异而理却相同。

近两年前，胡锦涛总书记考察人民日报社，有讲话谓："必须不断改革创新，坚持用时代要求审视新闻宣传工作，按照新闻传播规律办事，努力使新闻宣传工作体现时代性、把握规律性、富于创造性，不断提高舆论引导的权威性、公信力、影响力。"即提示媒体从业者，在网络时代，尤须遵循规律，符合道理，才能把事情做好。此乃仅就办报一方言之；而"道"之为要，益昭昭然矣。

作为一个平台，一种载体，我们把本报同仁在采编实践、报业经营中孜孜探索、不断寻求的成果，刊发出来，传播开去，供读者取鉴；而将所刊之物，径名之以"报道"，是不是更为贴切？若然，则此之所谓"报道"，既"办报之道""报业之道"，亦传播之"报道"欤！

或曰："报"者，告也；世之有"道"，则亟告之也。是的，如业界同行，国内国外，凡有新讯息、新方法、新观点、新理论，只要有可能，即以刊出，与大家共享，亦本刊义不容辞者。

虽然，"道可道，非常道"；然而，"路漫漫其修远兮，吾将上下而求索"。若果能有所得，则"朝闻道，夕死可矣"！

本刊原名"深圳特区报通讯"，创始于 1985 年，迄已出满 127 期；经深圳特区报编委会研究决定，报广东省新闻出版局批准同意，从本期起，更名为"报道"。特告读者诸君以始末。

（原载《报道》2010 年第 2 期）

第四辑　师友忆碎

母校的回忆

今年 10 月，是母校江西师范大学 60 周年华诞。六十耳顺，花甲一轮，实在值得大庆特庆。

说来也巧，1975 年我 19 岁，第一次离开农村老家来南昌就学，至 1994 年我正式调离南昌而赴深圳谋生，其间恰好又是一个 19 年！我的人生第二个 19 年是在母校度过的——我在这里完成大学学业、研究生课程，而后留校当老师。整整 19 年，我把我的青春韶华留给了母校！

如今又是七八年转瞬而逝。白云苍狗，世事茫茫，也许是 19 年的东西太多太多，有的已经漫漶模糊，记不太清楚了。但有几件事情还历历如昨，恐怕一辈子都无法忘记。

我初到江西师大（时称江西师院）是"文革"后期，全国政治形势已十分严峻。我们的班主任是教现代汉语的王松柏老师，他在第一次见面时给我们介绍学校的情况比较复杂，大多是"文革"中派性斗争积累下来的恩怨情仇，造成人与人之间尔虞我诈；要我们做学生的不要参乎其间，有时间到阅览室、教室或者在寝室看看书，学好知识任何时候都是学生的本分。

实话实说，直到今天，在政治上我还是一个低能儿，而当时更是幼稚得可笑。我只觉得王老师的教导与我们"工农兵学员""上大学、管大学、用马列主义毛泽东思想改造大学"的光荣使命何其不合拍，竟然要让我们禁锢在"三室"之内，脱离轰轰烈烈的革命斗争实践！我甚至感觉到肩上的担子有千斤之重。因而在一次有全系教师参加的会议上，我上台把王老师"批判"了一顿。我雄辩滔滔、大言炎炎的口才，以及义愤填膺、以天下为己任的激情，确实给中文系的师生留下了深刻的印象。那天晚上，我记得王老师来到我们宿舍，向我对他的"帮助"表示感谢。我分明看出了他的无奈和言不由衷。

不久，王老师因家庭问题得不到解决而调回了湖南老家，以后便没有了他的音讯。王老师当我们的班主任实际上还不到半年时间。等到我对自己的"胡闹"有了正确的认识时，已经没有办法向他当面道歉，以致成为我的终生遗憾。

我大学即将毕业时，"文革"已经结束，各项工作开始逐步走上正轨。昔日"交白卷"的英雄张铁生式的人物已遭到人们的唾弃；社会需要的是有真才实学者。这时候不仅恢复了全国高考，而且"文革"后首届研究生招生考试工作也在紧张进行。经上级批准，江西师院中文系同时在古典文学、古代汉语两个专业招收研究生。设置研究生层次的教育，这在母校乃至江西省还是第一次啊！为了适应形势的需要，更为了进一步充实自己，我决定报考古代汉语专业研究生。

不可思议的是，我"淘"遍了整个学校图书馆，竟然找不到一套王力主编的《古代汉语》——这是当时指定的唯一专业参考书。本来就不知道研究生该是怎么考，没有参考书更是心虚气短。后来唐满先老师知道了这件事，因他教过我们魏晋南北朝文学，或许觉得我属"孺子可教"，翻箱倒柜找出他读书时用的四本《古代汉语》送到我手里说："小高，好好准备一下，我相信你能考得上！"彼时彼刻，我的那种感觉哟，似乎眼泪就要往下掉了。

我自知，原来我的基础并不太扎实，但那次能够"一箭中麇"，被我的恩师余心乐教授收入门下，当然跟我的专业成绩有关系。那时候年轻，看过的书大致上不太会忘记；而王力主编的《古代汉语》内容充实、安排合理，无疑是我制胜的锐利武器。唐满先老师在关键时刻给了我一柄制胜的武器，这种事情怎能忘记得了？然而，就在我动笔写这篇文章前不久，闻知唐满先老师不堪"二竖"缠身，于龙年正月初三在上海逝世，不禁悲痛无已！

——唐老师年纪并不是很大，也许是刚过六十吧。

还有一件无法忘记的事，是我第一次走上大学的讲台。

研究生临毕业的那个学期，按规定安排有教育实习，具体就是以教师的身份登台授课。我被安排给中文系七八级学生讲"文字学"。七八级的学生有两"大"特点：一是年纪大，二是本事大——1977年恢复高考时相对比较严格，一些考试成绩好的人因年龄大未被录取，而到了1978年又给了他们上学的机会。我记得中文系七八级一百零几人中，竟然有60多人年龄比我大，还有一位从农村来的同学已经是五个孩子的爸爸了。

在这样一个班级上课难免有一些心理压力，所以我做了充分的准备。那天我没有带教案也没有讲稿，因而我一上讲台时，看出了同学们那种不屑而又有些惊异的眼神。我全然不顾这一切。我一会儿滔滔不绝、旁征博引，一会儿龙飞凤舞、板书要点，把准备了好几天的东西全都抖落了出来。看来效果不错，因为下课时一些年纪大的同学都过来或找我聊天或给我递烟，毫无疑问我得到了他们的认可。

无论如何不可小瞧了这一次成功的意义，是它给了我能够当好一位大学老师的信心。人应该有自知之明，我不谙"关系"之学，难为"经济"之事，不能从政做官，但可授业解惑。所以，我留校任教十几年，自我评价是：处事或有不如人意，教书绝无误人子弟。

——想不到对母校的回忆竟是这样温馨而又绵延不绝，记忆的闸门一旦打开，笔底似乎就有永远也写不完的东西。比如待我像父亲般的我的业师余心乐先生，能够用笔写的至少也是一本书，何况那些无法用言辞表达的呢！此时余先生正缠绵病榻，受"二竖"之苦。而不肖弟子如我，于前不能坚守阵地，承传先生衣钵，于今不能侍药床前，纾解先生疼痛，只好在这山重水隔的南方之南祷祝先生早日康复！

（原载《深圳特区报》2000.3.16 罗湖桥）

特殊年代的同学情缘

中秋节前夕，接到在杭州工作的王建华兄打来的电话，告诉我江西师大中文系七七级要出一本纪念文集，希望我能写点文字载诸其中。七七级是"文革"后恢复高考的首届大学生，这届学生从读书、毕业，到参加工作，经历和见证了中国社会发展的一段重要历史时期。现在，30多年过去了，不少同学年届退休甚至已经退休。在这个时候，有热心的人主事来编书记录曾经难忘的岁月，为历史存一份民间档案，无疑是一件十分有意义的事情。

我不是中文系七七级的学生。我是"文革"后首批招收的研究生。按当时的说法，我国要大力发展高等教育，培养高水平的研究型人才，恢复高考后，同时也要恢复研究生招生考试。但由于时间关系，国家教育部将1977、1978两年的研究生招生指标，安排在1978年一起考试、入校。我们这一批研究生，虽然是1978年参加考试，却是属于1977年的招生名额。在这个意义上，我也可以说是七七级的学生。

然而，这似乎并不是纪念文集的主事者盛情邀请我来撰写此文的原因。如果允许我腆颜说一句趋附的话，我和中文系七七级的关系非同一般——若说朝夕相处、耳鬓厮磨或已太过；但如说我不啻于七七级中文系的一位名册外同学，则庶几近之。所以，当建华兄等高眼看我，向我约稿时，我岂有以不文而推辞之理？

一

我原本是中文系七五级的工农兵学员。当年我报考研究生，一是局迫于当时形势的压力，二是困惑于毕业分配的去向。那一年整个江西能够招收研究生的高校，只有师大和农大（实际上当时还是江西师范学院和江西农学院，师大的名称是1983年改的）两所学校；而师大有资格招研的系科，只有中文和化学两个系。那一年，师大共招收了13位研究生，即化学系郭庆棻先生1位，中文系唐宋文学胡守仁先生5位、汉语史余心乐先生7位。据说1978年全国录取的研究生也只是几千人，有探索试验稳妥推进的意思。

相对于录取数来说，那一年报考研究生的人数还是比较多的，其中不少是"文革"前毕业的大学生，同时也有不太多的是没有上过大学而以同等学力报考的人士。我报考的是汉语史，由于专业分数较高，被余心乐先生收为弟子。我那时年轻，22岁，思想单纯，记忆力好，看过的东西不容易忘记。之所以分数高，凭的是考前几个月的突击；而我那时的功底，是不扎实的。但由于我能在那种情势下，一箭中麋，脱颖而出，让我一个平时不太被人注意的农村孩子，在中文系，乃至在师大，泛起了一点点涟漪，有了一丝丝影响，不免让我有些得意。今天想起来，实在是幼稚可笑！

我的7位研究生同学，有30年代出生、40年代出生和50年代出生三个层次；而50年代生人只有我一个。最年长的李尚杏同学，是60

年代初暨南大学毕业生，广东客家人，华侨出身，古诗文造诣颇深，书法精妙。当年刚好 40 岁，便写了 40 首诗，小楷精心誊抄，呈余先生作为见面礼。先生转给我看，我只能瞠目结舌，不敢赞一词！现在看来，这是一种压力，也是一种鞭策，给我三年的研究生学习，产生了积极的激励作用。

7 位同学除我之外，都是成了家的。而且，老李、老宋、老张（当年余心乐先生也是这样称呼他的这三位学生）的家都在南昌，如果没有课，一般不来学校。其他三位虽然住校，但一到假日，便回家去看望孩子、夫妻团聚。所以在课业之余，中文系七七级，就成了我的另一处学问切磋之地和精神栖宿之所。

二

据我所知，中文七七级从事语言学的不少。如王建华、蒋有经、张林林、万波、雷良启等都做出了很好的成绩，有的人在学术界还有很大的影响。

记得当年王建华兄和我一起背反切上、下字，讨论古汉语虚词的使用特点，那种情形至今还历历在目。建华兄读书时的古汉语成绩很好，可大学毕业后考取杭州大学倪宝元老师的研究生，从事修辞学研究。工作后又去上海读了博士，将他的研究领域扩展到文化语言学，并做出了一些开创性的贡献。现在建华兄已经是成就卓著的著名语言学家了。

建华和我是同庚，张林林和我也是同岁。林林兄学习勤奋，在我的印象中他总是行色匆匆，抱着几本书低头疾行。如果路上相遇，他便会叫住我问一些稀奇古怪的问题，我答不上来只好去找书来研究，或者去向余心乐先生求教。张林林后来在华南师大读研究生，毕业后从事现代汉语和方言的教学和研究。中途转去广州美院做行政工作，还当了处长，听说最后还是调回华师再作冯妇了。

万波是我的安义同乡，为人谨朴诚实，读书时和我往来最多。他毕业时分配到师大团委工作。不久后遵从他的意愿，我协助他调回中文系教现代汉语。后来他到福建师大做研究生，在香港中文大学攻读博士时和我都有密切的联系。万波的代表性著作《赣语声母的历史层次研究》，由专家甄别遴选，获得商务印书馆语言学出版基金支持，收入《中国语言学文库》第三辑出版，这是很不容易的事。他在书的《后记》中写道："大学四年，可以说是福生乡兄引领我走上研究方言音韵之路，他和余心乐先生都是我的启蒙老师，求学之初有此际遇，又是何其幸运！"这话于我当然受之有愧，但我因为他取得的学术成就而高兴莫名。

三

那几年，中文系七七级有两个寝室我去得最多，一个是余功建兄他们的寝室，另一个是万波兄他们的寝室。我还记得功建兄的寝室住着敖忠生、蒋有经、徐会勤、胡树华、唐清辉等同学；而万波兄他们的寝室则有陈哲生、黄智清、王中德、黄洪涛、刘政铮等兄弟。我常常不是到这个寝室，就是去那个寝室。有时候在食堂打了饭，就在他们寝室里吃。老敖、老胡浓重的高安、莲花乡音，此刻似乎就在我耳际回绕；而哲生和政铮两位老兄的沉稳与厚道，也在我的记忆中留有深刻的印象。

那几年，有很多个晚上，10点钟以后，我和建华等几个人，会在理科食堂前，由功建领着我们打杨氏太极拳——云手，推掌，气沉丹田；凝神静气，龟息虬蟠；感觉泰山崩于前，都不能为之所动。那种境界，很是享受。

功建和德生，是我过从甚密，且延续了30多年的朋友，要说情如兄弟，毫不过分。他们比我先来深圳。后来我也起心发愿，毅然南下，此后不管我在生活和工作上遇到什么问题和困难，都能得到他们的倾力相助。我最后能在深圳坚持下来，并逐步走上幸福安康的道路，不能说与他们二人没有关系。

记得 1993 年初，已调深圳工作的周德生兄回南昌过春节。某日，我们在师大南教工宿舍区偶遇，谈及他和功建的在深情况。当天晚上，我即和老周一起，在曹力铁兄家里吃饭，并喝了一瓶四特酒。这一顿饭，改变了我以后几十年的生活轨迹——因为没过几天，准确地说，1993 年 3 月 17 日，我就乘机飞到深圳，从此告别了我的教书生涯。

四

南下深圳，在我的生命中，怎么说都是一件具有里程碑意义的事情。这件事情，看似偶然，又是定数！我生命中的定数，竟然会与七七级的诸多同学绾接在一起，那么，我与中文系七七级到底是怎么一种关系？不才如我，只能略记于上。结论，俟诸博雅君子评说。

（原载《青春回响——江西师范学院中文系七七级回忆录》，杭州出版社，2014 年 11 月出版）

平生风谊兼师友
——我与一九八〇

　　近来连有"遵命"之作。有的迫不得已，写起来艰涩无奈，有的则不然。手头这篇是遵王恺兄之命的作业——今年是一九八〇级的大学生毕业 30 周年，江西师大中文系一九八〇级要编一本纪念文集，而我曾承乏在该班教授古代汉语课，王恺兄作为主其事者，邀我也写篇文字，这倒是触动了我一些昔日温馨的记忆，和内心深处的感受。

不"打"不识

　　记得应该是 1981 年 9 月初的某个下午，我到系办公室去有点事。当时我刚研究生毕业留校，暂时还住在学生宿舍 5 栋。从 5 栋到第二教学楼的中文系办公室，要经过理科食堂前面的篮球场，场上有几个男同学正在打球。其中一个同学长得颇有点像中年葛优，瘦长的个子，稀疏的头发。

他看见我从球场边路过，便招手将我叫住：那位同学，过来过来，我们正缺个人。我因事情不急，便加入了他们的战斗。我和这位"葛优"是一边，因我的球打得确实是很丑，气得他又是"教导"又是"训斥"，骂骂咧咧说个不停。而我影响了他们的战绩，十分愧疚，竟不敢置一词。

第二天刚好有我的课。当我登上讲台举目一望，发现昨天"训斥"我的"葛优"就坐在后排正瞪着大眼看着我。这位就是我最先认识的、并且永远记得住名字的中八○同学胡顺根！很早听闻胡顺根调到广东华南理工大学，后来又听说去了香港。虽然我们都已"不辞长作岭南人"了，但他离开大学以后我们就一直未能再见过。

教学相"长"

我1993年春天南下深圳，便一直在媒体工作。中八○同学刘璋飙、王木森、赵子清也先后于我来深圳发展。因此我们有机会经常相聚。

王木森在深圳中学工作，是深圳第一批获"广东名师"的语文教师。后来广东搞名师工作室，深圳公布的22位老师中他又名列榜首。报纸刊发此类消息时，当听到学生家长、也是我的同事们说：深中的这个王老师很厉害！我就暗自高兴。有一次没忍得住，告诉他们王老师曾经是我的学生，以致同事们对我刮目相看。挟学生以自重，并非老朽不能免俗，实在是一时情难自禁。

刘璋飙曾在深圳市委宣传部工作，进步很快。他任宣传部副部长时，先是兼市文明办主任，把深圳的城市文明建设搞得有声有色，和我们报纸也有密切的工作联系；后来分管媒体报道，更是我们的直接领导。古人说"教学相长"，"长"字在这里原来还有另一层意思。

赵子清原在市环保局任职，在他想转去《红树林》杂志前，向我征求意见，我表示了对纸媒前途的担心。而他自己则做出了正确的决定，不仅把一个企业化管理的杂志经营得红红火火，而且有能力适时组织同学聚会交流。

以上同学虽是个案，但我从中看到了整个中八〇的风貌：这一班同学知识扎实，思想敏锐，意志坚韧，善于学习新事物，工作适应能力强；凡事要么不干，干则必期其成。我从你们身上，确实学到了不少东西。

风谊师友

"平生风谊兼师友"。我和中八〇的一些同学，年龄颇相仿佛，故我们之间的情谊，亦在师友之间。

中八〇的学习委员姚晓南，小我一两岁，为人厚道，成绩好；毕业留校教授文艺学，和我就成了同事。我这大半辈子唯一做了一次月老，就是把中八一的同学黄淑琴介绍给了姚晓南。如今他们夫妇俩都在广州工作，事业有成；儿子在国外留学深造。可谓家庭幸福，琴瑟和鸣。我们虽然见面不多，但经常会有电话或网络联系。

每一次有中八〇的同学来访或路过深圳，只要我没外出，璋飙、木森、子清他们都会叫上我一起相聚笑乐。我印象深刻的王恺兄来了两次，一次是与中七六的周剑萍来广东出差，一次是美国回来从深圳入境。王恺兄年长于我，而且他浓重的南昌普通话风趣幽默，两次相聚都叙谈甚欢。

去年颜敏兄路过深圳，我们在香蜜轩午餐，饭后颜敏兄即要赶往机场乘机返赣。虽然做东的子清已带了酒，但璋飙拿来了他庋藏十多年的路易十五金樽特醇白兰地，于是我决定喝路易十五！一共5个人，木森不善饮，子清要开车送人，实际上只有3人喝。本来我也不胜酒力，可颜敏不仅是我的兄长，而且还是在任文学院领导，我岂敢不恭而敬之？所以，最后3个喝酒的，颜敏兄舌头打结，我则头昏脑涨，只有璋飙清醒如常。

然而，人生如此，何其快哉！

（原载《一枝一叶总关情》，南昌：江西高校出版社，2015年9月出版）

痛悼余心乐先生

恩师余心乐先生驾鹤仙去的讯息，是师兄宋易麟教授在第一时间告诉我的——5月2日晚10时许，先生因病不幸在南昌逝世；不到晚11时，这一噩耗通过电话线路传到了深圳。尽管先生也是米年高寿，去年摔成骨折以后一直缠绵病榻；而且此前几日，亦传先生机体各方面大都衰竭，一旦不讳也有心理准备。可事情果然成真，我还是受不了这一打击，头脑中出现一阵空白：泰岳颓兮梁木摧，斯人萎兮痛复悲！这应该是彼时彼刻我的内心记录。

余心乐先生是我攻读汉语史硕士研究生时的导师，我与先生有特殊的感情；然而，先生的追悼会我却不能参加，这尤其使我痛苦莫名——当时虽然还在"五一"节长假中，但犬儿远渡重洋赴加拿大留学的各项准备工作已进入最后时刻。自古道"忠孝不能两全"，哪知道"慈孝"有时候也难以"两全"啊！不得已，我只好先给治丧小组传去一纸唁文，其文略曰：

心乐吾师不幸遽归道山，弟子因事不能灵前致祭。于兹拟联一副，泪酒心香，望北九叩，遥祷先生灵魂安息——

德业宏衍，九秩一生真师表；

桃李芬芳，三千弟子尽贤人。

余门受业　福生　再拜

尔后，我又将此噩讯辗转告知我在北京做访问学者时的导师许嘉璐先生，嘉璐师的唁电很快也到了南昌。兹将全文恭录于后：

江西师范大学校长办公室余心乐先生治丧小组：

惊悉乐新先生不幸辞世，不胜恸悼。先生治学从教60余载，乐于传薪，博学寡欲，严谨朴实，平易谦逊，凡所接谈，莫不慷慨施教，实为后学楷模。先生一向体健，近岁虽见衰弱，然学人皆以为安度九秩是所必然。不意忽接噩耗，学界痛惜。谨此致哀，并敬请代向家属表示慰问。

许嘉璐

二〇〇〇年五月五日

"乐新"是余心乐先生的笔名。"博学寡欲"是嘉璐师对余心乐先生文章道德的高度概括。作为弟子，我愿意在此揭出两条例证，以供博雅君子察焉：

其一，先生幼岐嶷，好读书，青衿年少时，就已遍览我国重要典籍。一次先生去谒见一位长者，长者询其姓名，先生告以"余心乐"三字。该长者吟哦有顷，然后一笑曰："余见余心乐余心乐"。先生稍加思索，即应声对之曰："史记史可法史可法"。先生之博学敏捷有如此者。

其二，20世纪80年代初，先生已是成就卓著的大学者了。那年全国训诂学会在扬州召开，先生和邓志瑗教授受邀与会。为给学校节省开支，先生决意要乘船先到镇江，而且船票还是最下等的通铺。晚上先生口渴，问服务员要杯水喝。服务员见是一农民模样的老头，遂不理不睬。先生亦不介怀，竟可忍渴安然入眠。后来邓志瑗教授戏拟一联以记其事：

　　小招待，对旅客，冷若冰霜，一杯拒借；
　　大教授，卧通铺，睡得香甜，整夜打呼。

　　先生之朴实谦逊于此亦可见一斑。

　　我在弱冠之年即从先生问学，研究生毕业后留校任教，又和先生同在一个教研室里，每有疑难常向先生求教。我因幼年失怙，先生更以子息待我，我也视先生如同亲父。今也先生遽捐馆舍，我岂止是学问无由请益，也是在这茫茫人世又少了一位至亲尊长。锥心之创，悲夫悲夫！

　　长歌当哭，痛定思痛；临文唏嘘，几不成句……细述先生隆恩厚德，只有俟诸他日也矣哉！

　　　　　　　　　　（原载《深圳特区报》2000.5.25 罗湖桥）

泪酒心香祭邓公

邓公讳志瑷，字希玉，号梦樵；知名教授，古典诗人，也是我的老师。我读大学、做研究生，两度受教于邓公，同学们习惯称他为邓先生。

去年 4 月 10 日，江西省外宣办主任、学兄邱尚仁来深圳公干，我们几位同门师兄弟在景铭达陪他午宴。席间，我接到江西教育学院韩春萌教授学弟给我的短信，说邓先生于 4 月 9 日下午 5 时 30 分在南昌逝世，并说追悼会将在11 日上午举行。

这……? 太突然了!

先生生于 1915 年 12 月，已是耄耋高寿。然而，就在此前不久，先生还给我通过电话，告诉我他的近著《训诂学研究》的销售情况，顺便说到他身体很好，活一百岁没有问题。而再往前，先生在给我的信中写道："现在我对阎若璩说的'人不可以无年也'很有同感。谢谢老天爷能给我长寿！不然，曷克臻此？以后，我还想写《读〈说文系传〉札记》和《〈周礼正义〉笺》。"从先生洪亮的声音和清晰的思维中，我也坚信，先生一定能活到 100 岁。我还想给先生的新作写序呢！

先生的《训诂学研究》2006 年 9 月在湖南师范大学出版社出版时，我曾遵师命为题一联："训诂肇自亨苌，迄通德景纯，二百年来无此作；诗文弘于屈宋，至陈思商隐，一千载后有斯人。"此联现就印在该书的扉页上，自谓颇能概括先生的学术和诗文成就。

20 世纪 40 年代初，先生就读于设在湖南蓝田的国立师范学院，从马宗霍学文字学，从骆鸿凯学音韵、训诂，从宗子威学诗词骈体，又特拜钱基博学古文辞赋。以上诸公，皆一代宗师。先生宿志于做学者与诗人，故在名师的牖导下，孜孜矻矻，寝馈于三坟五典、四部七略，于我国传统文化打下了坚实的基础。

先生对于《说文》《广韵》《尔雅》，都多有心得；对于古代典籍中的天文历法，先生研究之深邃，环顾海内，虑无数人。这些有关学术，因太专门，不赘述。有兴趣的学人，可找来先生的著述一一覆按，或能证明鄙也言之不诬。

先生的诗文，瓣香汉魏李唐，尤其对曹子建的五言诗及赋、李义山的七言诗和骈文，心摹手追，一生不辍。先生写诗有感辄发，好用典故，耐人寻味。1999 年，先生出版了他的《梦樵诗词文寄情集》，收录了此前除散佚外的所有篇什。后来，他似乎写得更多更勤，如 2003 年所作《幻想诗》（并序）："羊年仲春朔旦，佣妇为余蒸蛋，破壳得双黄，笑语余曰：'俗谓好事成双之吉兆也。'余不觉莞然曰：'余今年已八十有九高龄矣，早已心同枯木，安敢望此！况余少年丧妇，泪尚未干；老复亡妻，心焉已碎者乎！'然而，睹花间之飞蝶，相追不只；见梁上之宿燕，交颈必双。嗟乎！宋玉逾墙，杜撰邻女；陈思渡洛，幻托宓妃。秉兰秣马，赠药贻椒，人之情也，圣人不废。遂戏缀成篇，聊抒绮抱。盖亦宋玉之杜撰，陈思之幻托，同乎子虚乌有之辞耳。蒸蛋深欣得两黄，或征才妇与填房。休愁河汉障牛女，行喜梧桐宿凤凰。赌茗猜书芳翰苑，摘辞怜影艳文场。风流且漫夸司马，卓氏于词不在行。"从中，我们不仅可以看出先生藻思敏捷、绮辞艳发，至老犹未稍减，而且能够体味出先生的真性情来。

我刚来深圳时，因忙于生计，和先生交流不密；近年来我也白发侵老，想到要做一些有意义的事情，故在工作之余，再为冯妇，重操旧业，所以就和先生联系得多了。谁料想，彼时彼刻，得此噩耗……

呜呼！岁非龙蛇，师也遽去；请益缘空，弟子何怙？！去年以来，我在从事一项研究（今已结稿交出版社），每至疑难处，便会想起我的先生。

先生逝世快一年了！当时，以山河修阻，时间骤迫，我未能亲祭先生于灵前；今也时逢清明，我谨以盈樽泪酒，一瓣心香，北面三拜，遥奠先生于九原——

先生的精神与天地同在；

先生的著述共日月同光！

邓先生，安息吧！

（原载《深圳特区报》2009.4.4 特稿）

悲苦与欣幸

——纪念邓志瑗教授100周年诞辰

恩师邓志瑗先生给我的最后一封信，写于2006年12月14日，离他去世的时间不到一年零4个月。这封信，蕴含了太多的人生况味，故我全文照录如下，以作为我这篇回忆文字的起点和线索——

福生学弟：

驹隙不停，时节如流。忆自去年十一月，光临寒舍，畅叙甚欢。并承馈以千元，真乃所谓友生情谊，可以上格云天，感何如之也！

同月，一天下午四时，我校对完拙著《训诂学研究》三稿清样后，旋请邓刚同班好友某某印刷厂管理员张润生同志，专程至湖南师大蒋冀骋副书记博士学弟后，旋即以气喘病住进江西医学院附属一院干部病房十五楼，治疗至除夕日（公元一月二十八日）才出院，历时凡三月有奇。

约住十馀日，气喘病复发，遂又至干部病房十四楼优质病房住院治疗。约住一月馀，病愈出院。我现在身体很好，从未气喘过。出院后，因忙于修改拙著《古韵初文三十部查字查音表》，尚未完成。又以华中师范大学为纪念国学大师钱基博子泉师逝世五十周年索稿，因深感钱师教导之恩，义不容辞，遂作七律一章，并于"注"中叙述我与钱师非一般师生关系，而是特拜于其门的师生关系。加以老迈，我今年已九十有二，因此经常写错。短短的七页纸，总共不过二百八十个字。复印以后，发现有错误，再复印。如是，复印，再复印，竟达十二三次之多。钱花掉了二三百元，不算时间却白浪费了一个多月。由是，耽误了与我弟等联系的时间。

现拙著《训诂学研究》，湖南师范大学出版社已经锓版。半个多月前，蒋冀骋学弟已托邱尚仁学弟专程送来五百册，作为稿酬。这可难倒我了，偌多的五百册，叫我到哪里去觅买主？

今倩绿衣人送上拙著《训诂学研究》二册，奉赠我弟惠存留念并赐教以启我！同时，请我弟广为推销。其办法是：本书定价38元，买的人优惠4元，出34元；推销的人，得2元，作为报酬之费。

然而，尤所深深盼望于我弟者，冀能本雅训声韵之高才，挥生花吐凤之妙笔，为拙著《训诂学研究》作评介之文，庶使光辉中外，沾溉士林。昔左太冲赋三都，自以人微，恐不为世重。时安定皇甫谧有高誉，左遂亲造其门，出其赋而示之；谧展读而善之，乃为《序》其《赋》，于是洛阳为之纸贵。千百年来，传为美谈。

今余之与弟，分属师生，非谧左所能比；加余之与弟，学文兼胜，亦非谧左仅以文胜者所可拟也。是嘉话流传他日者，谧左不独不能专美于前，恐奕叶不绝，或且唯吾与弟耳。一笑！

专此。祝弟与夫人健康长寿！儿女鹏程万里！

新吴邓志瑗希玉梦樵于江西教育学院愚庐

公元二○○六年十二月十四日时岁在柔兆困敦阳月

不知什么原因，这封信从南昌发出的邮戳时间是 2007 年 1 月 2 日，我于 1 月 6 日收到。全信也就是八九百字，涂涂改改、剪剪贴贴的地方不少。先生习惯将涂改剪贴后的信笺复印成清样交邮，可我收到的信件共有 6 纸，是他把原稿和清样都误装进信封里了。先生的字迹一贯规整清晰而有魏晋神韵，而此信的书法却有些凌乱和孱弱。先生落款时标示时间，常常喜欢在"公元"后附上"太岁纪年法"，可这一次竟出现了将"柔兆阉茂"（丙戌）错成"柔兆困敦"（丙子）的笔误。先生是 1915 年 12 月 14 日生人，给我写信的这天，正好是他虚龄 92 岁生日。就是那几年，我好像发现过先生有几次把时间写错。比如 2004 年九月重阳日，他在寄给我的信中，附有一首近作七律《苦命叹》，题后标注"本诗作于一九四四年"，可诗中提到的事，有几件都是新近发生的。但先生对他寝馈于其中的学术研究和文学典故等，却似乎从来都没有记错或写错过。

《训诂学研究》，本是先生 20 世纪 70 年代末到 80 年代初，为江西师大汉语史硕士研究生授课的讲稿。直到本世纪初，先生想到要把它公开出版，当时先生有个弟子在江西省出版局工作，表示大力支持，并且帮助联系好了江西某某出版社。于是先生开始着手出版前的准备工作。

先生在一次给我的来信中说，他过去给我们讲训诂学课，于《训诂学发展史》这一章的讲稿写得太简。因为他"每喜于上课前写好讲稿，急促而成；今要出版，遂深感不满，决定重新改写。"于是，"计自二〇〇〇年五月起，迄二〇〇五年十一月，方始脱稿，费时五年有奇"。然而这时候，我们那位师弟调离了出版局。先生的书稿转到出版社，编辑室主任"以内容详赡，且多独见，乃列为重点书刊出版。不料两次出征订单，应征者寥寥无几，因不足三千册，遂决定不予出版"。

先生于 2003 年 6 月给我写过一封信："前承寄赠大著《江庸诗选注释》一册，因我忙于修改《训诂学研究》（去年曾易名为'训诂学略述'并寄上《目录》一册，嗣经考虑，还是用讲课时所定'训诂学研究'的名称为好）第二章《训诂学发展史》，未及裁覆，甚歉！"在叙述到他的具体修改工作时先生说："对于《左传·僖五年传》'辛亥，朔，日南至'孔颖达《疏》关于历法训释的评介；对于《周礼·春官·冯相氏》'掌十有二岁，十有二月，十有二辰，十日，二十有八星之位，辨其叙事，以位天位'贾公彦《疏》关于天文训释的评介；对于陆法言《切韵》及王仁昫《刊谬补缺切韵》王一、王二、王三诸家考释的评介；对于王念孙《广雅疏证》一书因声求义的成就与失误的评介；对于陈兰甫《切韵考》一书分声类四十、韵类三百〇六的成就与失误的评介；等等。都有较高的水平，自觉颇为满意。"而且，信中先生还很感叹和庆幸："现在我对阎若璩说的'人不可以无年也'很有同感。谢谢老天爷！能给我以长寿，不然，曷克臻此？"

此后，先生又续写了评介黄季刚《尔雅略说》和骆鸿凯《语原》。仅黄氏的《尔雅略说》评介，就有十余万字。先生于《尔雅》一书研究极深，天文历算更是先生所长，故其于此一节特别自信。他在2005年7月给我的信中写道："拙著创见甚多，其中尤其是《尔雅·释天》'岁阳''岁阴'问题，郭景纯丘盖未注。至宋邢昺《疏》，亦第言其大概，不能疏其奥义。迨有清一代名家辈出，但邵晋涵《尔雅正义》、翟晴江《尔雅补郭》，亦并阙不能注。郝懿行《尔雅义疏》，虽注而不得要领。及民国时代，黄季刚先生号称语言学大师，然于'岁阳''岁阴'亦不甚了了。其所著《尔雅略说》，于郝氏'岁阳''岁阴'之疏，乃曰：'月在甲，曰毕一节，廛壬终癸极，其义显然。'竟予以肯定。'其义显然'，乌睹所谓'显然'乎？""余则推衍因音求义之旨，考之甲骨吉金，参之文献典籍，皆信而有征，非游谈无根，穿凿附会者比。"论辈分，先生属黄季刚再传弟子，但于学术真理面前，先生"虽在师门所自，亦不能为掩其疵也"。

然则，《训诂学研究》，完全是一部严肃、严谨、原创的学术性著作，不是通俗、普及性的知识读物，也不是一本面面俱到却又并无特色的普通大学教材。《训诂学研究》凝聚了先生的毕生心血，是他厚积薄发的学术总结。尤其是修改、增写、校稿的那最后五年多，先生的精力和他的喜乐忧愁全系于此。以致在2004年，先生三次因病住院抢救："余三月二十六日，以慢支、肺气肿病发，气喘难支，乃至江西人民医院高干病房住院治疗，当即得病危通知单，凡垂死抢救者三次。约月馀，稍痊，出院。未几，病复发，乃至江西医学院第一附属医院九楼呼吸病科住院治疗，亦得病危通知单，经抢救，得不死。约二十馀日，病愈，出院。寻，气喘又复发，乃至该院十五楼干部病房住院治疗，亦得病危通知单，经抢救，又得不死。"——此据2004年九月重阳日先生寄给我的《五死馀生感赋》中"鬼门五次得生回"一句后的注释语。当时读得我就直冒冷汗。

先生把《训诂学研究》看作是他的名山事业，那几年他真所谓"造次必于是，颠沛必于是"。可最后出版社"决定不予出版"，这对于一位耄耋老人会是一种什么样的打击，我简直不可以想象！

就在这需要扶难济困的时候，湖南师范大学党委副书记、副校长蒋冀骋教授给先生来电话，告诉先生《训诂学研究》可由湖南师大出版社出版。蒋博士也是先生的硕士研究生。先生电话中跟我说，蒋冀骋亲自赶赴北京报批有关手续，争取尽快出版。只是后来出版社担心造价太高，为了减少亏损，决定改出简本。这也是不得已而求其次的办法了。先生告诉我，所谓"简本"，"简"掉的内容不少，比如前面提到的先生为他的老师（亦即黄季刚及门弟子）骆鸿凯《语原》所写的评介，现在的读者就无缘得见了。这也是一件令人遗憾的事。另外，先生命我为《训诂学研究》所写的"序"，自然也在被"简"之列，则何足以挂齿哉！

现在《训诂学研究》中仅保留一篇"序"，乃蒋冀骋兄所作。蒋兄"序"中有言："先生处僻地，离嚣尘，矻然以学问为务，令人钦佩。尤其是在运用训诂音韵之学解释常见典籍的音义方面，用力之勤，创获之多，海内一人而已。"对于这句话，我见到先生在录副寄我的他给中国科学院院士、原北师大校长王梓坤（先生早年弟子）的信中说："（此）虽似溢美之词，然窃以为，拙著《训诂学研究》一书中所述多处，邵二云（《尔雅正义》）、翟晴江（《尔雅补郭》）、郝恂九（《尔雅义疏》）

279

三氏，未必能言之也。"可见先生对他的"小学"功底和学术成就是很自信的。

不宁唯是，先生对他的诗古文辞也很自信。

《训诂学研究》的扉页上，倒是留下了我题写的联语：训诂肇自亨苌，迄通德景纯，二百年来无此作；诗文弘于屈宋，至陈思商隐，一千载后有斯人。此联上比说先生的学术，大致与蒋兄"序"语同意；下比概括的就是先生的诗古文辞。

在同上那封先生 2006 年 7 月 6 日写给王梓坤教授的信中，就有这样一段话："我不但在中国诗坛上占有一席，而且我的诗词还传至日、美等国。'江山代有才人出，各领风骚数百年'（赵翼语）。我虽不敢说现在乃至几百年内是管领风骚的主人，但如果说是一代才人，斯尚其庶几乎！"

先生的两个自信，是有底气、有根据的。20 世纪 40 年代初，先生就读于湖南蓝田国立师范学院，从太炎弟子马宗霍习文字学，从黄侃及门骆鸿凯学音韵、训诂；从宗子威修诗词、骈体；又经周哲肪绍介，特拜钱基博学古文辞赋。以上诸公，皆一代宗师。且先生夙有志于做学者与诗人，故在名师的牖导下，孜孜矻矻，寝馈于三坟五典、四部七略，于中国传统学术与文化，打下了坚实的基础。

先生对于《说文》《广韵》《尔雅》，都多有心得；对于古代典籍中的天文历法，先生研究之深邃，环顾海内，虑无数人。先生的诗文，瓣香汉魏李唐，尤其对曹子建的五言诗及赋、李义山的七言诗和骈文，心摹手追，一生不辍。先生写诗有感辄发，好用典故，耐人寻味。先生 1999 年自费印发的《梦樵诗词文寄情集》，和他的《训诂学研究》一样，都是可以传世的名作！

检读旧籍，在阎若璩的《潜丘札记》卷二中有这样一个故事：阎若璩（号潜丘）与内阁大学士、著名学者徐乾学交好。一日，阎在徐寓邸夜饮，徐云："今日值起居注，上问古人有言：'使功不如使过。'此语自有出，思之不可得。"阎说："宋陈傅良时论有《使功不如使过》题，通篇俱就秦穆公用孟明发挥，应是昔人论此事者作此语，第不知出何书耳。"徐当时极赞阎若璩的淹博。十五年后，阎读《唐书·李靖传》，高祖谓靖逗留，诏斩之，许绍为请而免。后靖率兵八百破开州蛮冉肇，俘擒五千，高祖谓左右曰："使功不如使过，靖果然。"阎以为此语原来出于唐书。又过了五年，读《后汉书·独行传》，索虏放（人名）谏督行郡国的使者勿斩太守，曰："夫使功者不如使过。"章怀太子注："若秦穆赦孟明而用之，霸西戎。"乃知"使功不如使过"一语全出于此处。于是，阎氏不禁长叹曰："甚矣学问之无穷，而人尤不可以无年也！"

在信息传递不发达、资料检索不科学的年代，"一物不知，以为深耻"的读书人，学习和掌握知识，必须要靠穷年累月的积累。阎若璩为了一句话的出处，竟用了二十年才得其实，宜乎其有"人不可以无年"的浩叹。

然而，先生说，"现在我对阎若璩说的'人不可以无年也'很有同感。"除了学问日益精进以外，恐怕还有更深一层的意义在。

先生出身寒门，父亲原是一个小店雇员。在"家贫就学荒三载，国难逃亡丧七亲"（先生《八十抒怀》诗）的艰苦岁月，先生得乐善好施、慷慨仗义的乡贤之助，犹能以优异成绩大学毕业。而当先生意欲一展凤抱，为帮助过他的好人、为诱掖他的师长争光，更为国家民族做贡献的时候，先是内战，鼎革之后又是各种各样的运动，以至一直舛厄不顺。

先生1982年评副教授，这时已67岁。1985年8月，先生参加了在湖北荆州召开的一个全国古汉语教学研究会成立大会，当选为副会长。1987年先生评为教授。又6年以后的1993年9月，"国务院以余为发展我国高等教育事业曾做出突出贡献，自十月起每月发给一百元特殊津贴"（先生《自传》），这时先生已经是近80岁的耄耋老人了！

"谢谢老天爷！能给我以长寿，不然，曷克臻此？"这或许更是先生庆幸的原因吧！

（原载《江西晨报》2015.12.23 美文）

中国的最后一位"士"

——朱季海先生印象记

朱季海先生走了，——在一个隆冬的晚上。

次日，深圳特区报的文化编辑微博私信我，希望我能给《人文天地》写点什么，来纪念这位不太有人关注的学者。开始我还有点犹豫，但过了一会儿，我似乎有点隐隐的感觉，觉得朱老的死，或许标示着某种有意味的东西。于是，我决定要写点什么了。当然，决定我要写的还有一个原因，就是我曾与朱老有过一面之缘。

我就从这一面之缘说起——

1990 年的秋天，我在北师大从许嘉璐老师问学。这一年的中国训诂学年会在苏州召开，许先生忙于公务，走不开，但让我们几位弟子一定要去拜会前辈和同道，长些见识。就是这次，我与朱季老在苏州观前街的一个茶馆里有过一次长谈。当时总的印象是，朱老的学问淹通精微，高深莫测，而且漫无涯涘。有一个细节，朱先生说：《尔雅·释虫》"蚬，缢女。"郭璞注:"小黑虫。赤头,喜自经死,故曰缢女。"一般读"现",其实应读"馨"。他说前不久,天津某大学的一位教授,出版了一本注释《尔雅》的书,就不懂得这个道理。后来我读清人郝懿行的《尔雅义疏》,果然有"蚬之言犹馨也,馨于匋人与自经于沟渎之经义同而音亦近"的说法。

学界中早就有称朱先生为"国学大师"的说法,据说这还与饶宗颐先生有关。

1984 年在武汉,与朱季海先生初次相见的饶宗颐先提到画论问题,说谢稚柳的看法如何如何。朱说谢的说法不对,并申论自己的观点,饶听后大为赞赏。后来又谈到中国的其他传统学术,饶更是佩服,说朱是"国学大师",后来便在学界传播开来的。现在饶老也被他人称为国学大师了,并受到党和国家领导人的礼敬。然而,饶宗颐佩服和赞赏的朱季海却没有这种"荣幸"。

这里,我想说一下"国学大师"的问题。因为现在的"国学大师"太多了,朱老是羞与绛灌为伍的;如果这个问题不厘定清楚,朱老不会同意别人称他为所谓的"国学大师"的。

"国学"的研究,在章黄学派的学术理念中,不仅指中国传统文献的内容范畴,如政治、经济、思想、文化等;而且也指中国传统文献的研究方法。这是因为,中国传统文献作为内容的载体,它在历史的流变中,会有无法抗拒的"失真";所以,研究者必须先要还原文本,使它回到彼时彼地实际记录的"本真",只有这样,内容的研究才有意义。否则,就是向壁虚构,就是"六经注我",而不是历史的本来面目。

中国传统文献还原文本的研究方法,章黄学派最看重乾嘉以来总结完善的考据学(朴学)。其理论结晶就是文字学、音韵学、训诂学,古人称之为"小学"——一种最基本的学术训练。比如段玉裁说:"小学,有形、有音、有义。三者互相求,举一可得其二。有古形有今形,有古音有今音,有古义有今义。六者互相求,举一可得其五。"(《广雅疏证》序）这里隐含的道理就是，要研究古人的思想，先得认识古人写的字、读出它的音、弄明白它的意思——那是古人的书面语言。就像你不能听懂人家的话，你怎么知道人家说了什么。

这样看，研究中国传统文献的第一要义是方法，第二才是内容。中国的汉字是意音文字，包括形、音、义三个部分，所以，不了解《说文解字》（形书）、《广韵》（音书）、《尔雅》（义书）这些书的人，不能说他懂得什么是"国学"；只有对这些书有精深研究的人，才有可能称为"国学大师"。

朱季海先生不愧是章太炎的入室弟子，他在中国传统文献的研究方法和所涉内容两个方面都有精深独到的贡献。他是真正的"国学大师"。

下面我要说到朱先生的文化情怀。

那次与朱老长谈，我一个很深刻的感觉是他具有绵远宏阔的家国情怀。文化人的自信是计长远而不是谋眼前。因此，他们为了传承中华五千年的文心学脉坚苦自守不畏贫穷，箪食瓢饮自得其乐。后来也有记者问到朱先生现在社会上又有读书无用论，对此您怎么看？朱先生说："孔子没能改变鲁国，可是我们拉长一点时间来看，他却能影响世界。"

国家概念的内涵，可以包括一片疆域、一种文化、一族或多族以血缘联系的人民、一个政权等四个方面。而文化在国家概念中具有核心价值的地位。犹太人丧国几千年还能回到自己的家园，是因为文化。中国历史上几次外族入侵，最后能融合为 56 个民族的中华大国，也是因为文化。20 世纪三四十年代的日寇侵凌，中国的读书人弦歌不辍，也是坚信只要文化还在，中国就不会灭亡。

朱先生一辈子的公职生涯只有两年半的时间，这就是 1946 年到 1948 年在国史馆（驻地为南京）的两年和 1949 年在苏州三中的半年。新中国成立以后，他就再也没有成为任何一个行政或者事业、企业单位的员工。虽然他在回答别人的疑问时说："那时候还可以做事情，我不需要那些东西，我需要的是时间。以前一个星期有三次的政治学习，从'文革'之前就这样，这样就没有自己的时间。这是一个选择，做这个，就不能做那个。"从他厌恶一周三次政治学习的话语中，我们不难读出，在"生活保障、行为约束"和"经济贫困、思想自由"这样对立的两项组合中，朱先生毅然决然地选择了后者。"不自由，毋宁死"，只要有"自己的时间""还可以做事情"——他要做的事情就是传承民族文化——贫穷一点，有什么可怕的呢？

于是乎，朱先生几乎每天带着一个实际上是玻璃罐的茶杯，穿着破旧的衣衫，到离家二里地的双塔公园去读书、思考，晒太阳或者"补睡"……而他的《南齐书校议》等，就是在这样一种生活状态下完成的。"于时藏书荡尽，偃息在床。事比课虚，功惭经远；愚者一得，未必有当于斯文，亦各言其志云尔。"（《南齐书校议》自序）

从旁人看来，朱季老满腹经纶，完全可以过一种很体面的生活；尤其是进入 20 世纪 90 年代后，——那年我见他时，身体也很好，学者的言说尺度也比较宽松；他可以像很多人一样，到各地讲学，上电视论道……这样，不仅可以改善生活状况，而且可以给他带来很大的名声。可是他不！他仍然做他那些难有经济效益的、冷僻的学问；或许他认为，这种学问对文化传承不可或缺，如果他不做，能做的人也已经不多了！

我就在想，这不就是中国古代"士"的气质，中国读书人的文化担当么？！这种气质，这种担当，在中国承袭了几千年。然而，这"郁郁乎文哉"的东西，在近几十年里，已很少见到。而朱先生却是一个纯粹的学者，一位"古代"的"士"，才有这样的担当和气质。当今语境下，能是"国学大师"不容易，做个"古代"的"士"恐怕更难。朱先生能兼二者而并有之，那就是难上加难了。

朱季海先生遗世独立，秉持中国古代"士"的节操，坚守学术的纯洁，不随时俯仰，不曲学阿世，令人钦佩。当年他能纡尊降贵，和我这个晚辈促膝长谈，是他还视我为学问中人，亦且为章黄余绪；若我今日再见先生，先生必然让门下"鸣鼓而攻之"。一念及此，委实叫我愧疚无任！

在一个寒冷的冬夜，朱季海先生走了！他同时带走了一个时代……

（原载《深圳特区报》2011.12.26 人文天地）

南国夜雨寄情思

——怀念亡友颜长青兄

　　人到白发侵老的境况，便多凉风天末的情思。好在如今科技先进通讯便捷，一条手机短信一个电话，便能表达渴念的情愫；在有网络的地方，还能通过微信视频对话，将远隔千里万里的挚友亲朋，邀之目前，对晤倾谈。

　　这是南国的一个夏夜，几小时前下过一场透雨，而现在天空还是不见一颗星星。

　　在电脑前的我，或许也是颓龄暮齿的原因吧，此时正在想着一位相交将近 20 世纪 40 年的好友——

　　我们是同学，相识在那座英雄城市中的一所颇有些来历的高校。那已经是 20 世纪 70 年代中期的事情了。

　　他的名字叫颜长青。

　　是的，今时此刻，就在这个仍在飘雨的夏夜，我坐在电脑前，茫然而又执拗地想起了他，情绪有些难掩的激动……

　　然而，我不能给他发条手机短信，也不能和他通个电话，更无法和他进行网络上视频对晤。

去年国庆节后，因为肺癌，长青兄永远离开了这个令人眷恋又让人无奈的世界。

他走了！他确实不在人世了！！

一

仔细回想起来，在大学的同学里，我和王能宪、颜长青三人走得近一些。我们是同学，后来又在一个系里教书，同学加同事，先后十几年。

还有一些别的原因：比如，我们都来自农村，都是农民的儿子。我们都喜欢书法——能宪钟情"二王"，长青熟谙颜鲁公；历史上姓高的没有什么大书家，我就只好胡写乱摹。我们都还喜欢读书，常在一起交流学习心得。我们也会在小范围内月旦人物，议论时政；那好像是当时的风气使然——20世纪80年代，政治宽松，思想活跃，大学里的青年学子，都有纵论天下、挥斥方遒的气概。私下里，我们三人还好"八卦"，讲一些男男女女的情事取乐；那时候我们都没有结婚，"力比多"可能需要释放……

后来我们从恋爱到结婚，常会在一起分享各自的喜悦和烦恼。这方面，能宪尤其诚挚和认真，长青则显现他的"狡黠"和幽默。在三人中，他俩同庚，我小两岁，所以我的"恋爱汇报"，实际上意在获得他们的指导和批准。

能宪和他的同乡、我们的师妹曹瑛恋爱的那段日子，某一天，长青找到我，眯起他的小眼，"诡秘"地跟我说："高福生你知道吗？昨晚能宪和曹瑛在青山湖那儿散步，能宪对曹瑛说，今夜的月亮真美啊！曹瑛没有回答他，只是露出羞赧的微笑。"我问长青，你怎么知道人家两人的事，他说是能宪自己告诉他的。当时我就想象，那场景是多么温馨啊！所以至今，我还记得长青说的那句话，以及他彼时说话的神情。

二

20 世纪 80 年代末，能宪考取北大博士生，从袁行霈先生研究魏晋文学，毕业后分配到文化部工作。90 年代初，我到北师大访学，两年后回到学校没待几个月，由于种种原因，南下深圳，在一个新闻单位谋生。从此，"我居北海君南海，寄雁传书谢不能"，三人之间的联系就没有原来那么方便了。

尤其是我，来深圳初期，只身带着一个十来岁的孩子，既要适应新工作新环境，又要对付生活的方方面面，而且一切从零开始，压力之大，旁人很难理解。所以，那段时间，我和同学之间的联系很少。但有时回老家，我会给长青电话，他会约上其他同学，见面吃饭，畅叙阔契。

2005 年，是我们进校的 30 周年，长青他们在母校组织了同学聚会。这时候，我的生存状况也有较大改善，我很高兴地回到学习、工作了 19 年的地方。能宪也回去了，我们班上 102 位同学，到会的有 60 多位。大家拜会老师、倾谈家事、喝酒唱歌，不亦乐乎！长青唱主角，情绪活跃而且高涨。

可是后来，陆陆续续从一些渠道，传出长青工作不太开心的信息。偶尔的几次见面，我也感觉得出他自己也有不被重视的表露。

长青是个才子，尤其文章写得好。我们还在读书时，他就被省报借去工作了一段时间。毕业分配时，他安排在系里教写作课。我离开学校的这些年，他先后在校长办公室、学报编辑部、高教研究室、成人教育学院等主持或者分管某一方面的工作。

能宪、长青和我都是性情中人。我想，在一个复杂到莫名其妙的体制中，长青也没有应付裕如的能力。

三

前不久的某一天，我似乎突然有两点关于"朋友"的感悟。

感悟之一：人的一生，从小到大，朋友越来越多；而从大到老，朋友又会越来越少。不知别人以为然否，反正我是坚信这一点的。

感悟之二：同过学，就有成为朋友的机缘和基础；但是，并不是所有的同学都能成为好友。能成为好友的，应还需要一些别的条件。比如同"好"，比如同声相应、同气相求；"臭味相投"，其实也可以说是一种"同气"。

我个人武断地认定，能宪、长青和我，就是那种永远的朋友，那种声应气求的好友。我不怕能宪不承认；而泉下的长青，相信他是不会否认我的。

所谓"声应气求"，其实没有别的，就是互相之间了解得多一些罢了。

就在我准备写作此文时，昔日的学生温立三君，从北京给我寄来他的近著《土城客》。书中有一篇《与季老的一面之缘》，写到北京某电视台，去北大拍摄一部关于燕园人文学者的访谈纪录片。拍摄外景时，摄制组选择了季羡林先生家门外南边后湖畔的一处小山包，导演要求季老先生做出思想者的表情和动作，向小山包上爬去。实拍过程中，导演一会儿说季老走快了，一会儿又说季老走慢了，把一个当时83岁的老人折腾得上气不接下气！而这时候的季老，还"不好意思地说，对不起，我重新来"。

这段记述，是作者亲眼所见。我不知道是季老在媒体面前的隐忍，还是他一贯做人的圆融。但不管是哪一点，都足以使他成为当今时代知识分子的楷模；也难怪他生病住院的时候，日理万机的国家要人，年年会去医院看他。

而以我们三人的修为，这样的隐忍和圆融，怎么能够做得到呢？

四

长青罹患肺癌的消息，是能宪电话告诉我的，并说患的是其中比较麻烦的一种。当时我就有不好的预感，我的一位女同事也是好友，就是因为肺癌不久前去世的。没过多久，能宪趁在井冈山学习的机会，回京前去学校看了一次长青，告诉我长青状态不错，由此我稍感宽慰。

那一段时间我确实太忙了。我所在的单位迎接 30 周年大庆，光是书就编了八九本，还有每天的日常工作。我已经连续两年没休过公休假，就是法定假日也常在加班。长青在生病的时候，我没能去看他，这是无法弥补的遗憾！根据以往的经验，我推算长青还会坚持一段时间，这也是当时我的侥幸心理。

去年国庆节，我同家人在欧洲短暂旅游。在境外我关闭了通信设备。回到家后打开手机，才看到长青逝世的噩耗，于是打电话给能宪，他也说有些突然。

作为一个喜欢读点书的人，对于生与死的问题，近年来我也留意到一些人文、哲学和宗教方面的著作；活到今天这个年纪，前前后后也经历过一些事情，多多少少也有过一些思考。死亡其实并不可怕，生死本来就是相通的。"向死而生"，不止一个大文豪、大哲学家说过同类似的话。

长青兄先我们走了一步，他在天堂等着我们。如果有缘分，来世我们还可做同学、成好友的。——动笔之初，似乎还有些话要写；但想到这一点，感觉一切都是多余的了！

2013 年 7 月 20 日写于深圳

（原载颜长青逝世一周年纪念文集《一生长青》）

"我对毛主席是'子路不悦仲尼'"

——文史学家文怀沙印象

文怀沙，蜚声中外的文史学家，楚辞学尤独树一帜。在大学时读过他的《楚辞今译》，此后凡看到这个名字就肃然起敬。国庆前夕，文老来深圳出席青年书画家史文集作品展开幕式，得以一睹风采。

文老须发皤然，语言风趣。他说："有人问我多大年纪，我告诉说，去年85，明年76，后年67……个位增，十位减，此消彼长，永远不变。"逗得大家哄堂大笑。

86岁的老人，像他这样思维敏捷的实属少见。文老告诉我们，他最近有一发明，是根据毛主席的"实事求是"来的，叫作"虚情索非"，即"掏虚其情以索其非"的意思。"实事求是"不错，应该提倡；但科学的工作有时候要"证伪"，故我"反其意而用之"。"事情事情"，"事"是"情"的表象，"情"是"事"的本质。《左传》有"小大之狱，虽不能察，必以情""民之情伪,尽知之矣"，就是这个"情"。

所以我们看问题需要透过（虚）本质（情）找出（索）不是（非）来。这话充满哲理，是一种大智慧。

说到毛主席，文老说他取"子路不悦仲尼"的态度。毛主席是新中国的缔造者，是伟大的民族英雄，也是杰出的诗人。他写"风物长宜放眼量"，有远见，有气度；但他又写"一万年太久，只争朝夕"，这个"只"字就用得不好。如果我在他身边，我就建议他改为"要争朝夕"。从韵律上来说，"只"是仄声"要"也是仄声。"只争朝夕"就只顾眼前，不管长远利益，不问子孙后代，这就不好。仔细推敲，文老的话不无道理。

文老治学不囿门户，不守成见，不执一家之言。钱锺书誉之为"非陌非阡非道路"；聂绀弩戏联下句曰："不衫不履不头巾。"当文老把这段"典故"说给大家听的时候，他的腰带松下来了。他打趣说："这不只是'不衫不履不头巾'了！"又引来一阵捧腹大笑。

文老曾在清华大学教书。院系调整后，又到北师大工作。我曾在北师大从许嘉璐师问业，文老知道后说："许嘉璐听过我的课。"这样算来，文老还是我的师祖了。不想能在深圳亲承謦欬，真正是幸莫大焉！

（原载《深圳特区报》1996.10.9 文化）

田原何许人？

才名不枉称三绝；

扣角何妨到五更。

——汪曾祺赠联

这几年，在深圳的报刊上，不时可以看到一个叫"田原"的名字——先是他作的画，笔简神朗，有白石韵味，于是人们知道他是画家；没过多久，又看到他写的字，宗法山谷，精研板桥体，于是人们发现他还是书法家；可是，当人们再读他写的杂文随笔，文思之敏捷，文字之谐趣，文笔之灵动，文采之斐然，人们惊叹他更像一个文学家……

田原自己说，他是一个"杂家"。

田原先生确实是一个"杂家"，不过他是一个根底很厚、造诣颇深的"杂家"。他的书画堪称精绝（曾在三十八个国家和地区展出）自不必说，而且还能治印、剪纸、雕塑、木刻。他不仅写杂文随笔，也写诗歌（新、旧兼擅），拟对联，甚至电影、戏曲、歌词也有涉及；而且他做的考据文字亦有章有法，比如在《三百六十行图说》中，他说"古人着裘，大都皮毛朝外，不似今人着裘是皮毛朝里的"，引西汉刘向《新序》中述：魏文侯出游，见路人反裘而负刍，文侯曰："胡为反裘而负刍？"对曰："臣爱其毛。"（汉字"表"，从衣从毛会意，也是指毛在外层为"表"；又《左传·僖公十四年》有"皮之不存，毛将安附"，此话可于反裘负刍者一驳。）真是无征不信，俨然乾嘉遗风，不能不叫人叹服。

田原先生对中华传统文化、中国民间艺术的很多方面都有涉足，而且有相当程度的研究，有著述行世。出版于"文革"前的散失殆尽，不好统计，仅20世纪70年代末期至今，就有正式出版的书籍40多种。其中《中国民间玩具》《中国古代玩具》两本画集，因有极高的观赏价值和研究价值，由外文出版社用几国文字印发，深受海内外读者欢迎。

出人意料的是，虽然田原先生现在已是国内几所大学的客座教授，甚至有好几次到国外讲学的经历，可在他自己填写的履历表上，学历一栏却只有"小学五年"或"小学肄业"！

田原先生是"社会大学"的优秀毕业生。新中国成立前他放过牛；在上海小东门十六铺一家"老虎灶"（卖开水的）当过小开；给唱扬剧的草台班送过洗脸水；和"小二子""小六子"等叫花演员交过朋友；帮做布景的美工师画过幕布，跑过颜料店；他曾得到地面上的小流氓"批准"，在老西门中华大戏院廊沿下获一席之地，趴在地上写春联卖；他随圆木作老师傅学"江南丝竹"，进而掌握了拉"二黄""西皮"的技巧，得以进入"六苏班"唱京戏；全班六人都须会拉会打会唱，他扮演的第一个角色是"渭水河"里的花脸姜子牙（参见李克因《〈三百六十行图说〉序》）等等。田原先生参加革命后主要从事新闻工作，在党报当了几十年的美术编辑。

"艰难困苦，玉汝于成。"成就田原先生的，不仅有他超人的智力，过人的毅力，而且有他异人的经历。

田原先生是 1925 年生人，至今春秋六纪，已是古稀有二。田原属牛，小时候又放过牛，所以在他的许多笔名中，以有"牛"字者为多，其中又以"饭牛"为最著；其他尚有"阿牛""鲁牛""牛倌""牛布衣"等等。今年是肖牛者的本命年，田老也已正式定居深圳。田老决定将他的一些作品在深圳美术馆展出，时间是 4 月 11 日。田老告诉我，这是他的原作第一次在深圳"亮相"。因而，作为晚辈，我撰此小文，谨祝他的展出圆满成功。

（原载《深圳特区报》1997.4.3 文化）

我与"老江"同辈

　　江式高先生，是新闻摄影界巨擘，我刚来深圳时即耳其大名。那时我在一家杂志社主持编务，而该杂志正是以登载图片为主的新闻文化类刊物。

　　后来我转到报社工作，有幸与江式高先生同事，更知道他不仅摄影搞得好，而且文章也写得漂亮。其文笔犀利，文气沉雄，文风老辣，文德高尚，这是我研读江文的真实感受。如果要把他的摄影和文章比个上下高低，还真难分伯仲，不知道他在业界为什么独以摄影名。据我对他的进一步了解，发觉他本来就是因为会写文章而为人称道，搞新闻摄影则是他在近五十岁以后另操的"别业"，殊不知这一"别业"竟成"正轨"。以他的经历，能够把本属于技术操作的照相，转变成艺术创造的摄影，我想"文章"是其深厚的底蕴。因而，如果他仅以摄影而知名，我总觉得这不太公道。除非我们不得不承认，在这世界上，能看图片的人肯定比能看文章的人多，因此摄影的比做文章的就容易出名一些，否则就有些匪夷所思了。

　　一个手头有"绝活"的人，只要人品没有什么问题，就可能受到人们的敬重。江式高先生心直口快，疾恶如仇，而待人随和没有架子，同事中年龄稍长的，称他"老江"，年纪轻一些的，都尊他为"江老师"。我也虽然老大不小了，但在江式高先生面前，怎么说也是晚辈，自然在称"江老师"的行列中。更何况江老师以我为"孺子可教"，我得时与接谈，亲聆謦欬，获益良多，是不可以"私淑"论之的。也正是因了这一层关系，我与江老师接触更多，知道他渊源家学，由来有自。其高祖江瀚字叔海，清末民初做过京师大学堂校长、京师图书馆馆长和故宫博物院理事长，三个最高教育文化机构的"头"一身而任之，像江老先生这样的古今无两。祖父江庸字翊云，在旧政府做过司法总长、国立北京法政大学校长和故宫博物院古物馆馆长，新中国成立前一年，曾受国民党政府委托，和章士钊飞往延安，为和谈代表；新中国成立后在上海文史馆馆长任上去世。

　　过去我在研究民初学术人物时，发现国学大师黄季刚先生曾拜过江瀚为师，前几日读江老先生珍藏的《片玉碎金》，其中果然收有"贡江先生八首"诗墨迹，兹恭录一、五两首于后，供有道君子察焉："道术文章国命存，阽危须是溯根原，一篇宗孔多微旨，愿与时贤一讨论。""托好庄骚忧患多，全生济世两蹉跎，而今空作黄农梦，岁晚途长可奈何。"诗尾署"庚戌十二月弟子侃呈稿"。黄季刚先生名侃，如果按公历算，写诗的时间已经是 1910 年了。

　　真是无巧不成书，我读研究生时的导师余心乐教授是黄季刚先生的及门弟子，若循此以推之，我与江式高先生不仅是同门，而且是同辈！这岂不是让我占一大便宜？然而，不管怎么说，江式高先生出名，我亦与有荣焉。"挟名人以自重"，固为世之陋习，而庸庸如我者，还能免俗么？

（原载《深圳特区报》2000.12.12 罗湖桥）

奇人蒋连礁

古今之成大器者，必有超人之智力，过人之毅力，异人之经历。就画界论，古之王冕，近之齐白石，今之蒋连礁，莫不如此。

——题记

深圳多奇人，画家蒋连礁即其一。

初见蒋连礁，在寰宇歌舞厅。厅内彩灯闪烁，轻歌曼舞。蒋先生独坐一隅，少语寡言，"三五"牌香烟一根接一根抽，貌若戚戚然。

再见蒋连礁，在他的画室兼办公室。室壁挂满字画，茶几烟蒂狼藉。蒋先生一边挥毫作画，一边与我神聊海侃，手舞足蹈神采飞扬之状，与前次俨然二人。

蒋先生说他来深圳"奇"：

蒋连礁，安徽萧县人士，13 岁始启蒙学书，15 岁攻画。

师范学校毕业以后奋发砥砺，画艺精进，多次参加国内各种高层次的画展。1988 年破格晋升为二级美术师，1989 年受聘为上海大学美术学院国画系教授。1991 年夏，蒋先生携女儿来深圳香蜜湖小住作画。一日，湖边有二公垂钓。午间燥热，二公至蒋先生住处避暑小憩，见蒋先生之作即大奇，动色动容之后心亦为之大动，遂问蒋先生愿否移家深圳发展事业。蒋先生初不以为意，当听此二公说能把一切手续办妥，便不妨一试。以后果不其然，蒋先生在六天之内就调入了深圳特区。原来此二公乃深圳市有关部门领导。而特区求贤若渴，亦于此可见一斑。

蒋连礴衣着随便，甚至说他不修边幅也不为过。一袭旧而且有些脏的"行头"既是工作衣，又是休闲装，还是礼宾服。一双千层底布鞋走在深圳豪华宾馆或商厦光亮的水磨石地面上显得不伦不类。你如果说他太不讲究，他便"祭"起不久前自拟的一副对联来自嘲："吊儿郎当过日子，正儿八经做学问。"他还说，这已经不错了，你信不信，我 13 岁之前没有穿过袜子！

蒋连礴是名副其实的苦出身。他一生中的经历也颇为奇特。他说他在过去的几十年里垂死者三次：

1960 年初全国大饥荒，蒋连礴跟着姐姐四处要饭。一次回到家中饿倒在门槛上无人知晓，适逢一五保户老妪路过，忙从家中用旧报纸包了一点面粉来将其灌活。直到 1987 年，已是淮北市政协委员的蒋连礴把卧病的五保户老妪接到淮北住院治疗。当老妪终因年老病重撒手尘寰时，蒋连礴设酒 15 桌为其送殡安葬。其家有人大不悦，以为父母安康，你却为人尽孝，将蒋家脸面置于何地？而蒋先生知恩图报却在淮北一时传为佳话。

1963 年淮北大水，某日蒋连礴外出写生。迎面一河有船无桥，蒋连礴上船后被一刘姓生产队长拽下，说是要让他们的社员过河做工。当蒋连礴正在此岸愤愤不平，船到河中浪击船翻，27 人葬身鱼腹。蒋先生说，如果我在船上，不会游泳如我必为河鬼。

1966 年红卫兵大串连，蒋连礴先是从井冈山背回一大摞写生稿，然后又到大兴安岭转悠。原始森林的参天古木令他流连忘返,他心摹手追画下了一张张画稿,不想迷路失踪,怎么也走不出来。终因多日不食而神迷目眩的蒋连礁倒卧在一湖畔(后来才知是镜泊湖),幸被一老艄公救起,管吃管住才免一死。说到这,老蒋不无得意:"文化大革命无疑是全国人民的一场大灾难,但大串连给我提供了免费旅游写生的机会,使我得以观赏祖国的大好河山。"据说蒋先生现正在创作中的 200 米长卷《锦绣中华》部分素材即得之彼时。

蒋连礁这辈子也不尽是时乖命蹇。如果说他二十几岁以前多属"走麦城"的话,那么此后就是"过五关"了。当他画名大振之后曾有过三次当官的机会:一次是全国农业学大寨时,当时安徽省一位炙手可热的省委书记"慧眼识英才",要把他擢拔为地区文教局长,他没有去;一次是 35 岁时,全国大规模机构改革,某市文化系统在一阵横挑鼻子竖挑眼的严格考核之后,认为蒋连礁乃一将才,文化馆、博物馆、图书馆三个馆长的位子由他选,他没有干;一次是受聘上海大学时,上海市高教局欲让其在美院担任领导职务,他辞官不就却来了深圳。他知道当官对他艺术追求的影响;他不愿重蹈"江郎才尽"的历史覆辙;他喜欢在他的款尾缀上"萧国布衣"几个字儿;他习惯无拘无束闲云野鹤的生活方式。现在,蒋连礁坐在深圳画院院长的位置上,他说这不是官位是"名"位,因为他手下没有一个真正的"兵"。

蒋连礁的国画确实画得不错。前辈大师说他别出心裁不落窠臼;同行好友说他大气磅礴豪放不羁。蒋连礁的画追古求新而能深获人意,这正是他作为画师而不是画匠的独特之处。因而,1993 年他与著名画家吴作人同获法国美术家协会奖也就是情理中事。不过,蒋连礁倒颇看重这次获奖,这并不是因为他有什么沽名钓誉的虚荣心,而是因为那次的颁奖仪式特别隆重,隆重到像历次世界体育比赛获金牌一样升国旗唱国歌,而且那次的国歌本应是放音乐的,但由于当时中法关系稍有滞碍,主持者一时没有准备好,临时改由我国驻联合国教科文组织代表团在场的人员合唱,大家唱得既庄重又准确。蒋连礁就为这种为中国人中国画争面子的事感到高兴。

蒋连础的字也写得好。他的汉隶中有篆法，既古朴又飘逸；他的草书结体奇诡，凝重中含灵秀；他用中锋写行书，用笔如刀，斩绝干脆。

蒋连础也喜好拟联写诗，而且其联其诗深得古人意气。比如"惊天动地文人胆，啸海呼山武士魂"（自拟联）；又如"听松斗室亦何嫌，梦里善恶境大千；隔窗云雨来又去，破门星月缺且圆。前后磨砺身犹壮，左右应付胆未寒；回眸一笑四十载，闲将笔墨期地天"（四十岁寄情诗）。字里行间，一位悲歌慷慨、啸傲山林的中原之士呼之欲出。

"艰难困苦，玉汝于成。"在中国当代中青年画家中，像蒋先生这样诗书画三者兼善者恐怕不可多得。谈话间，我略有所悟，认为在平庸安逸的生活环境中，只可习技巧之事，而只有经历坎坷浮沉逆境，才能成就大师。蒋先生深以为然。

蒋连础本嗜酒，而且豪饮过人。只是近年转氨酶偏高，他说为了完成 200 米长卷还要苟延残喘而不再喝酒了。但遇一二知己，偶有破戒。那天与我稍坐，即有倾盖如故之感，便移座隔壁"绿杨村"，把酒闲谈，吟歌长啸，俨然太白遗风。

我去过蒋连础的居室。他现在还住在深华公司集体宿舍的单人房里，和已来深圳工作的儿子睡上下铺。我感到有些不是滋味，他却认为这样很好，可以腾出一块大些的地方来安排他的画桌。安贫乐道，随遇而安，这是中国知识分子的素养，也是这位画师的潇洒处。然敝人有叹焉：蒋先生以贤者之名六日之内能进特区，却于今春秋三度，而居处若此，实令人慨叹。不过近闻蒋先生住房正在解决之中，是又可喜可贺也。

（原载《深圳画报》1994 年第 5 期）

科学精神和书生本色

　　王能宪博士是国家文化部门的高级官员，同时也是受过严格学术训练的文化学者。日前，他将其最新出版的《文化建设论》一书寄给我，读过之后觉得确实是一部难得的好书。我说这话并不是要拾王蒙先生的牙慧——前国家文化部部长、著名作家王蒙在给本书写的序言中，第一句话就说，"这是一部既有学术价值又有实践意义的著作"——虽然王蒙自有其高屋建瓴的衡文标准和其独到的洞察能力，而且我也十分认同他对作者的思想观点、学术品格、语言特色的种种肯定；但我更以对作者的了解，读出浸润全书中的科学精神和书生本色，读出字里行间的悲悯情怀，并以此作为此书之所以为"好书"的又一注脚。

　　我与王能宪兄订交已逾30年。20世纪70年代中期，我们在南方某省城大学同窗读书，毕业留校又同系任教。20世纪80年代末至90年代初期，王兄与我先后负笈北上，他在北大从袁行霈先生问学，我在北师大向许嘉璐先生请益。一段时间，我因与北大老师有合作，而和能宪常在未名湖畔盘桓。有一年春节过后不久，我们两人竟然骑了6个多小时的自行车去京郊访友。

能宪兄勤奋刻苦，好学深思。为了写博士论文《世说新语研究》一书，他光是各种不同版本的《世说新语》就读了50多部；迨1992年该书由江苏古籍出版社出版后，在海内《世说新语》研究领域，王兄已卓然名家矣！

能宪兄善于学习，坚忍执着。博士毕业后，他选择到国家文化部工作，主要从事文化政策、文化理论研究，曾主持起草全国文化事业发展"九五""十五"规划等重要文件，并应邀担任中宣部"文化体制改革总体方案"和"国家文化发展纲要"专家组成员。在此期间，由于工作的需要，他跑遍了全国所有省市，开会、调研；也到过不少东西方国家，访问、考察。这使他的视野更加宏阔；他又善于用脑，所以思虑也就更加深邃。现在我们看到的这本《文化建设论》，就是他在国内国外各种场合发表的演讲结集；也是他离开学校，走出书斋，深切体察社会后，对文化问题具有世界眼光的思想结晶。

王兄真诚坦率，直言不讳。他在本书的《跋》中也说："我这个人不能随世沉浮，平生最痛恨的莫过于'伪''俗'二字。"他的为人如此，为文也莫不是这样。我与能宪相知，几乎互见肝肺然；但于原则问题，不论关乎学术还是涉及做人，他都可能跟你随时急眼。收在这本书中的，有他以个人身份的演讲，也有以政府名义的发言，但正如王蒙所说："贯穿全书的是一种解放思想、实事求是的精神，不随波逐流，不人云亦云，更没有大话、套话、空话，有的是自己的独立思考和见解，有的是始终如一坚定不移的信念和认识，哪怕'不合时宜'，哪怕'冒犯'权威，也不去迎合某些似是而非昙花一现的'时髦'理论和口号。"——知人哉，老部长！读了你这一段话，能宪兄谬引知己的我，也应该向你脱帽致敬啊！

王能宪博士是忠于职守的官员，本质上更是具有悲悯情怀的书生。

他十几年孜孜不倦研究文化的建设问题，是因为"文化是一个民族的灵魂"；"社会发展的终极目标便是文化的繁荣"；"一切物质的东西都会随着时间的推移化为尘土，唯有精神文化的创造在历史长河的淘洗中显示出永恒的光辉。一个国家，一个民族，对人类文明演进的贡献大小，最突出的坐标，不是财富，更不是武力，而是文化……"他在这里，找到了作为官员和书生的契合点。

（原载《深圳特区报》2006.7.18 阅读）

十年沉寂再露峥嵘

——女作家王海玲小记

　　纷繁的特区生活在很多外地作家的笔下总好像走了味，而王海玲的特区题材小说，原汁原味，更有厚实的积淀才可衍生的思和痛。在丛林般的各类文学刊物中，如果有王海玲的作品，哪怕它们并没有放在显著的位置，她那清新热辣的才情，可能会使你专门拎出来，仔细地品读。而特区人读起来可能会"更有一番滋味在心头"，因为她笔下的那些人和事可能每天都在我们的身边上演。今天，这篇她的旧日同窗的"小记"可以让你更"立体"地了解这位富有才气的女作家……

　　　　　　　　　　　　　　　　——原编者的话

　　王海玲，南粤文坛知名作家，"新都市文学"流派（姑且称之）的中坚分子。有关这两个定义的证明材料，一是她中国作家协会会员和广东省青年文学院院士的身份，二是，首倡"新都市文学"的深圳大型文学刊物《特区文学》曾力推王海玲的作品，还曾专门推出过她的作品专辑。

王海玲现在供职于珠海一家主流新闻单位，因为她同时也是一位资深记者。

我与王海玲熟识，因为她的父亲曾担任过我家乡那个县的武装部部长，而且我与她曾经在同一所大学，同一个系科读过书，不过是我高她两届而已；所以，我对王海玲还是颇知一些"根底"的。

一般人认为，王海玲能写小说，是因为看过1980年她大学二年级时，在江西省作协刊物《星火》上发表的短篇小说《筷子巷琐事》，以及稍后不久，又在同一刊物上发表的《海蓝色的连衣裙》；而这后一篇，经当时的《小说季刊》转载，读者颇多，并获得江西省政府新时期文学作品奖。

而同学中很少有人不知道，此前，她那篇刊登在中文系主办、学校内部发行的文学刊物《野花》上的小说——《笔，在颤抖着……》。那时候的王海玲，我感觉她似乎在经历一次感情的炼狱，反正这篇习作（这样称呼，是因为它一直没有正式发表），看过之后，由不得你的心不也"在颤抖着……"；另外一方面，透过这篇习作，传达出一种信息，这就是，王海玲的"写才"好生了得！那精巧的结构，那叙事的方式，尤其是那令人心颤的语言，无不叫人叹服。此女子日后必成大器，这恐怕是当时很多人的看法。

1980年的王海玲，真可谓凌厉奋发，风头正健，一口气发表了5篇小说，一时间把个江西文坛，掀腾得热热闹闹。而王海玲自己也不得闲，又是接受《中国青年报》专访，又是在上海《文学报》亮相……1980年，无疑是王海玲人生道路上一个极为璀璨的亮点。1980年，艺术之神缪斯已经将通往作家殿堂的红地毯，铺到了王海玲的脚下。这一年，王海玲芳龄二十又四。王海玲这种强劲势头，好像一直保持到1984年。

王海玲再度为文坛所关注，已经是1995年的事了。而且此时的她，"不辞长做岭南人"已整十年矣！

这十年中，内地的人们少有知道王海玲消息的。虽然 1988 年，花城出版社出了她的一部小说集《情有独钟》；1991 年，在北京召开的全国青年作家会议上，江西的一位文学评论家，偶然碰到了他的同班同学——广东省代表王海玲，但他回到江西后，与我们谈起的"王海玲印象"，除打牌斗胜时，感觉到王海玲大把大把掏钱的豪气，在他似乎没有别的、更深刻的记忆。

从 1985 年到 1994 年，好像是王海玲的蛰伏期。至少，这一时期的王海玲，在文坛上，不再是那位"手把红旗立潮头"的王海玲。因而，有不少人惋惜，南方汹涌澎湃的经济大潮，把一位江南才女给废了！

然而，1995 年以后，王海玲像个憋足了气的球，一下子突然爆发——今天一篇《东扑西扑》，明天一篇《在特区掘第一桶金》；一会儿是《寻找一个叫藕的女孩》，一会儿又是《热屋顶上的猫》……

王海玲的作品又好评如潮，专访或介绍她的文字，又出现在各类传媒上。人们仿佛又看到了 1980 年的那个王海玲——确切地说，是一个成熟到了新层次的王海玲。如果说今天的王海玲才气不减当年，而学养和识见，则是 1980 年那个王海玲不可以道里计的。

前不久，王海玲来深圳公干，我和另一位同学到蛇口码头去接她。多年不见，人虽然老了一些，但风韵依旧——大学时的王海玲，属于很漂亮的一类，我记得有好几个男同学，是为之辗转反侧的——她告诉我们，今年完成了 4 个中篇。接着，她说写小说，是觉得有一件像样的事做，心里踏实一些。看来，她写小说是生活的需要，是一种生存方式和状态。

不管怎么说，作为一个"写家"，王海玲还是年轻的。

——来日方长，海玲勉旃！

（原载《深圳特区报》1997.12.22 文化）